汽车维护操作指南

Guidebook for Automobile Maintenance and Operation

谢婉茹　主　编
于家宏　副主编

天津大学出版社
TIANJIN UNIVERSITY PRESS

内 容 简 介

本书是根据当前职业院校流行的德国教学模式和教学标准，参考国内众多同类教材后，结合汽车行业人才需求标准，组织学校教学经验丰富的教师和汽车维修企业的技术人员共同编写而成的。

本书共分为8个学习情境，包括37个学习单元，共120课时。本书内容包括汽车维护基础、新车交付检验、汽车油液及滤清器检查与更换、车轮检查与调整、制动系统维护、汽车电器检查与更换、汽车其他项目检查、整车维护等。其中学习情境八"整车维护"系根据近年来全国汽车职业院校技能大赛的标准和车型编写的，可作为参赛院校训练参考。

本书可作为中等职业院校汽车运用与维修专业学生教材，随本书还配套有相应的电子教学资源可供广大师生教学和学习使用，其中含有行动导向教学法所包含的"制订计划""实施计划""成果检查""评价与反馈"等环节的内容。

图书在版编目(CIP)数据

汽车维护操作指南 / 谢婉茹主编. -- 天津 : 天津大学出版社, 2015.6
ISBN 978-7-5618-5355-9

Ⅰ. ①汽… Ⅱ. ①谢… Ⅲ. ①汽车－车辆修理－指南 Ⅳ. ①U472-62

中国版本图书馆CIP数据核字(2015)第156016号

出版发行	天津大学出版社
出 版 人	杨欢
地　　址	天津市卫津路92号天津大学内(邮编:300072)
电　　话	发行部:022-27403647
网　　址	publish.tju.edu.cn
印　　刷	廊坊市海涛印刷有限公司
经　　销	全国各地新华书店
开　　本	185mm×260mm
印　　张	19.75
字　　数	493千
版　　次	2015年12月第1版
印　　次	2015年12月第1次
印　　数	1—1 500
定　　价	46.00元

前言

汽车产业的快速发展，使汽车行业成为炙手可热的“朝阳行业”，同时也造成了汽车行业人才供不应求的现状。我国汽车专业人才培养与社会需求之间还存在着较为突出的矛盾，主要集中表现在“学科型人才培养体系”与行业对人才“岗位能力”需求之间的脱节上。在汽车技术类课程的改革中，教育工作者一直在摸索着前进，提出并实践了“项目导向”、“理实一体化”、“情境教学法”等课程改革方向。要解决汽车专业人才培养与社会需求之间的矛盾，必须转变人才培养的模式和思路：将企业的工作过程映射到课堂的教学过程中来，通过在课堂内完成企业的典型工作任务来落实“能力培养”。

本书是全国中等职业教育国家级示范专业核心能力培养课程的配套教材。本书以学习情境为教学单元，将企业实际工作过程系统地映射到教学过程中。在内容组织上采用纸质教材与“任务工单”（详见配书光盘内容）相结合，共融入7个教学环节：**“情境导入”**环节描述实际汽车维修企业可能发生的情境，导入工作任务；**“任务目标”**环节明确通过任务的学习，学生应掌握的知识目标和技能目标；**“知识准备”**环节介绍要完成本单元任务，学生必须具备的专业知识；**“制订计划”**环节引导学生根据所学知识制订计划，学生填写的内容在“知识准备”中都能找到，培养学生的学习能力和独立工作能力；**“实施计划”**环节要求学生根据制订的计划及任务的要求进行实际操作，并根据要求填写检查数据；**“成果检查”**环节让学生对任务完成情况进行自我检查评分，教师或指定组长检查并计算最终得分；**“评价与反馈”**环节要求学生及教师对任务完成情况进行总结，教师根据前节的结构进行评价。其中前三个教学环节在教材中体现，后四个教学环节在光盘中体现。所有教学环节的设置目的都是为了达到培养学生专业能力、个人能力、社会能力的教学目标，通过本教材及配书光盘的学习，学生则具备到汽车4S店任职的标准技能。

限于篇幅以及为了适应中职学生的特点，本书不对汽车的各系统及零部件的工作原理做深入、细致讲解，主要目的是要求学生能够根据各“学习情境”和“学习单元”认真地学习和演练，能够完成实际的常规维护保养操作，并为学习后续课程打下基础。

本书由全国中等职业教育国家级示范校天津市劳动经济学校的教师及行业专家共同编写。主编谢婉茹，副主编于家宏，参加本书编写的有张鹏炜、李丹、黄琨、王鑫民、蓝明以及吴荣辉、蒋礼、唐毅等行业专家。在本书的编写过程中，参考并借鉴了汽车厂家和国内同行的大量文献，得到了天津交通职业技术学院黄俊平教授的大力协助，天津市交通学校邢振东老师对全书进行了审阅并提出宝贵的意见，在此深表感谢。

由于编者水平和能力有限，书中难免会出现一些错误，敬请广大师生谅解和批评。

编　者

2015年2月

目　　录

学习情境一　汽车维护基础

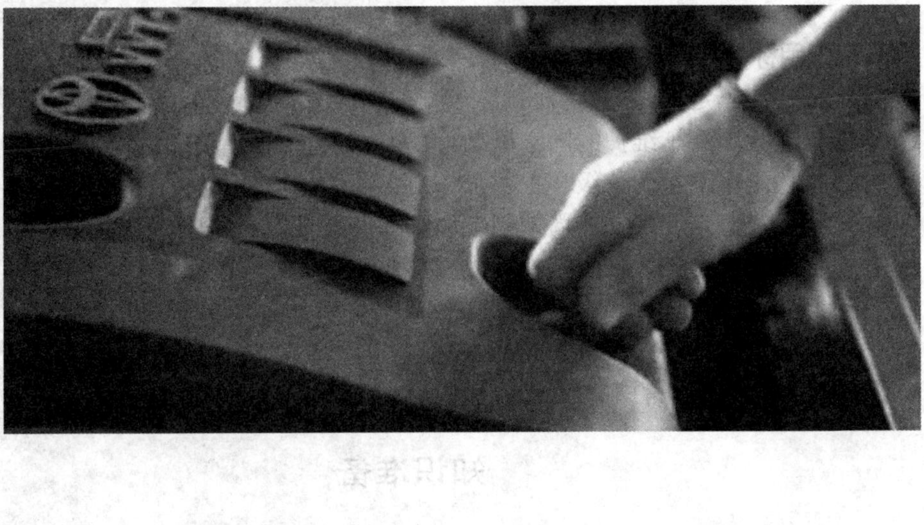

学习单元1　汽车维修技师岗位认知

情境导入

情境: 在汽车维修行业中,维修技师是必不可少的,维修技师分较多工种或岗位,如:机电(机修和电工)、钣金、油漆、美容等。不管是哪一个岗位,首先都要端正自我,掌握本岗位或工种的基本流程和职业素养。

提示: 作为一名机电维修岗位的技师,同样必须掌握基本的职业素养和工作原则,如5S管理、车辆基本保养流程、基础工具设备的使用等。通过对本学习单元的学习,学生将明白作为一名合格的维修技师要具备哪些条件。

任务目标

一、知识目标

(1)能描述汽车定期维护的目的。

(2)能描述我国汽车维护的国家标准。

(3)能描述汽车维护的分级和主要工作内容。

(4)能描述汽车定期维护的周期制定原则和一般规定。

(5)能描述汽车维护人员的基本构成和主要职责。

二、技能目标

(1)能遵守汽车维修人员工作的基本原则。

(2)能按照汽车维护的基本工作流程进行施工。

知识准备

一、基本知识

1. 定期维护的目的

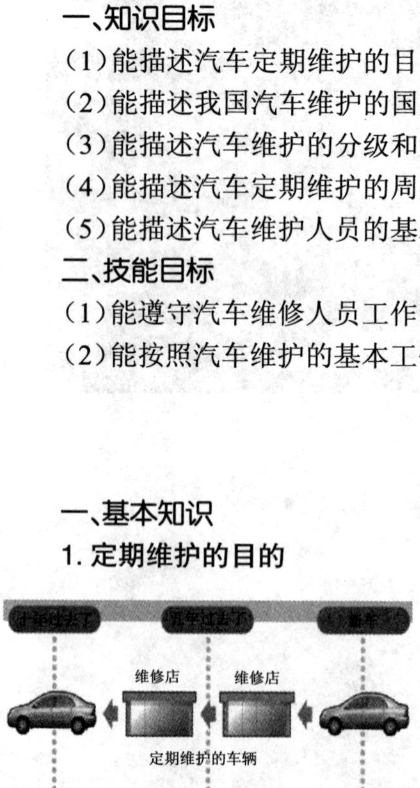

图1-1-1　汽车维护

汽车在使用过程中,受各种因素的影响,各系统零部件必然会产生不同程度的磨损,技术状况也会逐渐变差,使用性能降低。为了降低汽车各系统零部件的磨损程度,保持汽车技术状况良好,延长汽车的使用寿命,防止交通事故的发生,减少燃油的消耗,应及时对车辆进行定期的预防性保养,通过调整和更换零部件来保持其性能,如图1-1-1所示。通过实施定期维护,可以确保车辆的长期、有效、正常运转以及确保顾客的满意度。车辆定期维护的好处有以下几方面。

（1）今后可能发生的许多较大的故障都能得以避免。

（2）可以使车辆保持在符合法律规定的状态中运行。

（3）可以延长车辆的使用寿命。

（4）顾客可以享受既经济又安全的驾车体验。

2. 我国汽车维护国家标准

目前，我国汽车维修企业所执行的国家标准是2001年国家颁布的GB/T 18344—2001《汽车维护、检测、诊断技术规范》（下文简称《技术规范》），此标准曾在2006年进行了修订。《技术规范》是汽车维修和检测行业对在用车辆进行维护、检测、诊断的规范性技术标准，也是一个全面贯彻车辆二级维护制度的通用性标准，标准中所提出的车辆各级维护的基本内容和方法适用于所有车型。

3. 汽车维护的分级

1）日常维护

日常维护，是指以清洁、补给和安全检视为作业中心内容，由驾驶员负责执行的车辆维护作业。

2）一级维护

一级维护，是指除日常维护作业外，以清洁、润滑、紧固为作业中心内容，并检查有关制动、操纵等安全部件，由维修企业负责执行的车辆维护作业。

3）二级维护

二级维护，是指除一级维护作业外，以检查及调整转向节、转向摇臂、制动蹄片、悬架等经过一定时间的使用容易磨损或变形的安全部件为主，并拆检轮胎，进行轮胎换位，检查调整发动机工作状况和排气污染控制装置等，由维修企业负责执行的车辆维护作业。

4. 汽车维护的周期

1) 日常维护

汽车日常维护的周期一般是出车前、行车中、收车后。

2) 一级维护、二级维护（定期维护）

定期维护周期要根据汽车的类型、结构、行驶条件以及所使用的燃料和润滑油料的品质及保养质量等因素的不同有相应变化。

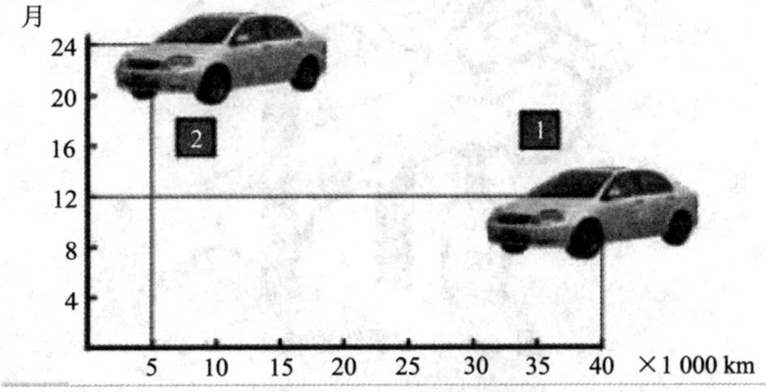

图 1-1-2 定期保养条件

通常的定期维护周期是由里程表上的读数或距上次保养的时间和使用条件来决定的。一般规定时间和公里数两个条件，达到条件之一后就要对某项内容进行保养，保养周期根据行车距离和前次维修后至今的时间来决定，如图1-1-2所示。如果某个具体零件的维修计划规定为40 000 km或24个月，则这些条件中满足任一条件时，就是维护保养满期日。

特别提醒：

维护日程表通常是由许多因素来决定的，例如车型、车龄、车辆的使用地点和用途。如果车辆经常在路况非常恶劣的路上行驶，就需要对车辆进行比较频繁的维护。

3）常见轿车品牌的定期保养周期

品牌	车型	首次维护	二次维护	维护间隔
一汽丰田	卡罗拉	5 000 km/3 个月	10 000 km/6 个月	5 000 km/3 个月
一汽大众	速腾	7 500 km/6 个月	15 000 km/12 个月	7 500 km/6 个月
上海大众	帕萨特	5 000 km/6 个月	12 500 km/12 个月	7 500 km/6 个月
上海通用雪佛兰	科鲁兹	5 000 km/3 个月	10 000 km/6 个月	5 000 km/3 个月
一汽奥迪	A6L	5 000 km/6 个月	12 500 km/12 个月	7 500 km/6 个月

5. 汽车定期维护的主要工作形式

（1）工作检查：灯光、发动机、刮水器、转向机构等，如图 1-1-3 所示。

（2）目视检查：轮胎、外观等，如图 1-1-4 所示。

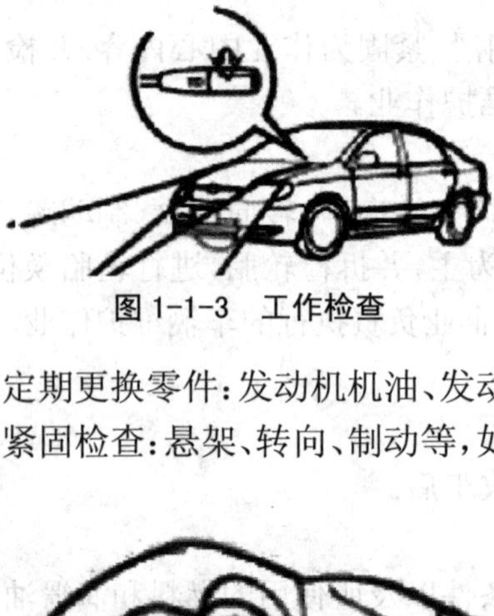

图 1-1-3 工作检查

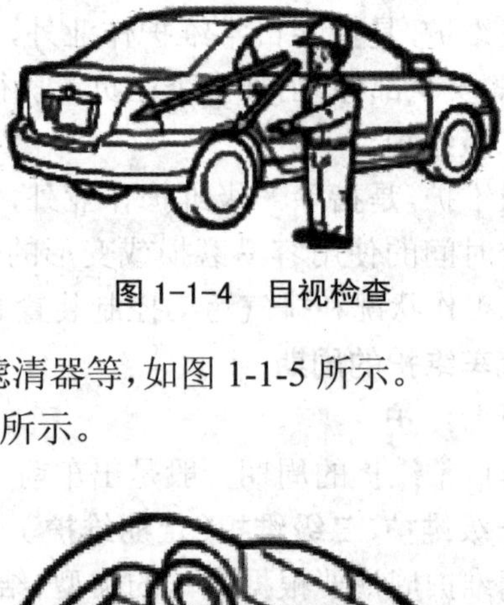

图 1-1-4 目视检查

（3）定期更换零件：发动机机油、发动机机油滤清器等，如图 1-1-5 所示。

（4）紧固检查：悬架、转向、制动等，如图 1-1-6 所示。

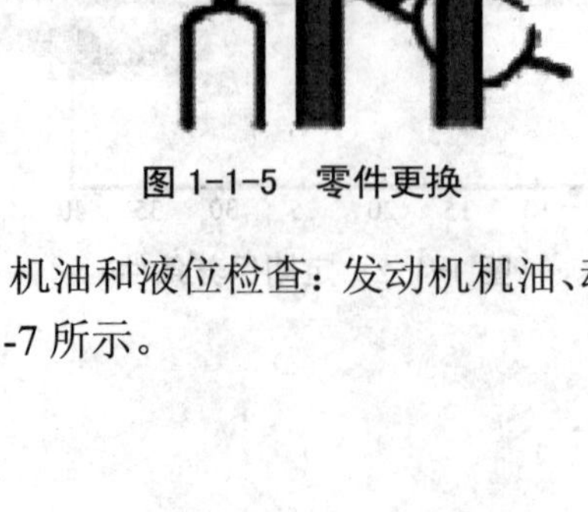

图 1-1-5 零件更换

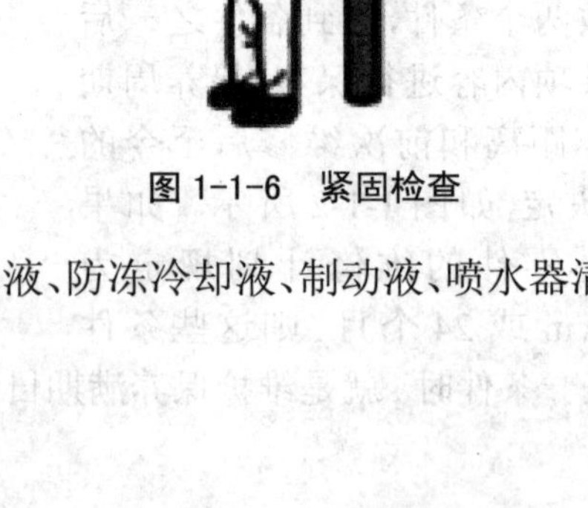

图 1-1-6 紧固检查

（5）机油和液位检查：发动机机油、动力转向液、防冻冷却液、制动液、喷水器清洗液等，如图 1-1-7 所示。

图 1-1-7　油、液检查

6. 汽车定期维护的工作内容

以丰田卡罗拉 1.8AT 型轿车为例，汽车定期维护的工作内容如下表所示。

保养项目（首保：5 000 km/3 个月　二保：10 000 km/6 个月　间隔：5 000 km/3 个月）●更换　○检查										
保养项目 / 里程	5 000 km/ 3 个月	10 000 km/ 6 个月	15 000 km/ 9 个月	20 000 km/ 12 个月	25 000 km/ 15 个月	30 000 km/ 18 个月	35 000 km/ 21 个月	40 000 km/ 24 个月	45 000 km/ 27 个月	50 000 km/ 30 个月
发动机机油	●	●	●	●	●	●	●	●	●	●
机油滤清器	●	●	●	●	●	●	●	●	●	●
空气滤清器				●						
燃油滤清器										
全部火花塞										
发动机冷却液								●		
变速箱油（AT）								●		
整车制动液								●		
空调滤清器						●				
前制动器	视检查结果而定									
后制动器	视检查结果而定									

保养项目（首保：5 000 km/3 个月　二保：10 000 km/6 个月　间隔：5 000 km/3 个月）●更换　○检查										
保养项目 / 里程	55 000 km/ 33 个月	60 000 km/ 36 个月	65 000 km/ 39 个月	70 000 km/ 42 个月	75 000 km/ 45 个月	80 000 km/ 48 个月	85 000 km/ 51 个月	90 000 km/ 54 个月	95 000 km/ 57 个月	100 000 km/ 60 个月
发动机机油	●	●	●	●	●	●	●	●	●	●
机油滤清器	●	●	●	●	●	●	●	●	●	●
空气滤清器		●								●
燃油滤清器						●				
全部火花塞						●				
发动机冷却液						●				
变速箱油（AT）						●				
整车制动液						●				
空调滤清器		●						●		
前制动器	视检查结果而定									
后制动器	视检查结果而定									

保养项目(首保:5 000 km/3 个月　二保:10 000 km/6 个月　间隔 5 000 km/3 个月)●更换　○检查										
保养项目 / 里程	105 000 km/ 63 个月	110 000 km/ 66 个月	115 000 km/ 69 个月	120 000 km/ 72 个月	125 000 km/ 75 个月	130 000 km/ 78 个月	135 000 km/ 81 个月	140 000 km/ 84 个月	145 000 km/ 87 个月	150 000 km/ 90 个月
发动机机油	●	●	●	●	●	●	●	●	●	●
机油滤清器	●	●	●	●	●	●	●	●	●	●
空气滤清器								●		
燃油滤清器										
全部火花塞										
发动机冷却液				●						
变速箱油(AT)				●						
整车制动液				●						
空调滤清器				●						●
前制动器	视检查结果而定									
后制动器	视检查结果而定									

保养项目(首保:5 000 km/3 个月　二保:10 000 km/6 个月　间隔 5 000 km/3 个月)●更换　○检查										
保养项目 / 里程	155 000 km/ 93 个月	160 000 km/ 96 个月	165 000 km/ 99 个月	170 000 km/ 102 个月	175 000 km/ 105 个月	180 000 km/ 108 个月	185 000 km/ 111 个月	190 000 km/ 114 个月	195 000 km/ 117 个月	200 000 km/ 120 个月
发动机机油	●	●	●	●	●	●	●	●	●	●
机油滤清器	●	●	●	●	●	●	●	●	●	●
空气滤清器						●				
燃油滤清器		●								
全部火花塞		●								
发动机冷却液		●								●
变速箱油(AT)		●								●
整车制动液		●								●
空调滤清器						●				
前制动器	视检查结果而定									
后制动器	视检查结果而定									

7. 汽车维护人员的基本构成

汽车维护人员的基本构成如图 1-1-8 所示。

(1)车间主管:分配工作给技师并监督每项工作的进程。

(2)班组长:进行修理并检查每项工作的质量。

(3)维修技师:负责维护和修理工作。

(4)服务顾问:判断客户的需求并提供建议。

8. 汽车维修技师工作的基本原则

1) 职业化的形象

汽车维修技师职业化的形象如图 1-1-9 所示。

穿干净的制服,戴干净的帽子,整洁利落的发型,无带扣的皮带,口袋里有清洁的抹布,不戴手表或戒指,不带钥匙扣,穿干净的防护鞋。

图 1-1-8 人员结构

图 1-1-9 职业化的形象

2) **车辆防护**

车辆的防护如图 1-1-10 所示，具体注意事项如下。

（1）要使用防护用品，如地板垫、座椅套、翼子板布、前格栅布、转向盘套以及车轮挡块等。

（2）小心驾驶客户车辆，在客户车内不抽烟，切勿使用客户音响设备或车内电话。

（3）维修结束后，记得拿走留在车上的零件和工具，并清除垃圾。

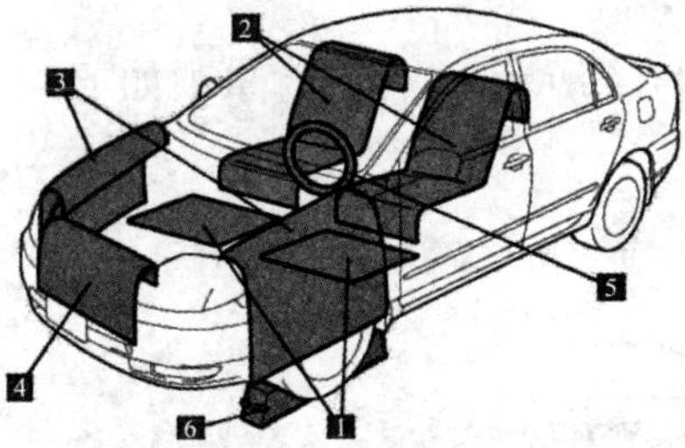

1. 地板垫 2. 座椅套 3. 翼子板布 4. 前格栅布 5. 转向盘套 6. 车轮挡块

图 1-1-10 车辆防护

3) **整洁有序**

整洁有序的车间如图 1-1-11 所示。保持车间、地面、工具台、工作台、仪表、测试仪等的整洁有序，须做到以下几点。

（1）拿开不必要的物件。

（2）保持零部件和材料整齐有序。

（3）打扫、清洗和擦净。

（4）汽车停正后方可维修。

4）**安全生产**

汽车维护要安全生产，如图 1-1-12 所示，具体注意事项如下。

（1）正确地使用工具和其他设备，如汽车举升机、千斤顶、砂轮机等。

（2）小心着火，工作时切勿吸烟。

（3）切勿搬运过重的物件。

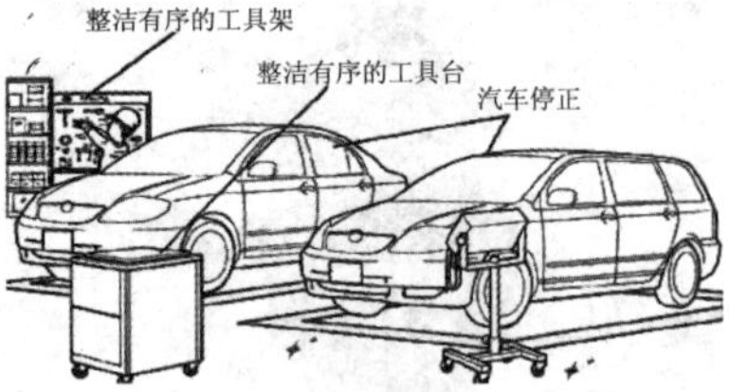

图 1-1-11　整洁有序的车间

图 1-1-12　安全生产

5）计划和准备

计划和准备如图 1-1-13 所示，具体注意事项如下。

（1）确认项目客户进行维修的主要原因。

（2）确认已了解客户的要求及服务顾问的指示。若出现返工的情况，要特别注意沟通。如果除了规定的工作外还有其他工作，请报告给服务顾问，只有在得到客户的同意后方可进行。

（3）为工作做好计划（工作程序和准备）。

（4）确认库存有所需零部件。

（5）根据维修单作业，避免出错。

6）快速、可靠的工作

快速、可靠的工作如图 1-1-14 所示，具体注意事项如下。

图 1-1-13　计划和准备

图 1-1-14　快速、可靠的工作

（1）使用正确的 SST（专用维修工具）和测试仪。

（2）根据《维修手册》、《电路图和诊断手册》进行工作，以避免主观猜测。

（3）了解最新技术信息，如生产厂家技术通报上的内容。

（4）如果有事情不清楚，请询问服务顾问或者车间主管。

（5）如果发现车辆还有不包括在维修条款内的其他地方需要维修，请向服务顾问或者车间主管汇报。

7）按时完成

汽车维护要注意时间，如图 1-1-15 所示，具体注意事项如下。

（1）如果你能按时完成该工作，请不时地再检查一下。

（2）如果你认为将推后（或者提前）完成任务或者需要做其他工作，请通知服务顾问或车间主管。

8) 工作完成后的检查

汽车维护完成后要进行检查，如图 1-1-16 所示，具体注意事项如下。

（1）确认属于自己的项目已完成。

（2）确认已完成所有其他需要做的工作。

（3）确认车辆至少和你刚接手时是同样清洁的。

（4）将驾驶座、转向盘和反光镜返回到最初位置。

（5）如果钟表、收音机等的存储被删除，请重新设置为进厂时的状态。

图 1-1-15　按时完成

图 1-1-16　工作完成后要检查

9) 保存旧零件

汽车维护后要保存旧零件，如图 1-1-17 所示，需要的注意事项如下。

（1）将旧的零件放在塑料袋或者空零件袋中。

（2）将旧零件放在预定的地方。

（3）放在旧零件展示架或零件库房。

10) 后续工作

汽车维护的后续工作如图 1-1-18 所示，需注意的事项如下。

（1）完成维修单和维修报告（例如写下故障原因、更换的零件、更换原因、劳动时长、维修建议等）。

（2）未列在维修单上的任何其他信息，必须通知车间主管或者服务顾问。

（3）在工作中所注意到的任何异常情况都要告知服务顾问或车间主管。

图 1-1-17　保存旧零件

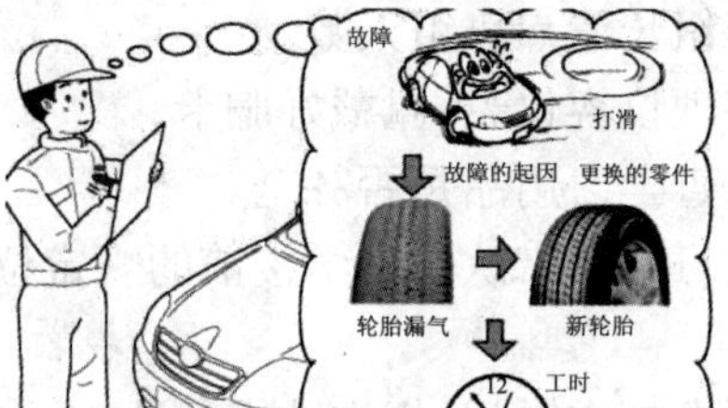

图 1-1-18　后续工作

9. 汽车维护的基本工作流程

汽车维护的基本工作流程如图 1-1-19 所示。

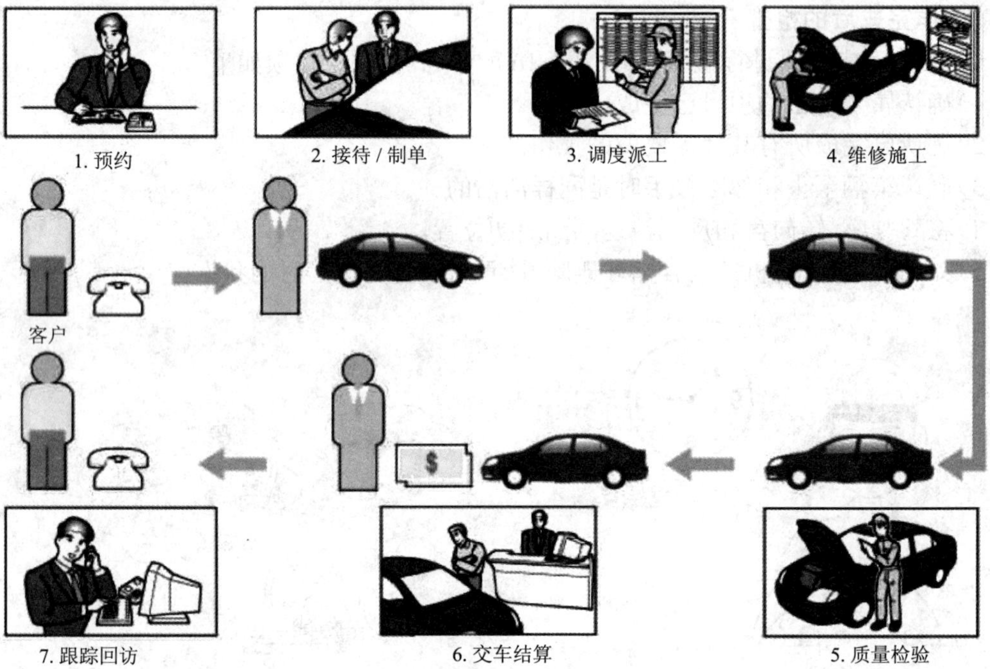

图 1-1-19　汽车维护的基本工作流程

1) 任务准备

主要设备：

举升机、教学车辆、尾气抽排装置、成套组合工具车、多层零件车、轮胎架、工作台、垃圾桶、机油回收机、多媒体设备等。

辅助材料：

翼子板布和前格栅布、三件套、抹布、手套。

2) 实施步骤

步骤一　学员整队

要求：

(1)课前 5 分钟在规定地点集合。

(2)每个班两路纵队，队列整齐。

(3)班组长清点班组人数。

(4)整理仪容仪表，佩戴好胸卡。

(5)检查学习用品是否齐全。

(6)由班组长带队到教学楼前的规定位置。

问题：

(1)不在规定时间、规定地点站队。

(2)学员忘穿工装、未佩戴胸卡或学习用品不全。

(3)队伍不整齐、人数未清点。

步骤二　接受督导检查

要求：

（1）课前 3 分钟在规定地点集合。

（2）接受值班教师和执勤学员的督导、检查。

（3）整理仪容仪表，佩戴好胸卡。

（4）检查有无禁带物品。

（5）检查手机是否处于关机状态。

（6）记住本组学习的教室编号。

问题：

（1）不在规定时间、规定地点站队。

（2）学员携带食品、有色饮料等禁带物品。

（3）手机不关机走进教学楼。

步骤三　走进教学楼

要求：

由班组长带队进入，按照值班教师的要求有序单列进入，做到快、静、齐。

警告：

（1）注意脚下，阴、雨天注意防止滑倒、摔伤。

（2）禁止拥挤、嬉戏打闹。

问题：

（1）未按规定顺序进入。

（2）拥挤、嬉戏打闹。

步骤四　上楼梯（进入教室通道）

要求：

由班组长带队进入，按照值班教师的要求有序单列进入，做到快、静、齐。

警告：

（1）注意脚下，阴、雨天注意防止滑倒、摔伤。

（2）禁止拥挤、嬉戏打闹。

问题：

（1）未按右侧通行。

（2）拥挤、嬉戏打闹。

步骤五　进入教室

要求：

（1）按指定座位坐下，将学习用品摆放整齐，坐姿端正。

（2）再次自检自己的仪容仪表、工装穿戴情况，确认手机已处于关机状态。

警告：

确认座椅是安全可靠的。

问题：

未按指定座位坐下，坐姿不端正。

步骤六　实施上课仪式

要求：

（1）在教师说“上课”之后，班组长大声喊“起立”。

（2）在教师说“同学们好”之后，学员们大声齐喊“老师好”。

（3）在教师说“请坐下”之后，学员们快速坐好。

警告：

起立和坐下时确定好座椅的安全位置。

问题：

喊声不整齐、不响亮，站姿不端正，不能目视教师。

步骤七　班组长汇报出勤情况

要求：

（1）班组长走到教师面前，向教师准确汇报“本组应到人数，实到人数”。

（2）班组长汇报缺勤学员姓名、缺勤原因、有无向班主任请假。

（3）待教师记录完毕后回到座位。

问题：

班组长预先没有统计基本信息，汇报时用语不规范。

步骤八　推选小组长

要求：

（1）听清任务学习的小组数和每个小组的学员名单，按组别坐在规定位置。

（2）学员讨论并推选本小组的小组长，将小组长名单告诉教师。

（3）小组长要熟悉自己的职责。

（4）小组长对本组学员提出要求。

问题：

（1）小组长不是推选的，而是委派的。

（2）小组长不明确自己的职责。

（3）小组长对本组学员的要求不具体。

步骤九　制订学习任务

要求：

（1）学员讨论并制订本次任务，学员对教师制订的工作计划认真记录。

（2）明确学习任务、任务实施的学时、任务完成的评价方法。

问题：

（1）学员制订的工作计划不具体，关键词不明确。

（2）学员不明确本次学习任务。

步骤十　清点设备工具

要求：

（1）学员听清本任务学习所需设备的清单、设备价格、违规损坏按价赔偿等规定。

（2）组长按照清单清点本教室的设备。

（3）清单上有但未准备的设备要向教师提出补充的要求。

（4）检查有无损坏的设备并提请更换。

(5)小组长明确大型设备使用记录的填写方法。

问题:

(1)设备清点不仔细。

(2)设备工具违规损坏按价赔偿规定不清楚。

步骤十一 学习必备知识

要求:

(1)认真听讲,积极参加小组讨论。

(2)认真记笔记,回答问题的声音要响亮。

(3)记下你不懂的问题并及时向他人请教。

(4)维护良好的学习秩序。

问题:

(1)注意力不集中,小组讨论不积极。

(2)不懂的问题不主动问。

步骤十二 实施工作任务

要求:

(1)明确所做的工作任务。

(2)注意人身安全和工作安全。

(3)按照教师和小组长的安排执行任务。

(4)经过研究思考还不清楚的要及时请教老师或同学。及时进行5S工作,及时填写工作单。

问题:

(1)不按技术要求做。

(2)不懂的地方不认真研究,盲目操作。

步骤十三 课间休息

要求:

(1)停下所做的工作,确保车辆、设备的安全,将车窗关好,车门上锁,钥匙交给教师。

(2)按时参加学校安排的体育锻炼活动。

(3)及时关掉不用的设备电源,熄灭室内照明灯。

(4)保持安静,禁止嬉戏、打闹。

(5)提前做好各方面准备,按时上课。

问题:

(1)教师不在场的情况下进入车里。

(2)嬉戏打闹,不做课前准备。

(3)课间不关掉照明灯具。

步骤十四 任务结束整理

要求:

(1)车辆复原,将车窗关好,车门上锁,钥匙交给教师。

(2)工具清洁后放置到工具箱的规定位置。

(3)及时将垃圾分类丢弃到垃圾桶,垃圾桶的垃圾应及时倒到学校的规定位置。

(4)关好门窗,关好用电设备。

(5)组长清点设备、工具并填写设备使用记录,有问题及时报告教师。

问题:

设备、工具未清点,未登记设备使用记录。

步骤十五 任务结束总结

要求:

(1)小组长组织学员进行本次任务的总结,选派代表发言。

(2)提出合理化的建议,指出不懂的知识点或技能操作项目。

(3)认真听取和记录教师的评价,记录教师布置的课外作业,准备好带走的学习资料。

问题:

(1)总结得不具体,不能提出合理化建议。

(2)自己的学习材料不能全部带走。

步骤十六 实施下课仪式

要求:

(1)班组长在教师说“下课”后大声喊“起立”,学员们站立整齐,在教师说“同学们再见”后,学员们齐声说“老师再见,老师您辛苦了”。

(2)学员们自觉将桌椅摆放在规定位置。

(3)值日同学留下,准备做值日。

问题:

(1)站立不整齐,喊话不齐。

(2)值日生不能自觉留下。

步骤十七 排队下楼

要求:

(1)带齐自身学习资料,走出教室,在教室门口走廊处排好单列队伍,排好后有序下楼。

(2)右侧通行,走下楼梯,禁止嬉戏打闹,禁止奔跑。

(3)按照班主任要求,回到本班教室。

问题:

(1)不排队,私自下楼。

(2)下楼梯时嬉戏打闹。

(3)自己的学习用品没有完全带走。

步骤十八 值日生(5S管理)

要求:

(1)认真做好地面清扫,确保地面干净、整洁。

(2)规范清洁车辆和大型设备,将垃圾分装并准备带走。

(3)关掉所有的电、气、水开关,关好门窗。

(4)等待值班教师和学员检查合格方能离开。

(5)规范放置扫除用具,带走垃圾,锁好教室门。

问题:

(1)卫生清洁不彻底,扫除用具乱放。

（2）未关各种开关，门窗未关好。

（3）不等执勤教师检查合格私自离开。

二、学习小结

1. 定期维护的目的。

2. 我国汽车维护的国家标准。

3. 汽车维护的分级：日常维护、一级维护、二级维护。

4. 汽车维护的周期：通常的维护周期是由里程表上的读数或距上次保养的时间与使用条件来决定的。

5. 汽车定期维护的主要工作形式：工作检查、目视检查、定期更换零件、紧固检查、机油和液位检查。

6. 汽车维修人员的基本构成：车间主管，班组长，维修技师，服务顾问。

7. 汽车维修人员工作的基本原则：职业化的形象，车辆防护，整洁有序，安全生产，计划和准备，快速、可靠的工作，按时完成，工作完成后的检查，保存旧零件，后续工作。

三、自我评估

1. 填空题

（1）定期维护可以________车辆的使用寿命。

（2）日常维护是指以________、________和________为作业中心内容，由驾驶员负责执行的车辆维护作业。

（3）一级维护，是指除日常维护作业外，以________、________、________为作业中心内容，并检查有关制动、操纵等安全部件，由________负责执行的车辆维护作业。

（4）日常维护是在________前、________中、________后进行。

（5）通常的维护周期是由里程表上的读数或距上次保养的________和使用条件来决定的。

2. 判断题

（1）二级维护，是指除一级维护作业外，由驾驶员完成的作业。（　　）

（2）车辆的保养周期规定行驶 5 000 km 必须保养。（　　）

（3）不管什么车，保养周期是一致的。（　　）

（4）汽车维护人员的基本构成包括管理员 / 领班、技师领队、技术员、业务人员。（　　）

3. 选择题

（1）定期维护的好处有（　　）。

A. 今后可能发生的许多较大的故障都能得以避免

B. 可以使车辆保持在符合法律规定的状态中运行

C. 可以延长车辆的使用寿命

D. 顾客可以享受既经济又安全的驾车体验

（2）安全生产涉及的内容有（　　）。

A. 正确地使用工具和其他设备，如汽车举升器、千斤顶、砂轮等

B. 小心着火，工作时切勿吸烟

C. 切勿搬运过重的物件

D. 以上都正确

(3)汽车维护的主要形式有(　　)。

A. 工作检查、目视检查

B. 定期更换零件

C. 紧固检查

D. 机油和液位检查

学习单元 2　5S 现场管理

情境导入

情境：当你第一天上班的时候，你的主管叫你做 5S，你能完成吗？

提示：5S 是日本人发明的一种现场管理模式，主要目的在于节约成本、提高效率。5S 是一项长期坚持不懈的工作，它适用于任何企业。

任务目标

一、知识目标

（1）能描述 5S 的含义和目的及具体内容。

（2）能描述 5S 是如何提高工作效率的。

（3）能描述 5S 是如何节约成本的。

二、技能目标

（1）能正确进行 5S 现场管理。

（2）能具体执行并操作 5S。

知识准备

一、基本知识

1.5S 概述

1) 整理

整理是指区分必需品和非必需品，现场严禁放置非必需品，腾出空间，防止误用，如图 1-2-1 所示。

（1）不管它们是工具、零件还是信息，按规定组织和利用所有的资源。

（2）在工作场地指定一处地方，用来放置所有不必要的物品。收集工作场地中不必要的东西，然后丢弃。

（3）丢弃不必要的物品。

2) 整顿

整顿是指工具和零件的整顿过程。合理的布局能使工作场所一目了然，工作秩序也井井有条，减少找寻物品的时间，具体如图 1-2-2 所示。

（1）将很少使用的物品放在单独的地方。

（2）将偶尔使用的物品放在工作场地。

（3）将常用的物品放在身边。

图 1-2-1 整理

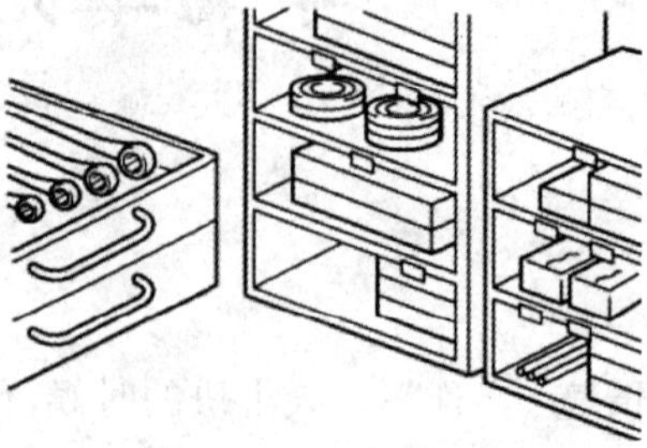

图 1-2-2 整顿

3) **清扫**

清扫是指使工作场地内所有物品保持干净的过程，永远使设备处于完全正常的状态，以便随时可以使用，具体如图 1-2-3 所示。

(1) 肮脏的工作环境是工作态度不积极的反映。

(2) 要养成保持工作场地清洁的好习惯。

4) **清洁**

清洁是指保持整理、整顿和清扫状态的过程，也是一个通过对各种物品进行分类、清除不必要的物品并使工作场地保持干净的过程。清洁可防止任何可能问题的发生。使清洁成为惯例和制度，是标准化的基础，具体如图 1-2-4 所示。

(1) 使工作环境保持清洁，包括颜色、形状、各种物品的布局以及照明、通风、陈列和个人卫生。

(2) 工作环境变得清新明亮，能够给顾客带来工作积极、专业的感觉。

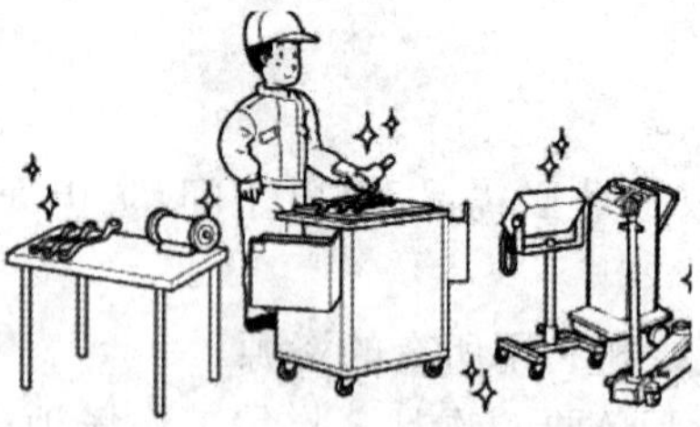

图 1-2-3 清扫

图 1-2-4 清洁

5) **素养**

素养是指进行广泛的培训并使员工成为自律的企业员工的过程，如图 1-2-5 所示。对于规定了的事，大家都要自觉遵守和执行，并养成良好的习惯。

(1) 自律形成文化基础，这是确保与社会协调一致的最起码要求。

(2) 自律是学习规章制度方面的培训，通过这个培训，学员就可以称得上是企业的员工。

2.5S 实施准备

主要设备：

举升机、教学车辆、尾气抽排装置、工具车、多层零件车、轮胎架、工作台、垃圾桶、机油回收机、多媒体教学设备等。

辅助材料：

翼子板布、前格栅布、三件套、抹布、手套。

图 1-2-5　素养

3.5S 实施步骤

1）整理车间

要求：

整理车间如图 1-2-6 所示。

（1）区分物品哪些是必需的和不必需的。

（2）不必需的废弃物品分类丢弃到垃圾桶。

（3）不必需的设备、工具、零部件等交给设备管理员，按功能放到指定位置。

警告：

（1）不要搬运较重的废弃物品。

（2）易燃、易爆、有毒的废弃物按规定处理。

问题：

（1）不能区分物品是必需的和不必需的。

（2）没用的但有价值的物品舍不得丢弃。

2）整顿工具车

要求：

整顿工具车如图 1-2-7 所示。

图 1-2-6　整理车间

图 1-2-7　整顿工具车

（1）将很少用的专用工具取出并存放在规定地方。

（2）将偶尔用的工量具放在工具车下面几层的规定位置。

（3）将常用的工量具放在工具车上面几层的规定位置，工量具按类别摆放整齐。

问题：

（1）工具随便放在某一层，不按规定位置放置。

（2）工具摆放不整齐。

3)清扫场地及设备

要求：

清扫场地如图 1-2-8 所示。

(1)清扫垃圾并及时放到垃圾箱。

(2)对重要设备、零部件进行防护，避免扬尘。注意地面上有无掉下的小零部件。

(3)清扫工具用完后放到规定位置。

问题：

(1)地面清扫不干净，清扫用具用完后未放回规定位置。

(2)只对地面进行清扫，如车辆、设备等未清扫。

4)保持清洁

要求：

保持清洁如图 1-2-9 所示。

(1)发现废弃物应及时丢弃，用完的工具设备应及时清洁并归位。

(2)地面有水渍、油污、尘土等要及时清扫。

问题：

(1)工具设备用后不及时清洁和归位。

(2)地面脏污未及时处理。

(3)不爱惜车辆。

图 1-2-8　清扫

图 1-2-9　保持清洁

5)完成报告

要求：

完成报告情况如图 1-2-10 所示。

(1)在完成的项目后面签名或打钩确认。

(2)有数据记录的要记录相关数据。

(3)有疑问或不正确的做好相关记录并立即上报。

问题：

(1)忘记填写或填写字迹潦草。

(2)有关问题没有记录，未上报。

6)自我提高

要求：

自我学习和提高如图 1-2-11 所示。

（1）熟悉规章制度、流程，结合实际操作提高专业知识水平。

（2）团结、合作、学习。

（3）爱护车辆、设备。

问题：

（1）不能长期遵守规章制度。

（2）不能理论与实际相结合。

（3）课后不总结。

图 1-2-10　完成报告

图 1-2-11　自我提高

二、学习小结

1. 5S 内容：整理、整顿、清扫、清洁、素养。

2. 整理：整理是指区分必需品和非必需品，现场严禁放置非必需品，腾出空间，防止误用。

3. 整顿：整顿是指工具和零件的整顿过程。合理的布局能使工作场所一目了然，工作秩序也井井有条，减少找寻物品的时间。

4. 清扫：清扫是指使工作场地内所有物品保持干净的过程，永远使设备处于完全正常的状态，以便随时可以使用。

5. 清洁：清洁是指保持整理、整顿和清扫状态的过程，也是一个通过对各种物品进行分类、清除不必要的物品并使工作场所保持干净的过程。清洁可防止任何可能问题的发生。使清洁成为惯例和制度，是标准化的基础。

6. 素养：素养是指进行广泛的培训并使员工成为自律的企业员工的过程。对于规定了的事，大家都要自觉遵守和执行，并养成良好的习惯。

7. 5S 具体操作步骤。

三、自我评估

1. 填空题

（1）5S 内容：______、______、______、______、______。

（2）清扫是指使工作场地内所有物品保持干净的过程，永远使设备处于______的状态，以便随时可以使用。

（3）素养是指进行广泛的培训并使员工成为______的企业员工的过程。

（4）整顿是将很少使用的物品放在______的地方；将偶尔使用的物品放在______；将常用的物品放在______。

2. 判断题

(1)5S 非常简单,就是搞大扫除。(　　)

(2)5S 没必要天天做,一周做一次就可以了。(　　)

(3)5S 可以改善凌乱的工作场所,提高工作效率。(　　)

(4)5S 是下班以后才做的。(　　)

3. 选择题

(1)下列说法正确的是(　　)。

A. 清扫就是扫尽垃圾

B. 清扫就是常说的大扫除

C. 清扫是下班后的工作

D. 清扫是指使工作场地内所有物品保持干净的过程,永远使设备处于完全正常的状态

(2)关于车间整理,说法正确的是(　　)。

A. 区分物品哪些是必需的和不必需的

B. 不必需的废弃物品分类丢弃到垃圾桶

C. 不必需的设备、工具、零部件等交给设备管理员,按功能放到指定位置

D. 以上都正确

(3)关于清洁说法不正确的是(　　)。

A. 发现废弃物及时丢弃,用完的工具设备及时清洁归位

B. 地面有水渍、油污、尘土等要及时清扫

C. 用完的工具设备及时清洁归位

D. 清扫和清洁是一样的

学习单元3　车辆的基本防护和安全检查

情境导入

情境：当你在进行车辆保养时，由于忘记铺座椅套导致客户车辆羊毛垫脏污，客户要求赔偿，你怎么办？

提示：不管车辆是保养还是免费检查，只要进入车间，对车辆的防护是必不可少的，如车内的三件套、车外的防护垫等。

任务目标

一、知识目标

（1）能描述车辆基本防护的目的和内容。

（2）能描述车辆安全检查的目的和内容。

二、技能目标

（1）能规范地进行车辆基本防护。

（2）能规范地进行车辆的基本检查。

知识准备

一、基本知识

1. 车辆基本防护的目的和内容

1）汽车基本防护的目的

车辆基本防护的目的是防止客户车内进入灰尘或沾染脏污，防止划伤或腐蚀车身涂层，以及防止操作中车辆移动，便于检查维护。

2）汽车基本防护的内容

汽车基本防护如图 1-3-1 所示。汽车基本防护内容包括车内基本防护（放上座椅套、地板垫、转向盘套、排挡套）和车外基本防护（放上翼子板布、前格栅布、翼子板垫，用车轮挡块挡住车轮）。

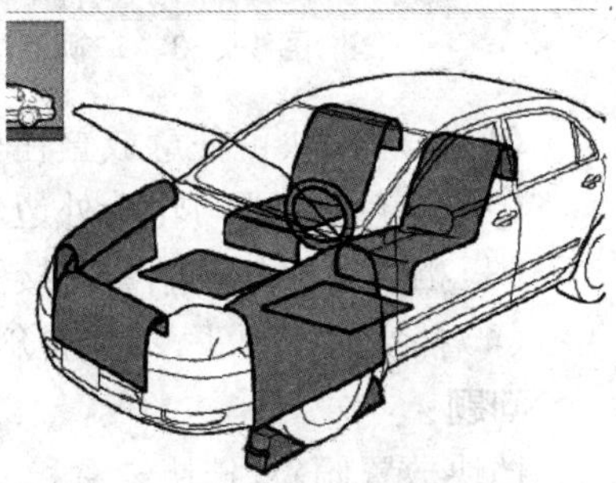

图 1-3-1　基本防护

2. 车辆安全检查的目的和内容

1）车辆安全检查的目的

确定在定期检查过程中，检查发动机、变速器或刮水器等所需的最低油液量，保证启动的最低蓄电池电压。

2）车辆安全检查的内容

车辆检查如图 1-3-2 所示。

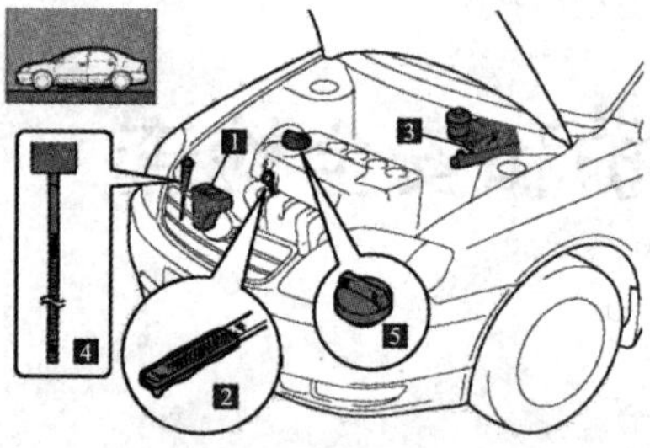

1. 散热器储液罐 2. 机油油尺 3. 制动总泵储液罐 4. 喷水器液位尺 5. 机油加注口盖

图 1-3-2 检查部位

（1）确认散热器储液罐内是否有符合标准的冷却液。

（2）用油尺检查发动机机油液位是否正常。

（3）检查制动总泵的储液罐内制动液含水率是否符合标准。

（4）用喷水器液位尺来检查清洗液的液位，确保其中有清洗液。

（5）用油尺来检查变速器油液位，确保液位正常。

（6）使用蓄电池测试仪检查蓄电池，确保电压正常。

3. 实施步骤

1）将车辆停放在举升机位

要求：

汽车停放如图 1-3-3 所示。

（1）移动车辆停在举升机位的正确举升位置并驻车制动。

（2）车辆中心轴线应和举升机对称面在同一平面内，车辆不允许偏向任一侧或一端。

警告：

（1）移动车辆时要注意检查车辆周围有无障碍物。

（2）必须由具有驾驶证并有驾驶经验的教师或车辆管理人员移动车辆。

问题：

移动车辆时没有认真观察周围有无障碍物，车辆停放位置不正确，未驻车制动。

2）放置车轮挡块

要求：

车辆车轮挡块放置如图 1-3-4 所示。

图 1-3-3 车辆就位

图 1-3-4 放置挡块

（1）车轮挡块可任意放置在车轮的前后。

（2）车轮挡块要与轮胎外边沿平齐。

（3）挡块斜面与轮胎紧密接触。

（4）挡块放置要正，不能歪斜。

问题：

挡块放置倾斜，挡块未拿稳。

3）打开驾驶员侧车门

要求：

用遥控器打开侧车门如图 1-3-5 所示。

按下遥控器上的开锁按钮，用不拿钥匙的手拉车门把手，打开车门。

警告：

禁止用拿钥匙的手打开车门，以防刮伤车门。

问题：

用钥匙开车门时，未开锁就拉动门把手。

4）转向盘解锁

要求：

解锁转向盘如图 1-3-6 所示。

（1）将钥匙插入点火开关中，将钥匙旋到“ON”的位置。

（2）旋转钥匙的同时注意稍用力旋转转向盘。

（3）确认转向盘已经解锁。

警告：

转向盘未解锁时，钥匙不能盲目旋转，容易折断。

问题：

转向盘未解锁时盲目旋转钥匙。

图 1-3-5　遥控开门

图 1-3-6　解锁

5）降下车窗玻璃

要求：

降下车窗玻璃如图 1-3-7 所示。

依次按住车窗玻璃按钮降下车窗，车窗玻璃降到最低位置。

问题：

车窗玻璃没有降到位或降到位时没有及时松手。

6）将三件套放在座椅上

要求：

将三件套放在座椅上如图 1-3-8 所示。

（1）将干净的三件套放在座椅上。

（2）座椅套在最下，转向盘套在中间，地板垫在最上面。

问题：

禁止使用脏污的三件套。

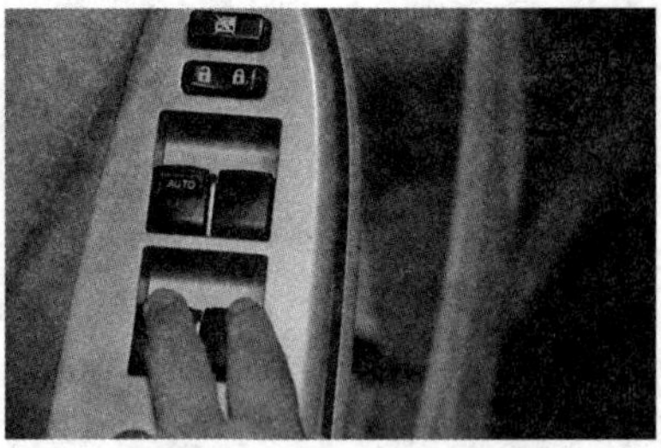

图 1-3-7　降下车窗玻璃

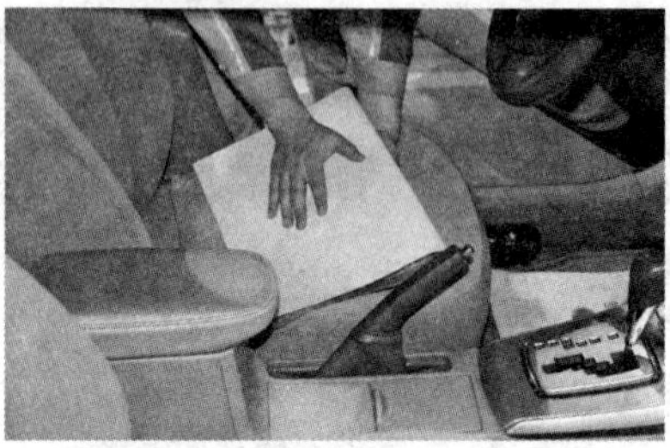

图 1-3-8　将三件套放在座椅上

7）放置地板垫

要求：

地板垫的放置如图 1-3-9 所示。

（1）地板垫放置端正，按照文字或脚印等标记方向放置。

（2）地板垫保持平整。

问题：

没按标记方向端正放置地板垫。

8）安装转向盘套

要求：

转向盘套的安装如图 1-3-10 所示。

（1）站在车下安装，双手操作安装转向盘套。

（2）转向盘套应完全罩住转向盘。

问题：

（1）转向盘套未将转向盘完全罩住。

（2）在安装的过程中撕裂转向盘套。

（3）坐在座椅上安装。

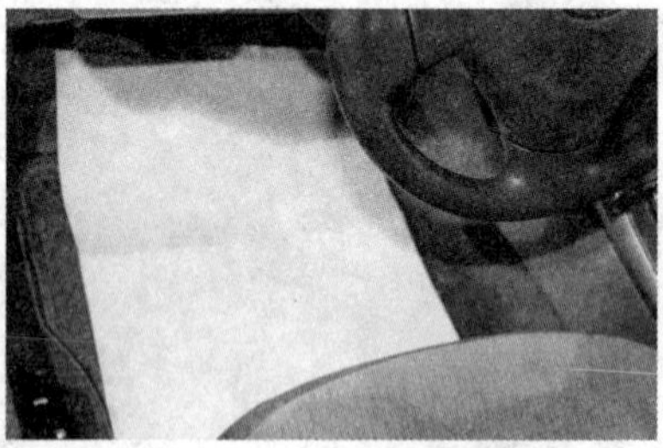

图 1-3-9　放置地板垫

图 1-3-10　安装转向盘套

9）安装座椅套

要求：

座椅套的安装如图 1-3-11 所示。

（1）将一次性座椅套展开，分清上下端，往座椅套内吹口气，使薄膜分离。

（2）自上而下地将座椅套套在座椅靠背上，将另一端套到座椅的前部。

（3）用手将座椅套从前向后展平。

问题：

（1）未分清上下端直接套装。

（2）方法不当撕裂座椅套。

10）拉起发动机舱罩释放杆

要求：

拉起发动机舱罩释放杆如图 1-3-12 所示。

（1）用左手向外拉动发动机舱罩释放拉手，用力要适中。

（2）当听到发动机舱罩锁扣弹开的声音，应停止拉动。

警告：

用力过猛，造成拉手损坏或拉线拉断。

问题：

（1）拉动不到位，锁扣未弹开。

（2）用力过猛，损坏拉手。

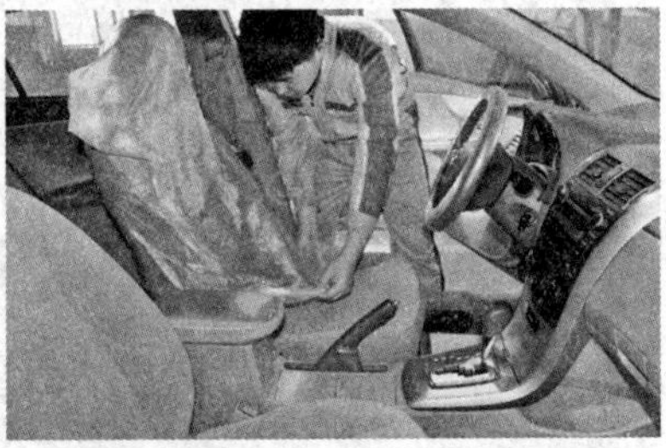

图 1-3-11　安装座椅套

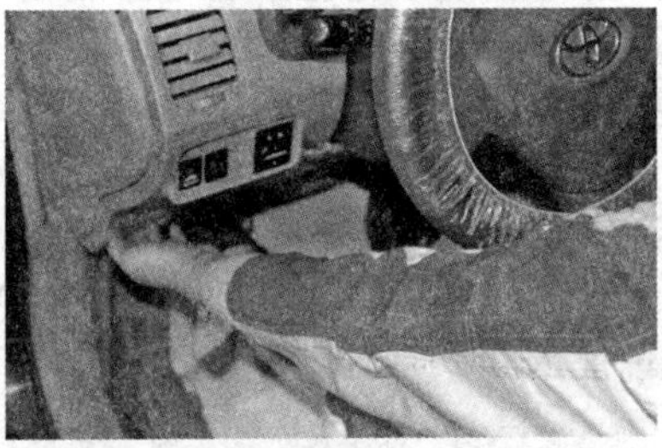

图 1-3-12　拉起发动机舱罩释放杆

11）打开发动机舱罩

要求：

打开发动机舱罩如图 1-3-13 所示。

（1）左手从发动机舱罩中间偏左侧伸入并略向上抬起；右手从发动机舱罩缝隙中间处伸入，如果缝隙过小，可从前照灯处入手，将发动机舱罩适当抬起，出现较大缝隙后再从中间开始，用右手向上拨动锁扣拨片，使挂钩充分脱离。

（2）两手同时向上掀起发动机舱罩。

警告：

（1）小心操作，防止夹手。

（2）用力不要过大，防止损坏锁扣机构。

（3）禁止锁扣未拨开直接掀起发动机舱罩。

12）支撑发动机舱罩

要求：

发动机舱罩的支撑如图 1-3-14 所示。

（1）双手向上将发动机舱罩掀到较高位置，一只手支撑住发动机舱罩，另一只手拉起发动机舱罩支撑杆。

（2）将发动机舱罩支撑杆放入发动机舱罩上的支撑孔位。

警告：

支撑杆放入规定的支撑孔中，确保支撑稳固。

问题：

（1）拉起支撑杆时用力过猛，造成固定架损坏。

（2）支撑位置不正确或支撑不稳固。

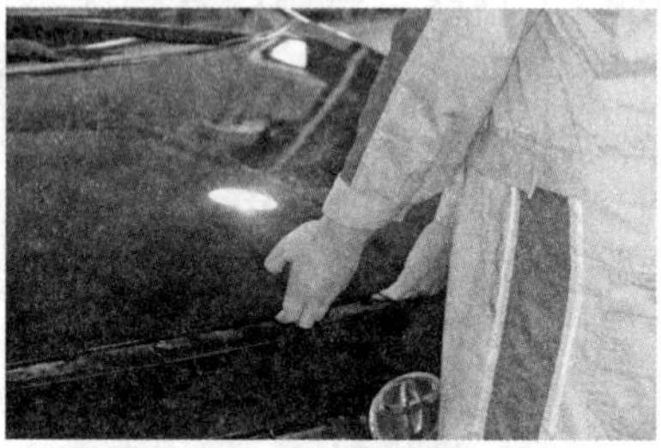

图 1-3-13　打开发动机舱罩

图 1-3-14　支撑发动机舱罩

13）放置翼子板布和前格栅布

要求：

放置翼子板布和前格栅布如图 1-3-15 所示。

（1）翼子板布和前格栅布要有效遮挡车身部位上边缘，与翼子板和前格栅上部边缘平齐。

（2）用内部的磁铁牢牢吸住金属部分。

（3）放置时禁止在车身上面滑动，以防划伤涂层。

（4）有标记或文字的一面向上朝外。

问题：

（1）安装位置不正确或掉落，磁铁没有吸住金属部分。

（2）安装时有明显的滑动或有明显的磁铁撞击声。

14）插入汽车排气抽气管

要求：

插入汽车排气抽气管如图 1-3-16 所示。

图 1-3-15　放置翼子板布和前格栅布

图 1-3-16　插入汽车排气抽气管

（1）双手操作插入汽车排气抽气管，避免扭曲排气抽气管。

（2）开动抽排装置风机。

警告：

（1）安装时谨防排气抽气管头部卡箍划伤手指。

（2）安装时谨防排气抽气管头部撞击车身。

问题：

(1) 安装不牢，抽气管脱落。

(2) 忘记开动风机。

15）检查机油液位拔出机油尺

要求：

检查机油液位拔出机油尺如图 1-3-17 所示。

准备好干净抹布，将机油尺拔出，用抹布擦净机油尺上的机油。

警告：

（1）及时擦净，谨防机油滴落到发动机上。

（2）速度较慢，谨防划伤手指。

（3）完全拔出时谨防手碰到发动机舱罩。

问题：

拔出时未擦净机油尺，使机油滴落，抹布不干净。

16）检查机油液位和液位标记

要求：

检查机油液位及其标记如图 1-3-18 所示。

（1）将油尺放在干净的抹布上，确认最低和最高液位标记。

（2）液位应处于最低位和最高位之间，新加的机油，油位应处于中间偏上位置。

问题：

不看机油标尺的液位标记，抹布不干净。

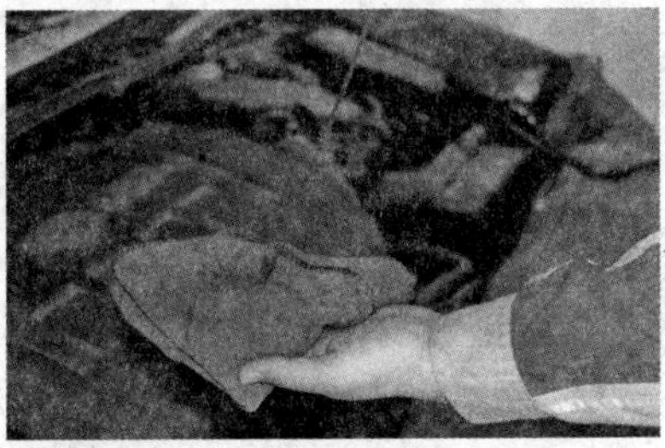

图 1-3-17　拔出机油尺

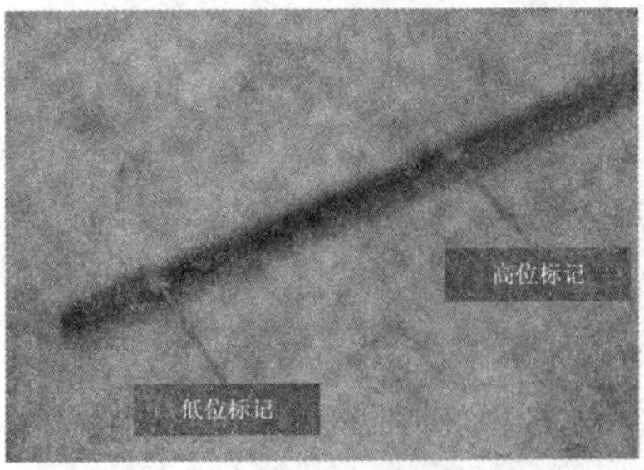

图 1-3-18　检查机油液位及其标记

17）检查机油液位和机油尺复位

要求：

检查机油液位和机油尺复位如图 1-3-19 所示。

用另一只手握住机油尺中下部导向，将机油尺插入机油尺管道中，机油尺完全插到位，停留 2~3 s。

问题：

另一只手不起导向作用，不能准确插入机油尺且未停留 2~3 s。

18）检查机油液位，拔出机油尺观察油位

要求：

检查机油液位并拔出机油尺观察油位如图1-3-20所示。

（1）左手拿干净的抹布置于低位，做好接机油尺准备，将机油尺抽出，以45° 角放在干净的抹布上，身体略向前倾，观察机油尺两侧的机油痕迹。

（2）以较低一侧确定油位是否正常，用干净的抹布将机油尺上的机油擦拭干净。

问题：

机油液位观察不仔细，观察后忘记擦净机油尺。

图1-3-19 机油尺复位

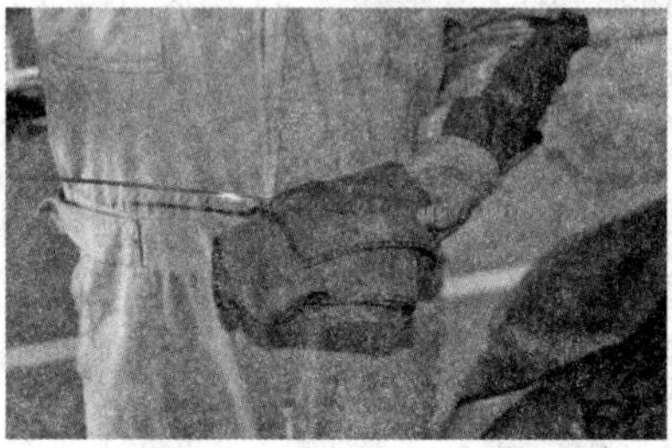

图1-3-20 观察油位

19）检查机油液位和机油尺复位

要求：

检查机油液位和机油尺复位如图1-3-21所示。

用另一只手握住机油尺中下部导向，将机油尺插入机油尺管道中，机油尺完全插到位。

问题：

另一只手不起导向作用，不能准确插入机油尺，未完全插到位。

20）检查自动变速器油位和液位标记

要求：

检查自动变速器油位和液位标记如图1-3-22所示。

（1）检查方法类同于机油液位检查，故不再讲述。

（2）确认热态和冷态的最低、最高液位标记。

（3）冷态检查时液位应处于最低位与最高位之间。

问题：

不看油标尺的液位标记，抹布不干净。

图1-3-21 机油尺复位

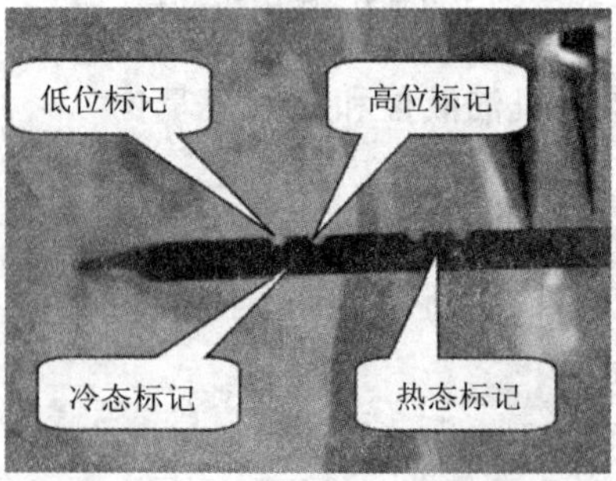

图1-3-22 检查液位标记

21)检查自动变速器油位和油标尺复位

要求:

油标尺复位如图 1-3-23 所示。

(1)用另一只手握住油标尺中下部导向,将油标尺插入油尺管道中。

(2)油标尺完全插到位,弹簧卡片锁住手柄。

问题:

另一只手不起导向作用,不能准确插入油标尺,未能完全插到规定位置。

22)检查冷却液液位

要求:

冷却液液位如图 1-3-24 所示。

(1)冷却液液位高度范围在图示 FULL 与 LOW 之间。

(2)如果冷却液液位低于 LOW 标记,应补加冷却液。

警告:

(1)禁止用摇晃储液罐的方式检查,谨防损坏储液罐。

(2)添加冷却液时请查阅《维修手册》,以防烫伤。

问题:

观察标记不仔细,用摇晃方式检查。

图 1-3-23　油标尺复位

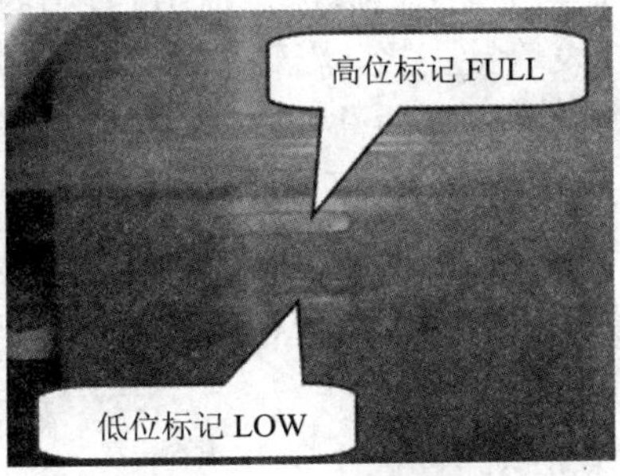

图 1-3-24　冷却液液位

23)检查制动液液位

要求:

制动液液位如图 1-3-25 所示。

(1)制动液液位高度标准范围在图示 MAX 与 MIN 之间。

(2)如果制动液液位低于 MIN 标记,应补加制动液。

警告:

禁止用摇晃储液罐的方式检查,谨防损坏储液罐。

问题:

观察标记不仔细,用摇晃方式检查。

24)检查清洗液液位

要求:

清洗液液位检查如图 1-3-26 所示。

(1)打开储液罐盖子,拔出液位标尺到露出液位标记的位置。

（2）观察液位标尺是否处于正常位置，液位过低要及时补充。
（3）液位标尺归位，盖好液位盖。

问题：

观察标记不仔细，液位标尺未拔到规定位置，液位盖没及时盖好。

图 1-3-25　制动液液位

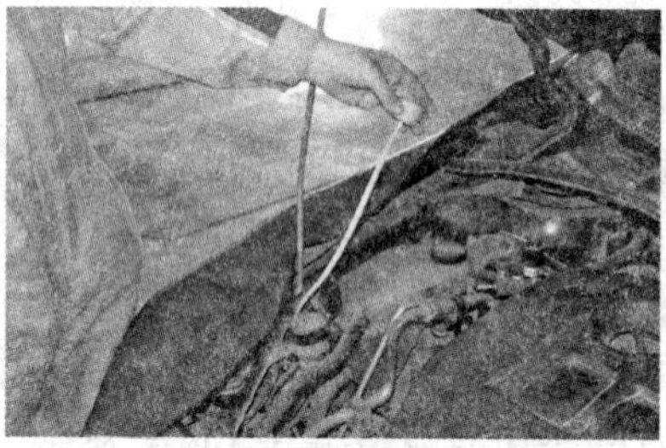

图 1-3-26　清洗液液位检查

25）检查蓄电池端电压

要求：

蓄电池端电压检查如图 1-3-27 所示。
（1）充足电的蓄电池端电压应为最高 12.45 V、最低 12 V。
（2）打开蓄电池正极保护盖，将万用表调到直流电压挡，量程为 20 V。
（3）红表笔接正极，黑表笔接负极，测量电压。
（4）测量完毕后清洁万用表，归位盖好蓄电池正极保护盖。

问题：

万用表使用方法不正确，正极保护盖没有及时盖好。

26）收起翼子板布和前格栅布

要求：

收起翼子板布如图 1-3-28 所示。
依次收起翼子板布和前格栅布，两手配合，从边缘处起折叠整齐，有标志的一面朝外。

问题：

收起翼子板布时在翼子板表面滑动擦伤涂层。

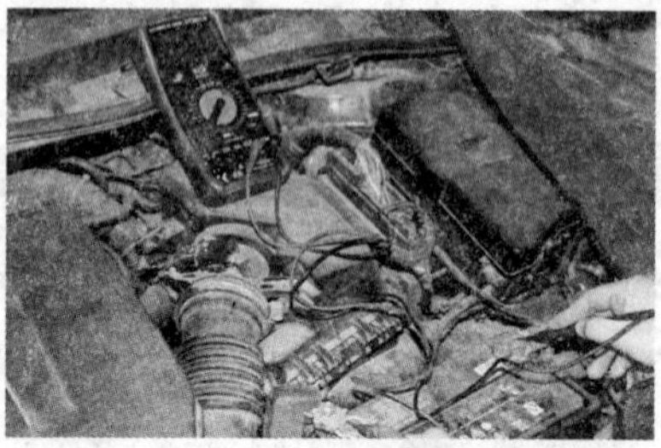

图 1-3-27　蓄电池端电压检查

图 1-3-28　收起翼子板布

27）翼子板布和前格栅布归位

要求：

翼子板布归位如图 1-3-29 所示。

将翼子板布和前格栅布放到备件车规定位置，并摆放整齐。

问题：

随处乱放，摆放不整齐。

28) 发动机舱罩支撑杆归位

要求：

发动机舱罩支撑杆归位如图 1-3-30 所示。

（1）右手扶住发动机舱罩前端中部，左手将支撑杆从支撑孔中移出。

（2）支撑杆归位时要用手指保护塑料支持架，放回规定位置。

警告：

（1）右手要扶稳，防止发动机舱罩跌落。

（2）归位时动作要轻，注意保护支持架。

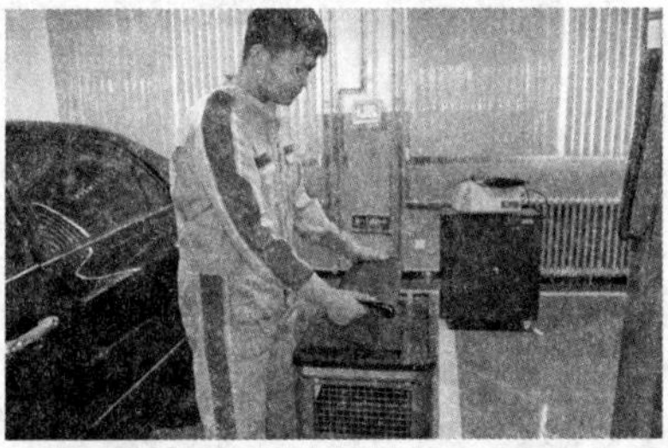

图 1-3-29 翼子板布归位

图 1-3-30 发动机舱罩支撑杆归位

29)盖上发动机舱罩

要求：

盖上发动机舱罩如图 1-3-31 所示。

（1）双手扶住发动机舱罩并慢慢放下，距离前格栅上缘 10 cm 时，用两手手掌托住。

（2）手掌脱离，发动机舱罩靠自重下降，使锁扣卡住，确认发动机舱罩已经盖好。

警告：

（1）双手要扶稳，防止发动机舱罩跌落。

（2）禁止用双手使劲按压发动机舱罩的方式盖好发动机舱罩。

问题：

（1）发动机舱罩脱手时位置太高或过低。

（2）用双手按压方式盖发动机舱罩，造成发动机舱罩中部变形。

30)收起汽车排气抽气管

要求：

收起汽车排气抽气管如图 1-3-32 所示。

（1）用双手将抽气管从排气管上脱离。

（2）将抽气管挂到规定挂钩上或摆在规定位置。

警告：

禁止用力过猛，造成重心不稳摔倒。

问题：

抽气管没放到规定位置。

图 1-3-31　盖上发动机舱罩

图 1-3-32　收起汽车排气抽气管

31)清洁排气管下方积水

要求:

清洁排气管下方积水如图 1-3-33 所示。

用拖把及时清洁排气管下方地面积水,拖把用完后放到规定位置。

问题:

未及时清洁积水。

32) 收起三件套

要求:

收起三件套如图 1-3-34 所示。

(1)依次收起转向盘套、座椅套、地板垫。

(2)将能使用的干净且完好的三件套叠放整齐,放在规定备件车中。

(3)已损坏的三件套可分类丢弃到垃圾桶。

问题:

忘记收起转向盘套、座椅套和地板垫,丢弃废弃物。

图 1-3-33　清洁排气管下方积水

图 1-3-34　收起三件套

33)升起车窗玻璃

要求:

升起车窗玻璃如图 1-3-35 所示。

升起车窗玻璃前确认无人员手扶着窗框,向上提起控制开关,依次升起车窗玻璃至车窗玻璃完全关闭。

警告:

小心车窗玻璃夹手。

问题:

升起前未观察确认,车窗玻璃未完全上升到位。

34）清洁车辆内部

要求：

清洁车辆内部如图 1-3-36 所示。

选用干净的抹布，将操作中手接触的部位清洁干净。

问题：

抹布不干净，清洁不及时、不彻底。

图 1-3-35　升起车窗玻璃

图 1-3-36　清洁车辆内部

35）取下钥匙锁闭车门

要求：

取下钥匙锁闭车门如图 1-3-37 所示。

（1）将钥匙逆时针旋到点火开关 OFF 挡位，拔出钥匙。

（2）关闭车门按动遥控钥匙上的闭锁按钮锁好车门，观察示宽灯是否短暂闪烁。

（3）用手拉动门把手不能打开车门，确认车门已关好。

（4）钥匙放到规定位置。

问题：

（1）没有确认车门是否已经完全关闭。

（2）钥匙忘记放在规定位置。

36）收起车轮挡块

要求：

收起车轮挡块如图 1-3-38 所示。

图 1-3-37　取下钥匙锁闭车门

图 1-3-38　收起车轮挡块

（1）双手分别拿起车轮挡块。

（2）放到备件车规定位置。

问题：

（1）忘记收起车轮挡块。

（2）车轮挡块未放到规定位置。

37）清洁车身

要求：

清洁车身如图 1-3-39 所示。

用干净的抹布清洁作业中手接触的部位。

问题：

忘记清洁车身，抹布脏污。

38）清洁地面

要求：

清洁地面如图 1-3-40 所示。

（1）用扫把扫净地面上的脏物，丢到垃圾桶。

（2）地面上有少量油污时，应用抹布清洁。

（3）用拖把拖净地面上的水渍。

问题：

未及时清洁地面。

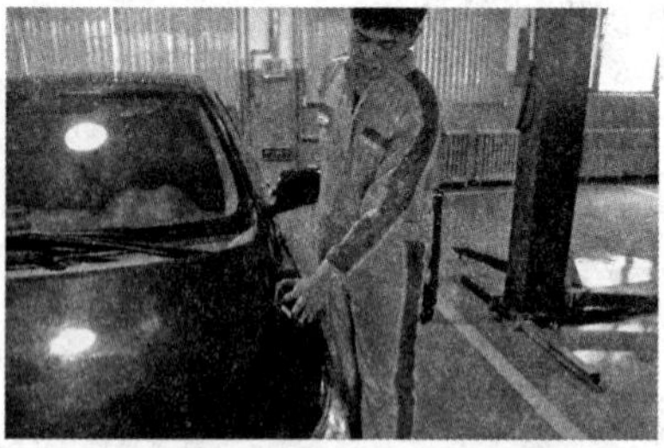

图 1-3-39 清洁车身

图 1-3-40 清洁地面

39）整理车间

要求：

整理车间如图 1-3-41 所示。

（1）将工具、备件按规定位置摆放整齐。

（2）将工具车、备件车等按规定位置摆放。

（3）关闭用电设备电源。

问题：

忘记整理工具车，工具车、备件车未按规定位置摆放。

40）填写工作单

要求：

填写工作单如图 1-3-42 所示。

（1）在完成的项目后面签名或打钩确认。

（2）有数据记录的，要记录相关数据。

（3）有疑问或不正确的，要做好相关记录并立即上报。

问题：

（1）忘记填写，字迹潦草。

（2）有关问题没有记录，未上报。

图 1-3-41 整理车间

图 1-3-42 填写工作单

二、学习小结

1. 车辆基本防护：车内基本防护（放上座椅套、地板垫、转向盘套、排挡套）；车外基本防护（放上翼子板布、前格栅布、翼子板垫，用车轮挡块挡住车轮）。

2. 车辆的基本安全检查：冷却液、发动机机油、制动液、清洗液、自动变速器油、蓄电池等的检查。

3. 具体检查操作步骤。

三、自我评估

1. 填空题

（1）车辆基本防护的目的是防止客户车内进入______或______，防止______或腐蚀车身涂层，以及防止操作中车辆移动，便于检查维护。

（2）车内基本防护：______、______、______、______。

（3）车外基本防护：______、______、______，用车轮挡块挡住车轮。

（4）充足电的蓄电池的端电压应为最高______V、最低______V。

（5）蓄电池测量：打开蓄电池正极保护盖，万用表调到______挡，量程为______V，红表笔接______，黑表笔接______，测量电压。

（6）放置车轮挡块时车轮挡块要与轮胎外边沿______，挡块______面与轮胎紧密接触。

2. 判断题

（1）三件套是指方向盘套、座套、排挡套。（ ）

（2）在保养车辆时，启动发动机前必须连接尾气抽排管。（ ）

（3）如发现制动液在最低位只需要添加即可。（ ）

（4）点火钥匙不论朝哪个方向转动都可以解开方向盘锁。（ ）

（5）检查机油时油尺需要插拔两次。（ ）

（6）安装三件套最先安装方向盘套。（ ）

（7）三件套安装完毕后紧接着是拉开发动机盖释放杆。（ ）

3. 选择题

（1）三件套的安装说法正确的是（ ）。

A. 首先安装方向盘套　　B. 首先安装座椅套

C. 首先安装排挡套　　D. 都不正确

（2）关于自动变速器油检查说法正确的是（　　）。

A. 要分冷车和热车检查

B. 不论冷热车，液位应该相同

C. 冷车时液位在高位与低位之间

D. 冷车时液位应该在低位

（3）整理车间的内容有（　　）。

A. 将工具、备件按规定位置摆放整齐

B. 将工具车、备件车等按规定位置摆放

C. 关闭用电设备电源

D. 清洁排气管滴漏水渍

学习单元 4　举升机的规范使用

情境导入

情境：某技师在操作举升机时，由于操作不当，造成车辆车门踏板损坏。当你在举升一辆加装了车门踏板的车辆时会不会也这样？

提示：举升机操作不当，可能导致车辆损伤，甚至人员伤害。不同类型的举升机具有不同的升降功能、支撑柱和支撑方法。不同的车辆举升位置略有不同，尤其是越野车、商务车以及加装车辆，操作时需要特别注意。

任务目标

一、知识目标

（1）能描述举升机的一般类型。

（2）能描述轿车举升支撑的正确位置。

（3）能描述举升机的基本顶起位置。

二、技能目标

（1）能遵守举升机操作注意事项。

（2）能规范使用举升机进行车辆的升降操作。

知识准备

一、基本知识

1. 举升机概述

1）举升机的一般类型

举升机的一般类型如图 1-4-1 所示。

目前汽车维修企业有三种类型的举升机：板条型（包括剪式）、摆臂型和柱提升型。不同类型的举升机具有不同的升降功能、支撑柱和支撑方法。

2）轿车举升支撑位置

轿车举升支撑位置如图 1-4-2 所示。

对于摆臂型举升机，要调整支架直到车辆保持水平为止，始终要锁住臂。对于柱提升型举升机要使用车轮挡块和安全机构。对于板条型举升机，如果《维修手册》指出要使用板提升附件，应将板提升附件位置对准车辆被支撑部位，切勿让板提升附件伸出板外。

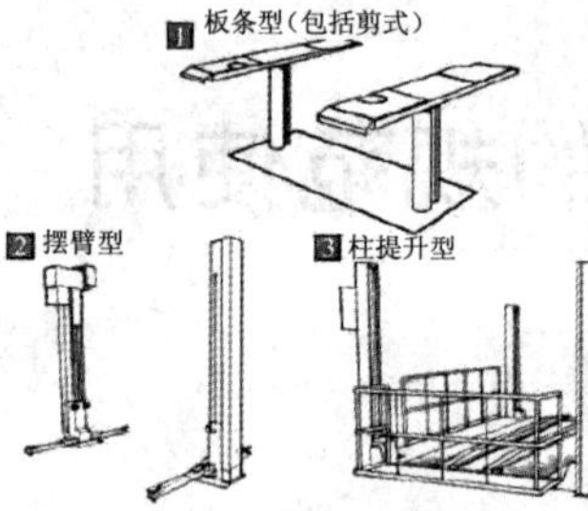

图 1-4-1 举升机

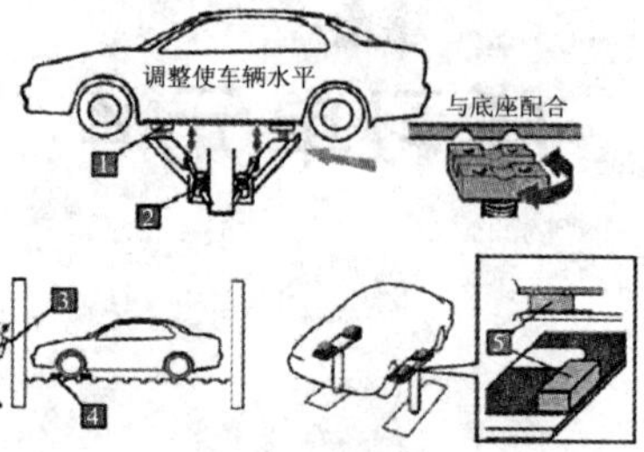

图 1-4-2 轿车举升支撑位置

3)举升机的基本顶起位置

举升机的基本顶起位置如图 1-4-3 所示。

(1)顶起位置 1(举升机未升起)。

(2)顶起位置 2(举升机升至低位)。

(2)顶起位置 3(举升机升至高位)。

(4)顶起位置 4(举升机升至中位)。

(5)顶起位置 5(举升机升至低位)。

(6)顶起位置 6(举升机升至中位)。

(7)顶起位置 7(举升机降至低位,轮胎触及地面)。

(8)顶起位置 8(举升机升至高位)。

(9)顶起位置 9(举升机未升起)。

这里说明的 9 个顶起位置可使技术员完成其全部操作,所以通过减少举升操作的次数可以完成高效的检查工作。

4)举升机操作注意事项

举升机操作注意事项如图 1-4-4 所示。

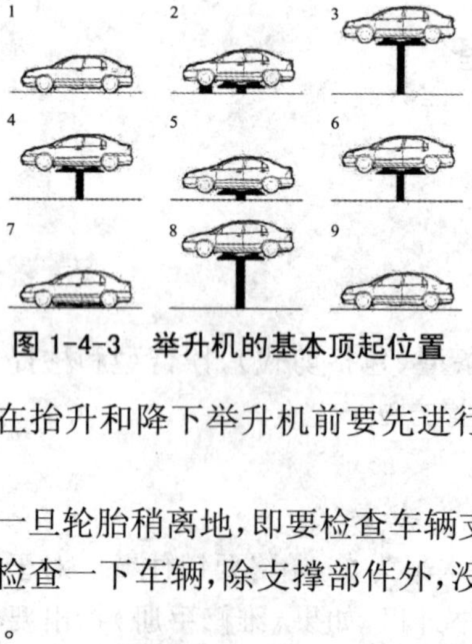

图 1-4-3 举升机的基本顶起位置

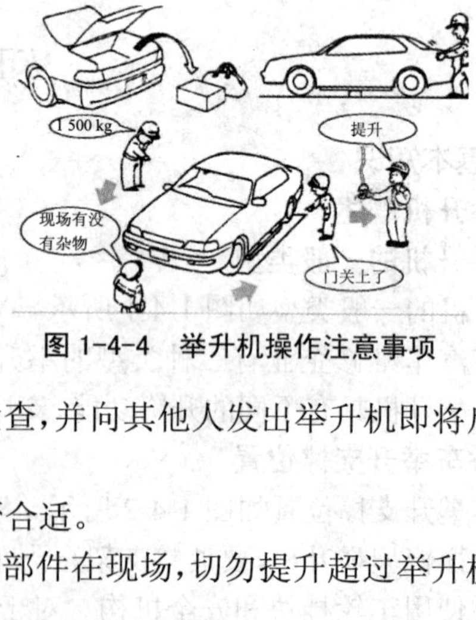

图 1-4-4 举升机操作注意事项

(1)在抬升和降下举升机前要先进行安全检查,并向其他人发出举升机即将启动的信号。

(2)一旦轮胎稍离地,即要检查车辆支撑是否合适。

(3)检查一下车辆,除支撑部件外,没有其他部件在现场,切勿提升超过举升机提升极限的车辆。

(4)带有空气悬架的车辆因其结构关系需要特别处理,请参考《维修手册》说明。

(5)在提升车辆时切勿移动车辆。

(6)在拆除和更换大部件时要小心,因为汽车重心可能会改变。

（7）切勿在车门打开时提升车辆。
（8）如果在一段时间内未完成作业，则要把车放至轮胎接触地面，无轮胎需用支撑凳。

2. 举升机使用准备工作

主要设备：

举升机、教学车辆、尾气抽排装置、多媒体设备等。

辅助材料：

翼子板布和前格栅布、三件套、抹布、手套。

3. 举升机使用实施步骤

1）将车辆停放在举升机位

要求：

车辆停放如图 1-4-5 所示。
（1）位于举升机位的正常举升位置，车辆中心轴线应与举升机对称面在同一平面内。
（2）车辆不允许偏向任一侧或一端。

警告：

（1）移动车辆时要注意检查车辆周围有无障碍物。
（2）必须由具有驾驶证并有驾驶经验的人员移动车辆。

问题：

（1）移动车辆时没有认真观察周围障碍物。
（2）车辆停放位置不正。

2）拉紧驻车制动器

要求：

拉紧驻车制动器如图 1-4-6 示。
（1）驻车制动器行程标准值 6~9 格。
（2）拉紧驻车制动器。

警告：

禁止拉紧手柄时用力过猛，谨防损坏。

问题：

忘记拉紧驻车制动器。

图 1-4-5　车辆停放

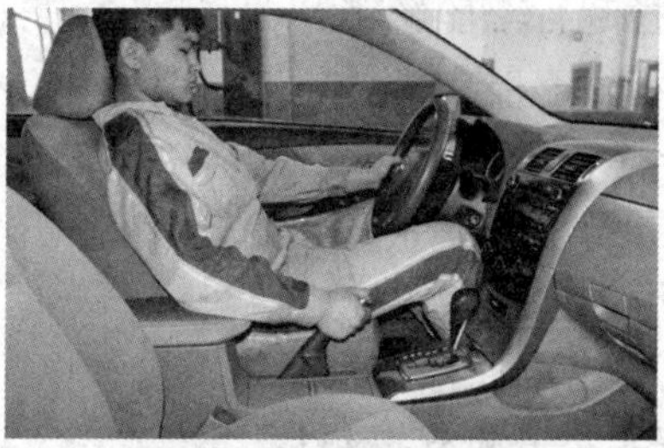

图 1-4-6　驻车制动

3）放置车轮挡块

要求：

放置车轮挡块如图 1-4-7 所示。

（1）车轮挡块可放置在任意车轮的前后。

（2）车轮挡块要与轮胎外边沿平齐。

（3）车轮挡块斜面与轮胎紧密接触。

（4）车轮挡块放置要正，不能歪斜。

问题：

车轮挡块放置倾斜，车轮挡块未拿稳。

4）安装三件套

要求：

安装三件套如图 1-4-8 所示。

（1）用遥控钥匙解锁打开车门。

（2）依次安装好转向盘套、座椅套和地板垫。

问题：

（1）忘记安装三件套。

（2）用拿钥匙的手打开车门，划伤车门。

图 1-4-7 放置车轮挡块

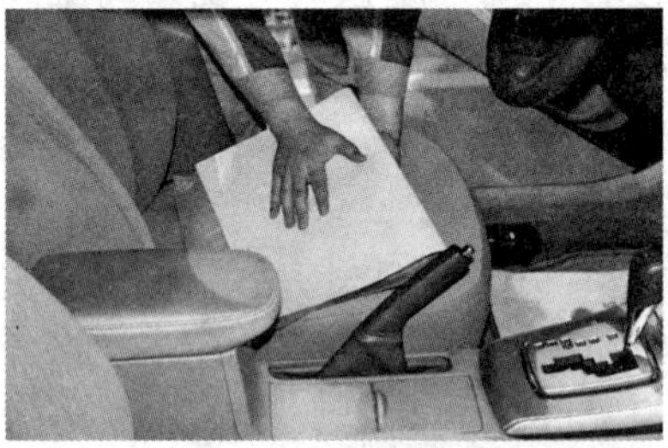

图 1-4-8 安装三件套

5）取出大件行李物品

要求：

取出大件行李物品如图 1-4-9 所示。

（1）拉起行李舱解锁开关，打开行李舱。

（2）将行李舱中大件行李物品取出，妥善放置，关闭行李舱门。

警告：

一定要拿出大件行李物品，确保举升安全。

问题：

忘记取出大件行李物品。

6) 安装举升机支撑垫块

要求：

安装举升机支撑垫块如图 1-4-10 所示。

（1）每侧两个支撑垫块，支撑垫块位置应对准车辆被支撑部位。

（2）可根据实际情况将垫块横置或纵置于举升机平台上。

（3）确保油箱、护板等零部件不被挤压。

问题：

放置位置不正确，支撑垫块伸出板外。

图 1-4-9　取出大件行李物品

图 1-4-10　安装举升机支撑垫块

7) 发出举升机准备举升的信号

要求：

发出举升机准备举升的信号如图 1-4-11 所示。

学生甲站在举升机操作台前，先确认车辆前部和左侧无障碍物，面向学生乙大声喊出“请注意，举升机准备上升”。

警告：

在未听到回应之前不得举升，防止发生危险。

问题：

（1）未发出举升提示信号直接操作举升机。

（2）发出举升提示信号时声音太低。

8) 发出举升机可以举升信号

要求：

发出举升机可以举升信号如图 1-4-12 所示。

（1）学生乙用眼睛环顾车辆周围，仔细检查、确认没有影响举升安全的物体或人。

（2）目视举升者（学生甲）大声喊出“车辆周围无障碍物，可以举升”。

问题：

（1）安全检查不认真、不仔细，检查者心不在焉。

（2）发出可以举升信号时声音太低。

图 1-4-11　发出举升机准备举升的信号

图 1-4-12　发出举升机可以举升信号

9) 操纵举升机，支撑垫块即将接触支撑位置

要求：

操纵举升机，支撑垫块即将接触支撑位置，如图 1-4-13 所示。

（1）将电路、气路开关闭合。

（2）按住控制台上的上升按钮，举升机上升至支撑垫块即将接触支撑位置时松开上升按钮。

问题：

（1）未关闭电路、气路开关。

（2）支撑垫块已经接触支撑位置。

10 ）再次检查举升机支撑垫块安装情况

要求：

再次检查举升机支撑垫块安装情况如图 1-4-14 所示。

（1）蹲下，仔细确认支撑垫块是否对准车辆被支撑部位。

（2）支撑垫块不允许歪斜。

（3）位置不正确或歪斜要重新调整。

警告：

支撑垫块位置不正确会存在安全隐患。

问题：

（1）未进行支撑垫块支撑位置检查，检查时不认真、不仔细。

（2）发现支撑垫块位置不对不予纠正，继续作业。

图 1-4-13　操纵举升机，支撑垫块即将接触支撑位置

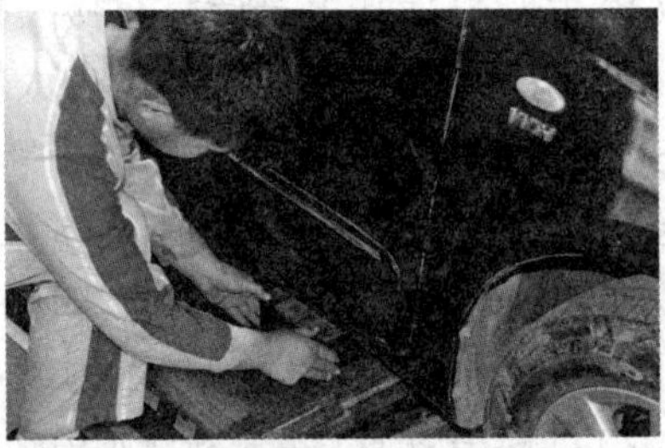

图 1-4-14　再次检查举升机支撑垫块安装情况

11) 举升车辆至车轮刚离开地面 10 cm

要求：

举升车辆至车轮刚离开地面 10 cm 如图 1-4-15 所示。

（1）重复步骤 7、步骤 8，正确呼应后举升车辆。

（2）使车轮刚离开地面 10 cm 时松开上升按钮。

警告：

在未检查情况下，车轮离开地面过高会有安全隐患。

问题：

（1）忘记相互呼应。

（2）车轮离开地面过高或未离开地面。

12) **检查车辆支撑牢固情况**

要求:

检查车辆支撑牢固情况如图 1-4-16 所示。

学生甲、乙分别在前后保险杆或翼子板处采用下压方式检查车辆支撑是否牢靠。

警告:

(1)不允许按压发动机舱罩等易变形处。

(2)按压时力量要适中。

问题:

(1)按压发动机舱罩使之出现凹陷变形。

(2)未检查车辆支撑牢固情况。

(3)按压时用力过猛造成车辆剧烈晃动。

图 1-4-15　举升车辆至车轮刚离开地面 10 cm

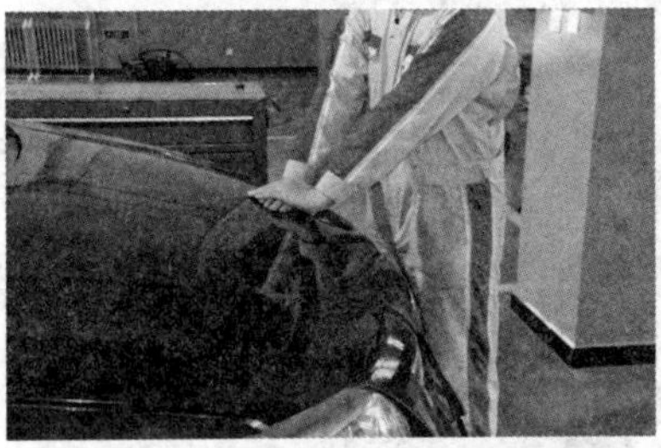

图 1-4-16　检查车辆支撑牢固情况

13) **取出车轮挡块**

要求:

取出车轮挡块如图 1-4-17 所示。

将车轮挡块取出放在规定位置。

警告:

要及时取出车轮挡块并放在规定位置,防止工作时发生安全事故。

14) **举升车辆至工作位置**

要求:

举升车辆至工作位置如图 1-4-18 所示。

(1)重复步骤 7、步骤 8,正确呼应后举升车辆。

(2)正确举升车辆至合适的工作位置。

(3)举升的过程中,操作人员眼睛要密切注意举升机周围和被举升车辆本身的情况,防止发生安全事故。

警告:

(1)注意力集中,遇到异常情况应及时停止举升作业。

(2)举升过程中,不允许在车辆周围或下部进行任何其他作业。

问题:

注意力不集中,遇到异常情况未及时停止举升作业。

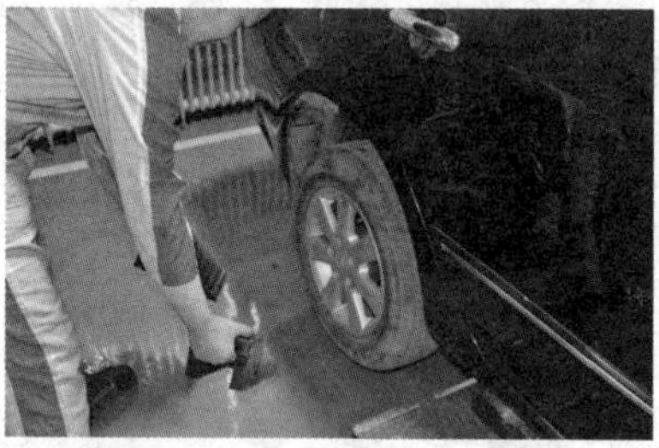

图 1-4-17 取出车轮挡块

图 1-4-18 举升车辆至工作位置

15) 举升机安全锁止

要求：

举升机安全锁止如图 1-4-19 所示。

(1)按下举升机控制柜上的锁定按钮，确认锁止机构已经锁止可靠。

(2)发出“举升机锁止安全，可以作业”的指令，然后开始相应作业项目的作业。

警告：

一定要安全锁止，经确认后才能作业。

问题：

忘记按锁止按钮，未检查是否安全锁止。

16) 发出准备降下举升机信号

要求：

发出准备降下举升机信号如图 1-4-20 所示。

(1)学生甲站在举升机操作台前先确认车辆前部和左侧无障碍物。

(2)面向学生乙大声喊出“请注意，举升机准备下降”。

警告：

在未听到回应之前不得下降，防止发生危险。

问题：

(1)未发出下降提示信号直接操作举升机。

(2)发出下降提示信号时声音太低。

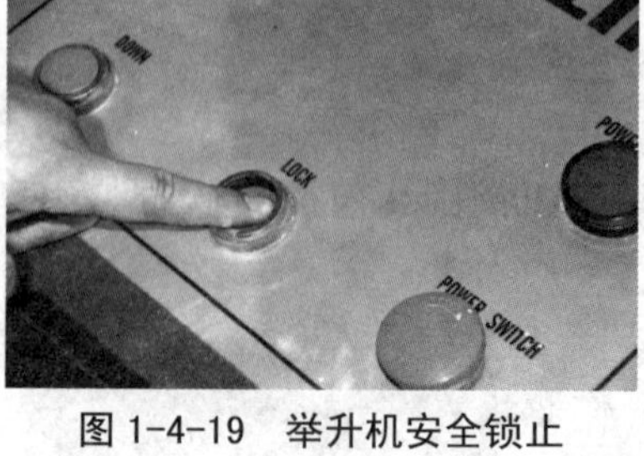

图 1-4-19 举升机安全锁止

图 1-4-20 发出准备降下举升机信号

17) 发出举升机可以下降信号

要求：

发出举升机可以下降信号如图 1-4-21 所示。

(1)学生乙用眼睛环顾车辆周围和下面，仔细检查，确认没有影响下降安全的物体或人。

（2）目视举升者（学生甲）大声喊出“车辆周围无障碍物，可以下降”。

警告：

一定要认真检查，防止发生危险。

问题：

（1）安全检查不认真、不仔细，检查者心不在焉。

（2）发出可以下降信号时声音太低。

18）将车辆完全降下

要求：

将车辆完全降下如图 1-4-22 所示。

（1）先短暂按下举升机控制柜上的上升按钮，使锁止机构解锁。

（2）再按住下降按钮，将车辆降到适宜的工作位置或完全降下。

（3）如果是作业完毕需要将车辆完全降下，一定要使举升机板条回到最低位置，车轮完全着地。

警告：

（1）注意力集中，遇到异常情况应及时停止下降作业。

（2）下降过程中，不允许在车辆周围或下部进行任何其他作业。

图 1-4-21　发出举升机可以下降信号

图 1-4-22　将车辆完全降下

19）安装车轮挡块

要求：

安装车轮挡块如图 1-4-23 所示。

（1）车轮挡块可放置在任意车轮的前后，车轮挡块要与轮胎外边沿平齐。

（2）车轮挡块斜面与轮胎紧密接触，车轮挡块放置要周正，不能歪斜。

警告：

（1）车轮挡块要拿稳，避免跌落地面砸伤脚部。

（2）避免撞击车身、轮胎或轮毂，以免对车身或车轮造成损伤。

问题：

车轮挡块放置倾斜，车轮挡块未拿稳。

20）取出举升机支撑垫块

要求：

取出举升机支撑垫块如图 1-4-24 所示。

取出支撑垫块,放到规定位置。

问题:

未放到规定位置,未拿稳,造成脱手掉落。

图 1-4-23　安装车轮挡块

图 1-4-24　取出举升机支撑垫块

21) 将大件行李物品放回行李舱

要求:

将大件行李物品放回行李舱如图 1-4-25 所示。

(1)拉起行李舱解锁开关,打开行李舱将大件行李物品妥善放置在行李舱中。

(2)关闭行李舱门。

问题:

忘记将大件行李物品放回至行李舱中。

22)收起三件套

要求:

收起三件套如图 1-4-26 所示。

(1)依次收起转向盘套、座椅套、地板垫。

(2)将能使用的干净且完好的三件套叠放整齐,放在规定备件车中。

(3)已损坏的分类丢弃到垃圾桶。

问题:

忘记收起转向盘套、座椅套和地板垫,忘记丢弃废弃物。

图 1-4-25　将大件行李物品放回行李舱

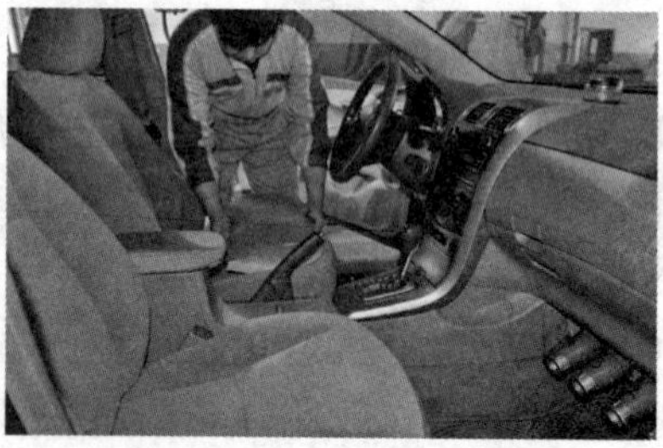

图 1-4-26　收起三件套

23)锁好门窗

要求:

锁好门窗如图 1-4-27 所示。

(1)用不拿钥匙的手关闭车门,按动遥控钥匙上的闭锁按钮,锁好门窗。

（2）观察示宽灯是否短暂闪烁，用手拉动一下门把手，确认车门已关好。
（3）钥匙放到规定位置。

问题：

（1）没有确认车门是否已经完全关闭。
（2）钥匙放到工作服口袋中，忘记放在规定位置。

24）收起车轮挡块

要求：

收起车轮挡块如图 1-4-28 所示。

双手分别拿起车轮挡块放到配件车规定位置。

警告：

小心，不要撞击车轮或车身，谨防碰伤手指或砸坏车辆，防止跌落砸伤脚趾。

问题：

忘记收起车轮挡块，车轮挡块未放在规定位置，未拿稳掉落。

图 1-4-27　锁好门窗

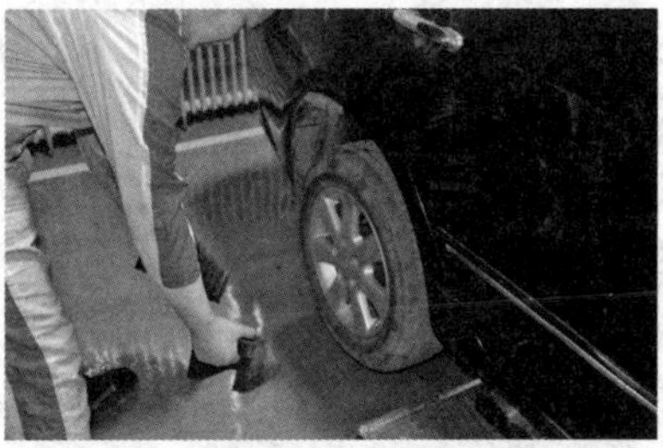

图 1-4-28　收起车轮挡块

25）清洁车身

要求：

清洁车身如图 1-4-29 所示。

用干净的抹布清洁作业中手接触车的部位。

警告：

用力要适中，防止擦伤车身涂层，禁止用脏污的抹布。

问题：

忘记清洁车身，抹布脏污。

26）清洁地面

要求：

清洁地面如图 1-4-30 所示。

（1）地面上的脏物用扫把扫干净，把垃圾丢弃到垃圾桶。
（2）地面上有少量油污用抹布清洁。
（3）用拖把拖净地面上的水渍。

问题：

（1）未及时清洁地面。
（2）未用干净的拖把清洁油污。

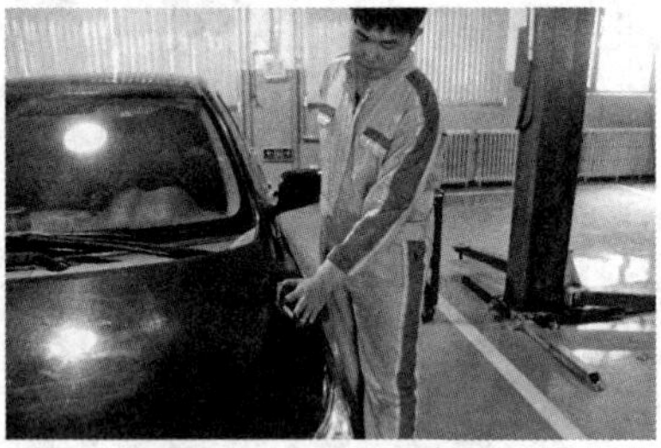

图 1-4-29 清洁车身

图 1-4-30 清洁地面

27)整理车间

要求：

整理车间如图 1-4-31 所示。

(1)将工具、备件放置规定位置并摆放整齐。

(2)将工具车、备件车等按规定位置摆放。

(3)关闭用电设备开关。

问题：

(1)忘记整理工具车。

(2)工具车、备件车未按规定位置摆放。

28)填写工作单

要求：

填写工作单如图 1-4-32 所示。

(1)在完成的项目后面签名或打钩确认。

(2)有数据记录的记录相关数据。

(3)有疑问或不正确的做好相关记录并立即上报。

问题：

(1)忘记填写，字迹潦草。

(2)有关问题没有记录，未上报。

图 1-4-31 整理车间

图 1-4-32 填写工作单

二、学习小结

1. 举升机类型：板条型(包括剪式)、摆臂型、柱提升型。不同类型的举升机具有不同的升降功能、支撑柱和支撑方法。

2. 举升机的支撑位置：对于摆臂型举升机，要调整支架直到车辆保持水平为止，始终要锁住臂。对于柱提升型要使用车轮挡块和安全机构。对于板条型举升机，如果《维修手册》

指出要使用板提升附件，应将板提升附件位置对准车辆被支撑部位，切勿让板提升附件伸出板外。

3. 举升机操作注意事项：

（1）在抬升和降下举升机前要先进行安全检查，并向其他人发出举升机即将启动的信号。

（2）一旦轮胎稍离地面，即要检查车辆支撑是否合适。

（3）检查一下车辆，除支撑部件外，没有其他部件在现场，切勿提升超过举升机提升极限的车辆。

（4）带有空气悬架的车辆因其结构关系需要特别处理，请参考《维修手册》说明。

（5）在提升车辆时切勿移动车辆。

（6）在拆除和更换大部件时要小心，因为汽车重心可能会改变。

（7）切勿将车门打开提升车辆。

（8）如果在一段时间内未完成作业，则要把车放至轮胎接触地面，无轮胎时需用支撑凳。

三、自我评估

1. 填空题

（1）举升机的类型：________、________、________。

（2）车辆在举升前必须拿出行李舱中的________，保证举升安全。

（3）在举升车辆前，要大声提醒，标准用语是_______。在听到对方回应“车辆周围无障碍物，可以上升”后，才能操作。

2. 判断题

（1）操作举升机时车辆必须空载。（　　）

（2）操作举升机时驻车制动器必须拉起。（　　）

（3）操作举升机过程中可在车下工作。（　　）

（4）车轮挡块只能放在前轮的前面和后面。（　　）

（5）车辆在举升之前要取出大件行李，确保重心稳定。（　　）

（6）举升机升到工作位置时，可不用安全锁止即可作业。（　　）

（7）由于举升机具有锁止功能，故车辆可以长时停留在举升机上。（　　）

3. 选择题

（1）举升机操作过程中不正确的做法是（　　）。

A. 正确安装垫块　B. 升降过程中两人配合大声提醒　C. 不必检查支撑情况

（2）举升机在举升过程中说法正确的是（　　）。

A. 将车上的重物卸下　B. 为检查方便试车人员可以不用下车

C. 在举升过程中可以与主管交流工作

（3）关于下降举升机说法正确的是（　　）。

A. 下降前移出车下所有物品　B. 下降前先解锁

C. 下降过程中时刻注意车辆和举升机状况

学习情境二　新车交付检验

学习单元1　恢复新车正常工作的状态

情境导入

情境:4S店刚到一批新车,你的主管分配你负责对这批新车进行性能恢复,你能完成吗?

提示:新车在出厂和运输途中为了对车辆进行保护,保证交与客户的车辆是全新车辆,车辆的一些功能被暂时关闭或未安装,如中控门锁、灯光、音响、点烟器等。

任务目标

一、知识目标

(1)能描述新车检验的具体项目。

(2)能描述恢复新车正常工作状态的意义。

二、技能目标

(1)能对新车正确验证其状态。

(2)能够恢复车辆的正常工作状态。

(3)能够检验车辆的功能并作出正确评价。

知识准备

一、基本知识

1. 恢复新车正常工作状态的意义

恢复新车正常工作状态的意义是为了防止车辆在运输过程中出现问题。汽车在离开厂家前,将运输中可能容易损坏的零部件不安装或另行包装,并对一些需要保护的部位加装了保护装置。

2. 恢复步骤

1) 安装保险丝或短路销

为了防止在运输中有电流通过,厂家将顶灯保险丝、收音机保险丝或短路销拆下,放在继电器盒内,因此应首先将顶灯保险丝、收音机保险丝或短路销安装到相应位置,如图2-1-1所示。

2)安装汽车厂家提供的零部件

汽车厂家对外后视镜等汽车外部凸出部分零部件常单独包装,以防运输途中被损坏。具体内容(根据车型的配置有所区别)如图2-1-2所示。

(1)安装外后视镜。

(2)安装备用轮固定架托座。

(3)安装气管。

（4）安装前阻扰流板盖。

（5）安装轮帽和盖。

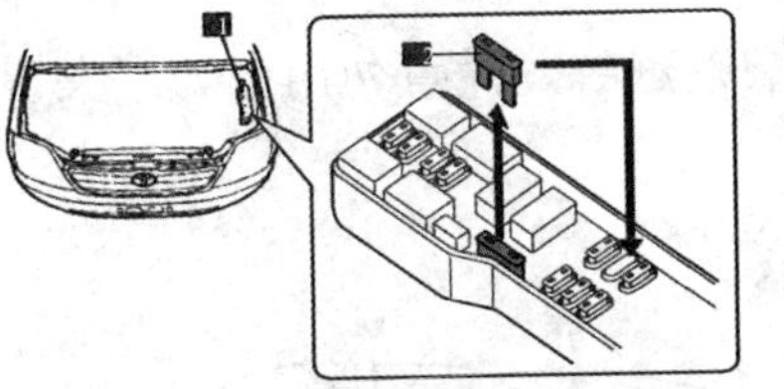

图 2-1-1　安装保险丝或短路销

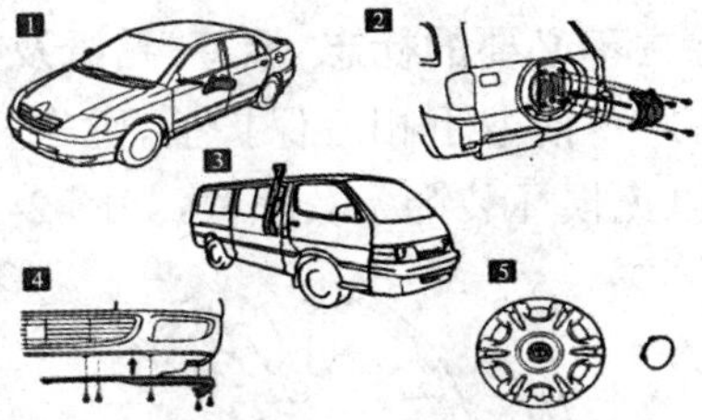

图 2-1-2　安装汽车厂家提供的零部件

3）从制动器盘上拆下防锈罩

注意取下时一定要用手进行，切忌使用螺钉旋具或其他工具，以防损坏车轮或制动盘。如果制动器上装有防尘罩，一般在前窗上帖有警告标志，如图 2-1-3 所示。

4）安装橡胶车身塞

将橡胶车身塞装在车身相应部件的孔上，注意橡胶车身塞一般在手套箱中，具体如图 2-1-4 所示。

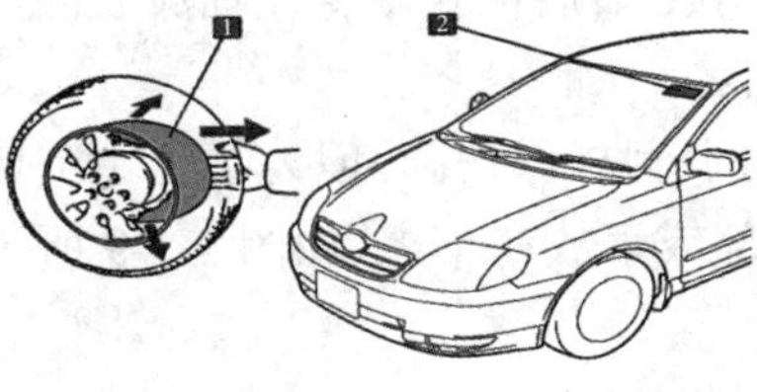

图 2-1-3　从制动器盘上拆下防锈罩

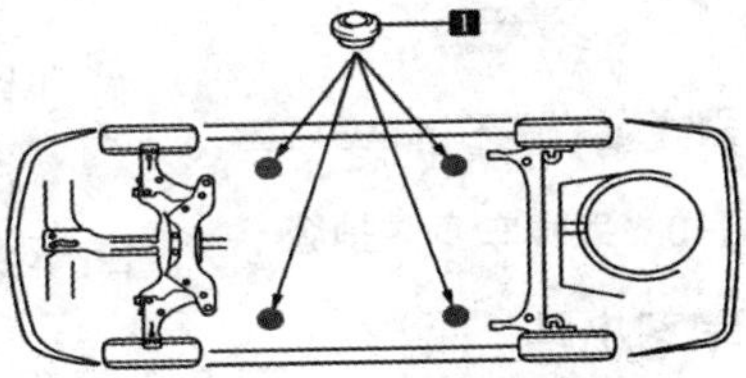

图 2-1-4　安装橡胶车身塞

5）取下前弹簧隔圈

用举升机举升车辆，从前悬架上取下前弹簧隔圈，如图 2-1-5 所示。注意没有装前弹簧隔圈的车辆则不进行此项操作。

6）取下紧急拖车环

从保险杠上取下紧急拖车环，然后在紧急拖车环的孔上加盖。注意紧急拖车环孔盖在手套箱中，取下的紧急拖车环放在工具袋中，如图 2-1-6 所示。没有装紧急拖车环的车辆不进行此项操作。

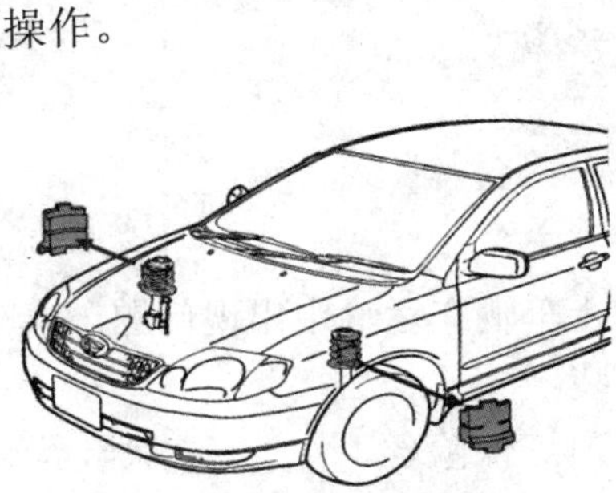

图 2-1-5　取下前弹簧隔圈

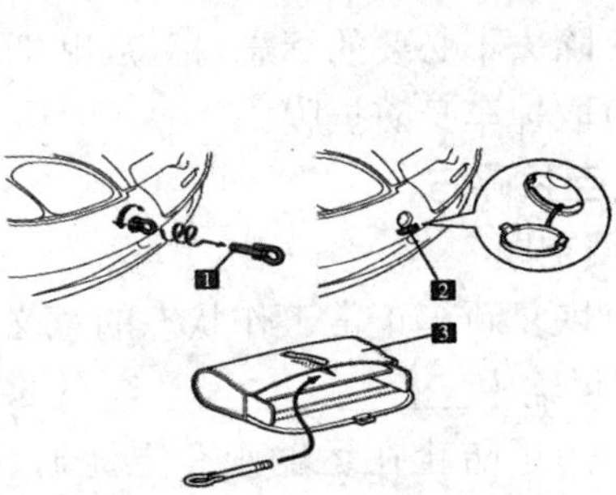

图 2-1-6　取下紧急拖车环

7)调整轮胎空气压力

调整轮胎(包括备胎)空气压力至正常值,如图 2-1-7 所示。注意出厂时轮胎气压通常值高一些,以防运输中轮胎变形,因此交付用户前一般要调低轮胎空气压力至正常值。

8)除去不必要的标志、标签、贴纸及保护盖等

交付用户前取下相应保护盖,除去标签、标志、贴纸等。注意勿用如刀等尖锐物体拆除保护盖,以免损坏装饰条及座椅,如图 2-1-8 所示。

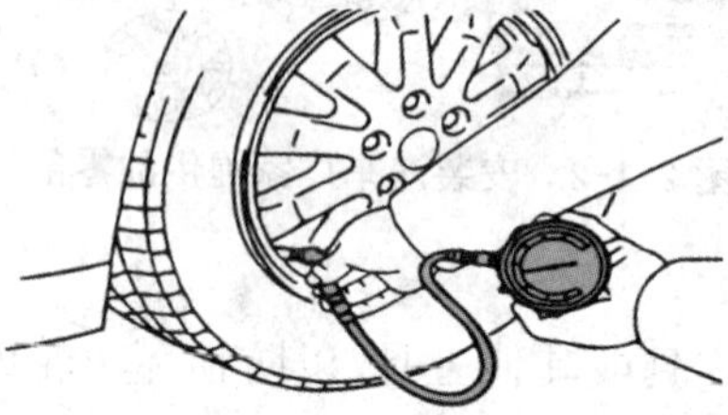

图 2-1-7　调整轮胎空气压力

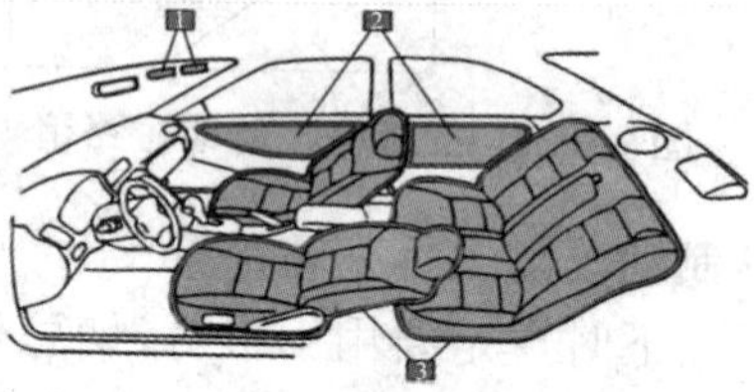

图 2-1-8　除去不必要的标志、标签、贴纸及保护盖等

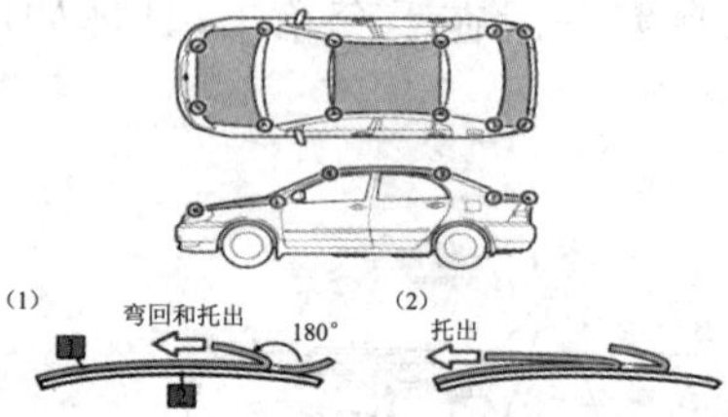

图 2-1-9　取掉车身防护膜

9)取掉车身防护膜

先冲洗汽车,除去运输过程中积下的沙石、尘土;再剥离车身上的保护膜;最后检查车身在油漆表面上是否有黏性残留物或凸出物。

注意只能用手剥离保护膜,但为了防止刮坏油漆或压凹车身,勿将肘部或手放在车上,如图 2-1-9 所示。

二、学习小结

需要对新车以下性能进行恢复和部件安装、调节。

(1) 安装保险丝或短路销。

(2)安装汽车厂家提供的零部件。

(3)从制动器盘上拆下防锈罩。

(4)安装橡胶车身塞。

(5)取下前弹簧隔圈。

(6)取下紧急拖车环。

(7)调整轮胎空气压力。

(8)除去不必要的标志、标签、贴纸及保护盖等。

(9)取掉车身防护膜。

三、自我评估

1. 填空题

(1)恢复新车正常工作状态的意义是为了防止车辆在运输中出现问题。汽车在离开厂家前,将运输中________________的零部件不安装。

(2)为了防止在运输中有电流通过,厂家将顶灯保险丝、________保险丝或短路销拆下。

(3)如果制动器上装有防尘罩,一般在________上贴有警告标志。

（4）汽车厂家对________等汽车外部凸出部分零部件常单独包装，以防运输途中被损坏。

（5）制动器上装有________，一般在前窗上帖有警告标志。

（6）紧急拖车环孔盖在________中，取下的紧急拖车环放在工具袋中。

（7）新车交用户前取下相应保护盖，除去________、________、________等。

2. 判断题

（1）既然是新车就应该是完整的不需要进行检查。（　）

（2）注意出厂时轮胎气压通常值高一些。（　）

（3）从制动器盘上拆下防锈罩应使用钢丝钳进行拆卸。（　）

3. 选择题

（1）厂家对外后视镜等汽车外部凸出部分零部件常单独包装，以防运输途中被损坏。一般有（　）。

A. 安装外后视镜

B. 安装备用轮固定架托座

C. 安装气管

D. 安装前阻扰流板盖

E. 安装轮帽和盖

（2）关于取掉车身防护膜说法正确的是（　）。

A. 先清洗车辆，再剥离保护膜　B. 先剥离保护膜，再清洗

C. 先清洗车辆，再剥离保护膜，最后检查

（3）取掉车身防护膜说法不正确的是（　）。

A. 首先冲洗汽车，除去运输过程中积下的沙石、尘土

B. 首先剥离车身上的保护膜

C. 最后检查车身在油漆表面上是否有黏性残留物或凸出物

D. 只能用手剥离保护膜，但为了防止刮坏油漆或压凹车身，勿将肘部或手放在车上

学习单元 2　对交付用户的新车辆进行检验

情境导入

情境：销售部现有 5 辆新车马上要交付客户，你的主管安排你对这些车辆进行交付前的检查，你能完成吗？

提示：为了使即将交付给客户的新车状况及性能良好，保证各部件和机械运转正常并使客户满意，及早发现隐藏的质量缺陷，避免以后返修带来的麻烦，需对新车进行全方位的检验，如外部检查、发动机舱内检查、车辆底部检查、路试检查、最终检验等。

任务目标

一、知识目标

（1）能通过车辆《维修手册》、《驾驶员手册》、《新车说明书》等资料获取车辆的基本信息。

（2）能帮助客户正确识别车辆铭牌、车辆识别码；帮助客户了解车辆主要尺寸参数和性能参数。

二、技能目标

（1）能对新车正确验证其状态，恢复车辆的正常工作状态，检验车辆的功能，并作出正确评价。

（2）能正确填写交车检验单。

知识准备

一、基本知识

1. 新车检验前的准备和注意事项

1）检验前的准备

（1）准备好轮胎空气压力表、万用表等检测仪表及检测照明灯。

（2）安装三件套。

（3）准备好工具箱、扭力扳手、梅花扳手、套筒、橡皮软管及正版 VCD 或 DVD 碟片等。

（4）准备新车交接检验记录单（PDI 检查单）及记录板夹。

2）检验新车注意事项

（1）双手保持干净，指甲不能太长。

（2）制服整洁合身，不能带纽扣和拉扣，鞋子不能沾有泥土。

（3）衣服口袋不能放任何工具和硬物。

（4）身上不能佩戴钥匙链，不能戴手表、戒指、手链、项链等饰物。

2. 新车检验的具体项目及步骤

1）查验汽车铭牌

（1）查找车辆铭牌和车辆识别号，可参照《维修手册》中的指示位置查找，一般在发动机舱或底盘处。

（2）识别车辆铭牌（内容根据车辆目的、国别而有差异）。

（3）识别车辆识别代号（VIN），车辆识别代号由3部分17位字码组成。检查核对车辆规格，包括车辆尺寸、性能及其他信息。

（4）铭牌在新车手册中均有明确说明。重点理解以下性能参数：发动机排量、压缩比、最高车速、燃油消耗率、最大爬坡能力、最小转弯半径等。

（5）将查到的VIN号、检验人姓名、日期等信息填写在检验单上。

2）汽车外部检查

（1）清洗车辆。用手洗方式清洗车身和室内，清洁时注意不要划伤车身、座椅。

（2）检查车身表面，环绕汽车一周，仔细查看油漆颜色、全车颜色是否一致。车身表面有无划痕、掉漆、开裂、起泡或锈蚀。用手摸一摸有无修补痕迹。

（3）检查车门、后备箱或行李箱盖和油箱门的状况。车门车窗完整、前后挡风玻璃无损伤；车门把手开/关灵活、安全、可靠，门窗密封条完好。手动（或电动）车窗玻璃操纵机构工作正常。自动车窗升降稳定，要多次尝试各车窗下降时是否正常。

（4）检查轮胎状况。检查备胎与4个轮胎的气嘴帽是否在，检查备胎气压及固定情况。备胎与其他4个轮胎规格是否相同。

（5）检查标志与装饰。检查各标志、装饰条是否完好，安装是否牢靠。

（6）检查车外灯光。查看所有车灯，特别注意倒车灯是否会常亮。加长时间测试转向灯，看是否会出现常亮不闪的故障。

（7）检查喇叭。

（8）检查刮水器。接通电源开关，检查刮水器、喷水清洁器工作是否正常。

（9）检查后窗除雾器及点烟器。

（10）检查千斤顶及随车工具的固定情况。

3）汽车内部检查

（1）检查座椅和座椅安全带。打开车门，检查车内座椅是否完整，座椅前后是否可以调整；椅套是否整洁，沙发是不是真皮沙发；地面是否清洁、密封良好；安全带是否有效。

（2）车内灯的操作检查。检查车厢灯、阅读灯、化妆镜灯、门灯等是否正常。

（3）检查对开关的操作。

（4）检查内外后视镜。检查内外后视镜是否完好，调节是否有效。

（5）检查对转向盘的操作。用手晃动转向盘，上下不应有间隙，左右自由行程不应过大，表面手感要好，同时测试转向盘的前后调节是否好用。检查可调转向盘角度及高度的动作是否正常有效。

4）发动机舱检查

（1）检查蓄电池状况。检查蓄电池端子的紧固情况，检查电解液及充电情况。

（2）检查机油等的工作液位。检查发动机机油、自动变速器油（冷态）、散热器冷却液、风挡清洗液、制动液、离合器液、动力转向液、燃油等的工作液位。

（3）检查汽车有无泄漏冷却液、润滑油、制动液、电解液及制冷液等现象。

（4）检查传动皮带张力。

（5）检查发动机配线的连接。

（6）检查发动机各系统软管的连接。

5）汽车车底检查

（1）检查制动系统软管和线路。

（2）检查燃油系统软管和线路。

（3）检查手动变速器油位，检查是否漏油。

（4）检查传动轴防尘罩状况。

（5）检查动力转向系统线路。

（6）检查齿条齿轮护罩情况。

（7）检查全部转向系统紧固件。

（8）检查轮胎状况，调整轮胎气压，检查轮胎规格。

（9）检查车轮螺母扭力，拧紧车轮螺母。

（10）检查减振器状况。用手按压汽车前后左右 4 个角，松手后跳动不多于两次，表明减振器性能良好。

6）汽车路试检查

（1）检查组合仪表工作状况。启动发动机，在冷启动时注意转速表指针的变化。正常情况下指针应打到 1 500 转 / 分钟左右，然后正常平顺地滑落至 750 转 / 分钟。然后观察各种仪表及报警装置是否工作正常。

（2）当冷却液温度和机油压力正常时，检查制动踏板、离合器踏板的高度及自由行程。坐好后，手放在转向盘上，左脚踏离合器踏板，应感觉轻松自如，并有一小段自由行程；右脚踩下制动踏板不放，其应保持一定高度，若其缓慢下移，则表示制动系统有泄漏现象。

（3）检查正常工作温度下发动机工作情况。听怠速的声音，应该是平稳而且连续的，不应该有金属敲击声和其他异响；下车观察排气管排烟是否正常，将手伸到排气口感觉一下排气是否连续，正常的应该使掌心有点潮湿但不应有机油味；听急加速的声音和发动机对节气门的反应是否准确和迅速。

（4）检查汽车的行驶性能及操纵性。试车时若遇上下立交桥可感觉一下加速和动力情况；通过加、减挡位，轻打转向盘，感觉转向系统是否满意；正常行驶时方向应不跑偏，能自动维持直线行驶，转弯后可以基本自行回正（90%）；车辆调头，左右转向打到极限时车轮应无异响。

（5）检查离合器、变速器的工作情况。特别是高速挡位在 3 000 转 / 分钟时入挡应该非常轻松而且准确。

（6）检查行车及驻车制动器的工作情况。高速制动应该反应强烈并不跑偏，一般制动应该柔和而准确。

（7）检查转向机构的工作情况。转向可以在行驶中试试灵敏度高低和反应是否准确，试试最小半径调头，听听是否有摩擦的声音，并检查左右的转向角，一般左右是不一样的，助力转向打到最大转向角后应该回一点，避免长时间打开助力泵最大角造成助力泵烧毁。

（8）检查暖风及空调工作情况。

（9）检查音响系统工作情祝。

（10）检查自动变速器液位（热态检查）。

（11）寻找异常噪声与振动。空挡点火后，提升发动机转数达到满刻度 2/3，在外听声是否有杂音及共震。

7）车辆检查后的收尾

（1）拆除多余的标签，清洗车辆。

（2）清点随车的工具和附件是否齐全。

（3）检查交付客户的所有相关资料是否齐全。清点查验发票、出厂证、保险单、保修单、说明书、使用手册、保修手册等是否齐全。

二、学习小结

1. 新车检验准备：

（1）准备好轮胎空气压力表、万用表等检测仪表及检测照明灯。

（2）安装三件套。

（3）准备好工具箱、扭力扳手、梅花扳手、套筒、橡皮软管及正版 VCD 或 DVD 碟片等。

（4）准备新车交接检验记录单（PDI 检查单）及记录板夹。

2. 检验注意事项：

（1）双手保持干净，指甲不能太长。

（2）制服整洁合身，不能带纽扣和拉扣，鞋子不能沾有泥土。

（3）衣服口袋不能放任何工具和硬物。

（4）身上不能佩戴钥匙链，不能戴手表、戒指、手链、项链等饰物。

3. 检验内容：

（1）查验汽车铭牌。

（2）汽车外部检查。

（3）汽车内部检查。

（4）发动机舱检查。

（5）汽车车底检查。

（6）汽车路试检查。

（7）车辆检查后的收尾。

三、自我评估

1. 填空题

（1）检验车辆时双手保持______，指甲______；制服整洁合身，不能带纽扣和拉扣，鞋子不能沾有______。

（2）查找车辆铭牌和车辆识别号，一般在______或______处。

（3）检查车身表面，环绕汽车一周，仔细查看油漆颜色、全车颜色__________。车身表面有无______、______、开裂、______或______。

（4）检查组合仪表工作状况，正常情况下指针应打到______转 / 分钟左右，然后正常平顺地滑落至______转 / 分钟。

（5）室内灯主要检查车内灯的操作，包括车厢灯、______、化妆镜灯、______等是否正常。

2. 判断题

(1)检验车辆时衣服口袋不能放任何工具和硬物。(　　)

(2)检验车辆时可以佩戴项链。(　　)

(3)检查轮胎气压,备胎可以不用检查。(　　)

(4)时间显示可以不用调整,客户拿到车后自己调整。(　　)

(5)当发现制动盘有锈迹时应该拆下来打磨。(　　)

(6)当发现制动盘有锈迹时应该上高速连续制动。(　　)

(7)当发现轮胎被扎后,可以用热补修复后继续销售。(　　)

(8)新车检查时可以不用紧固底盘及轮胎螺栓,这是常规保养的内容。(　　)

3. 选择题

(1)检验新车说法不正确的是(　　)。

A. 双手保持干净,指甲不能太长

B. 制服整洁合身,不能带纽扣和拉扣,鞋子不能沾有泥土

C. 衣服口袋不能放任何工具和硬物

D. 身上不能佩戴钥匙链,不能戴手表、戒指、手链,但项链可以佩戴

(2)车辆外部检查顺序正确的是(　　)。

A. 首先清洗车辆

B. 首先检查车身表面,环绕汽车一周,再洗车

C. 首先检查标志与装饰

D. 首先检查喇叭

(3)发动机舱检查说法错误的是(　　)。

A. 检查蓄电池状况。 检查蓄电池端子的紧固情况,检查电解液及充电情况

B. 检查机油等的工作液位。检查发动机机油、自动变速器油(冷态)、散热器冷却液、风挡清洗液、制动液、离合器液、动力转向液、燃油等的工作液位

C. 检查汽车有无泄漏冷却液、润滑油、制动液、电解液及制冷液等现象

D. 检查传动皮带张力需要拆下来检查

(4)空调系统检查说法不正确的是(　　)。

A. 冬天检查暖风

B. 夏天检查冷气

C. 只用手感觉制冷效果就可以了

D. 以上都不正确

(5)关于刮水器检查的说法不正确的是(　　)。

A. 检查喷水位置

B. 检查雨刮臂联动

C. 检查各挡位运转及停留位置是否正确

D. 雨刮水不用添加

学习情境三　汽车油液及滤清器检查与更换

学习单元1 发动机机油检查及机油机滤更换

情境导入

情境：一辆丰田卡罗拉，进店做常规保养（更换机油和机滤），你的主管安排你独自完成，你能做到吗？

提示：发动机机油清除发动机工作中产生的污垢和油污后会变脏，对发动机的保护性能也会降低，如不更换将损坏发动机。更换发动机机油必须同时更换机油滤清器，还要对车辆其他部位进行例行检查。

任务目标

一、知识目标

（1）能描述机油的质量等级和黏度等级识别方法。

（2）能描述机油更换的流程和方法。

二、技能目标

能够规范更换机油和机油滤清器。

知识准备

一、基本知识

1. 机油和机油滤清器概述

1）更换发动机机油的重要性

发动机机油使用一定时间或里程后，如果不更换可能导致以下后果：

（1）发动机性能降低，变得更难以启动或工作不良；

（2）没有更换机油而连续加注发动机机油会导致机油品质下降，失去保护发动机的作用。

2）机油更换周期

在实际工作中很难从视觉上去判断机油的消耗情况，一般依据行驶里程或时间更换机油。机油更换间隔周期随车型及车辆使用状况而不同，具体请参见相关车型的《维修手册》。

3）发动机机油类型

发动机机油的分类：可以是API（美国石油协会）等级（根据品质性能分），如图3-1-1所示；也可以是SAE（美国汽车工程师协会）等级（根据黏度等级分），如图3-1-1所示。请参考车辆用户手册，了解所适用的机油。

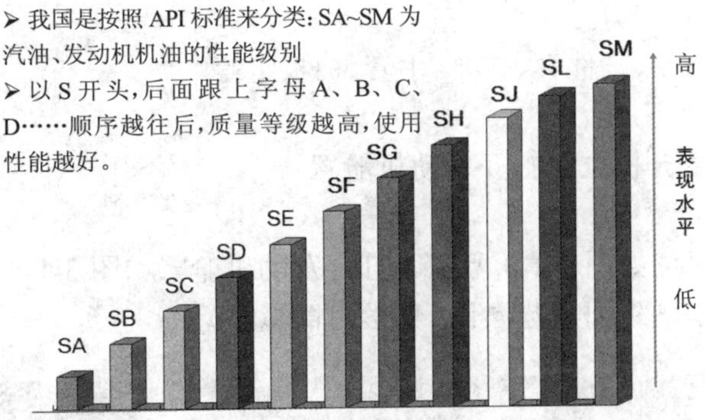

机油 API 等级

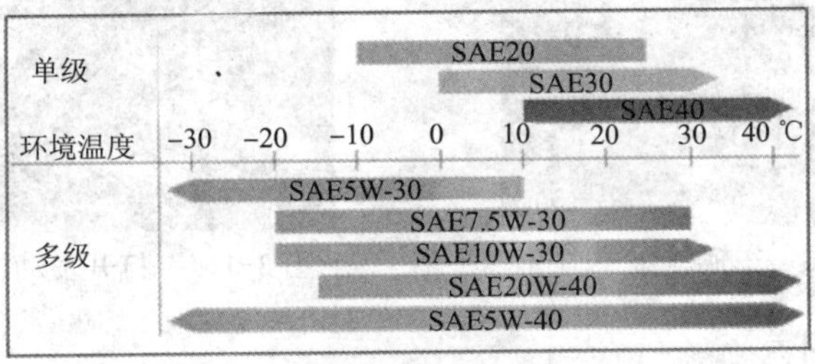

机油 SAE 等级

图 3-1-1　发动机机油类型

4)机油滤清器

机油滤清器具有重要作用，其工作原理和作用如图 3-1-2 所示。

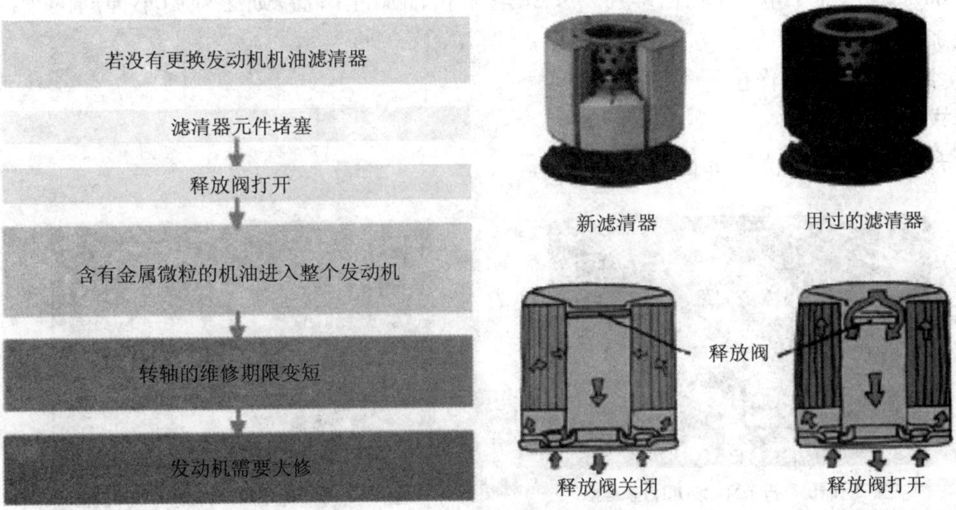

图 3-1-2　机油滤清器

2. 准备工作

主要设备：

教学车辆、工具车、机油收集桶、机油滤清器扳手、拆装工具、多层零件车、多媒体教学设备（含白板）等。

辅助材料：

翼子板布和前格栅布、三件套、抹布、手套、白板笔等。

3. 实施步骤

1）将车辆停放在举升机位并打开发动机舱罩

要求：

车辆停放在举升机位如图 3-1-3 所示。打开发动机舱罩如图 3-1-4 所示。

请按设备安全及车辆防护规范操作（见学习情境一）。

图 3-1-3　车辆就位

图 3-1-4　打开发动机并支撑舱罩

2）拧松机油加注口盖

要求：

拧松机油加注口盖如图 3-1-5 所示。

逆时针方向旋松机油加注口盖，不要取下，旋松即可。

注意：

机油加注口盖不取下，旋松即可。如果取下机油加注口盖，则必须用不掉屑的干净布盖住机油加注口，防止异物掉入。

3）举升车辆至工作位置

要求：

举升车辆至工作位置如图 3-1-6 所示。

图 3-1-5　拧松机油加注口盖

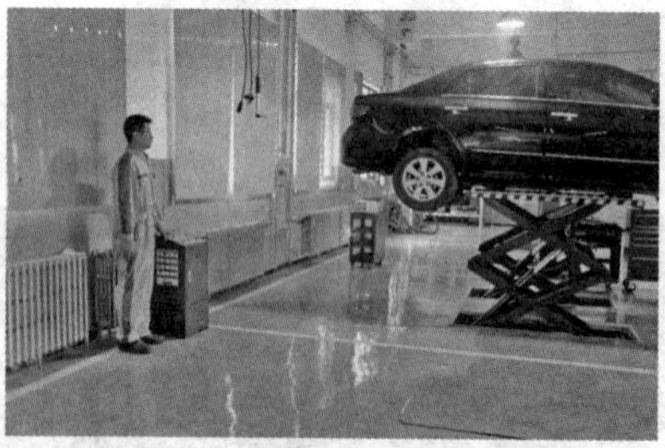

图 3-1-6　举升车辆至工作位置

（1）正确举升车辆至合适的工作位置。

（2）举升的过程中，操作人员眼睛要密切注意举升机周围和被举升车辆本身的情况，防止安全隐患。

警告：

（1）注意力要集中，遇到异常情况应及时停止举升作业。

(2)举升过程中,不允许在车辆周围或下部进行任何其他作业。

问题:

注意力不集中,遇到异常情况未及时停止举升作业。

4)举升机安全锁止

要求:

举升机安全锁止如图3-1-7所示。

(1)按下举升机控制柜上的锁定按钮,确认锁止机构已经锁止可靠。

(2)发出“举升机锁止安全,可以作业”的指令,然后开始相应作业项目的作业。

警告:

一定要安全锁止,经确认后才能作业。

问题:

忘记按锁止按钮,未检查是否安全锁止。

5)准备工具

注意:

拿出准备工具如图3-1-8所示。

机油排放塞及机油滤清器专用拆卸工具必须与该车型匹配。

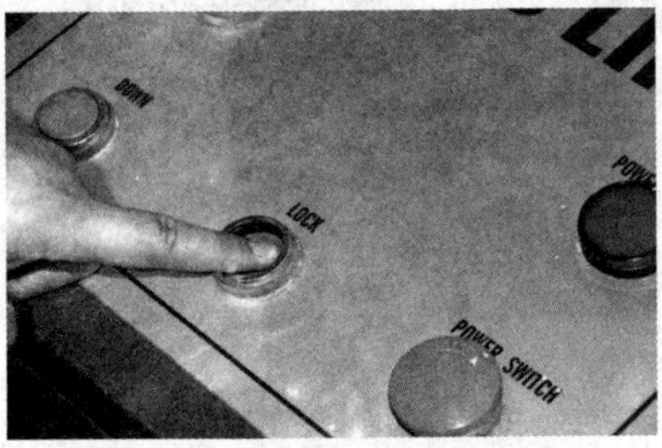

图3-1-7　举升机安全锁止

图3-1-8　准备工具

6)检查发动机各配合表面是否漏油

要求:

检查是否漏油如图3-1-9所示。

检查时要借助手电筒或工作灯。

注意:

保护头部、手和眼睛。

问题:

碰伤头部、手等。

7)拆卸机油排放塞

要求:

拆卸机油排放塞如图3-1-10所示。

先用14 mm梅花扳手逆时针旋松排放塞,然后用手旋,将机油排放塞放到工作台上。

注意:

防止机油溅到身体各部位。

问题：

机油排放塞方向旋错。

图 3-1-9　检查是否漏油

图 3-1-10　拆卸机油排放塞

8）排放发动机机油

要求：

排放发动机机油如图 3-1-11 所示。

用手旋出机油排放塞时要小心机油的喷溅。

注意：

（1）严禁戴普通线手套进行机油排放塞的拆装作业。

（2）如果手上沾上机油应及时清洗，机油收集装置一定要调整到适当的高度。

9）拆卸旧的机油滤清器

要求：

拆卸旧的机油滤清器如图 3-1-12 所示。

先用机油滤清器专用扳手逆时针旋转使之松动，然后用手旋下。

注意：

一定要使用专用工具拆卸机油滤清器，防止烫伤。

问题：

机油滤清器方向旋错。

图 3-1-11　排放发动机机油

图 3-1-12　拆卸旧的机油滤清器

10）涂抹清洁的发动机机油

要求：

涂抹清洁的发动机机油如图 3-1-13 所示。

均匀涂抹机油，及时清洁手指。

注意：

不涂油会有泄漏危险。

问题：

忘记涂油和清洁手指。

11）安装新的机油滤清器（手拧）

要求：

安装新的机油滤清器（手拧）如图 3-1-14 所示。

用手安装，将密封垫圈接触底座即可。

注意：

螺纹一定要周正。

问题：

用手旋得过松或过紧。

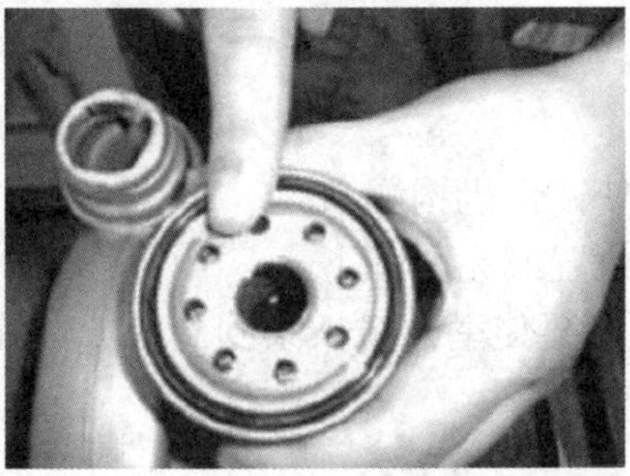

图 3-1-13　涂抹清洁的发动机机油

图 3-1-14　安装新的机油滤清器（手拧）

12）安装新的机油滤清器（专用工具）

要求：

安装新的机油滤清器（专用工具）如图 3-1-15 所示。

使用专用维修工具再次拧紧 3/4 圈，清洁机油滤清器壳体。

问题：

未按规定拧紧。

13）更换机油排放塞及垫片

要求：

更换机油排放塞及垫片如图 3-1-16 所示。

更换新的机油排放塞及垫片。

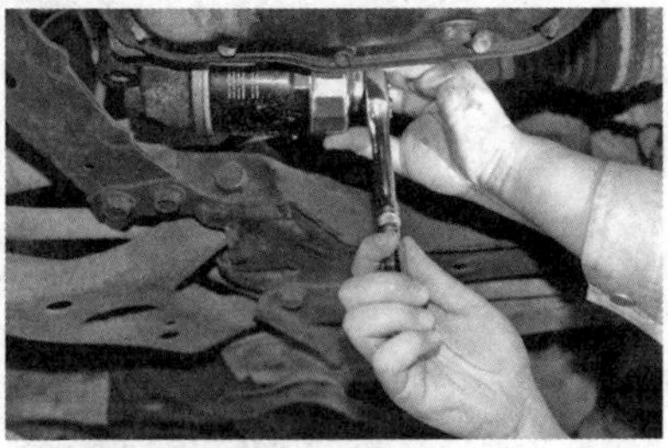

图 3-1-15　安装新的机油滤清器（专用工具）

图 3-1-16　更换机油排放塞及垫片

注意：

不更换易发生泄漏。

问题：

忘记更换垫片。

14）安装机油排放塞

要求：

安装机油排放塞如图 3-1-17 所示。

先用手将排放塞旋上直到垫片贴到排放塞孔，然后用扭力扳手将机油排放塞旋紧到规定扭矩 37 N·m。

注意：

机油排放塞旋紧扭矩应符合规定，作业过程中要注意头部安全。

15）将车辆完全降下

要求：

将车辆完全降下如图 3-1-18 所示。

（1）先短暂按下举升机控制柜上的上升按钮，使锁止机构解锁。

（2）再按住下降按钮，将车辆降到适宜的工作位置或完全降下。

（3）如果是作业完毕需要将车辆完全降下，一定要使举升机板条回到最低位置，车轮完全着地。

警告：

（1）注意力集中，遇到异常情况应及时停止下降作业。

（2）下降过程中，不允许在车辆周围或下部进行任何其他作业。

图 3-1-17　安装机油排放塞

图 3-1-18　将车辆完全降下

16）加注机油

要求：

加注机油如图 3-1-19 所示。

要根据《维修手册》规定添加容量。一汽丰田卡罗拉 1.6AT 轿车 1ZR 发动机的机油加注量为 4.2 L。

注意：

加注量不能超过标准容量。

17）检查机油液位

要求：

检查机油液位如图 3-1-20 所示。

静置一段时间后检查机油液位是否符合技术要求，调整机油液位至规定高度，再次检查液位。

图 3-1-19　加注机油

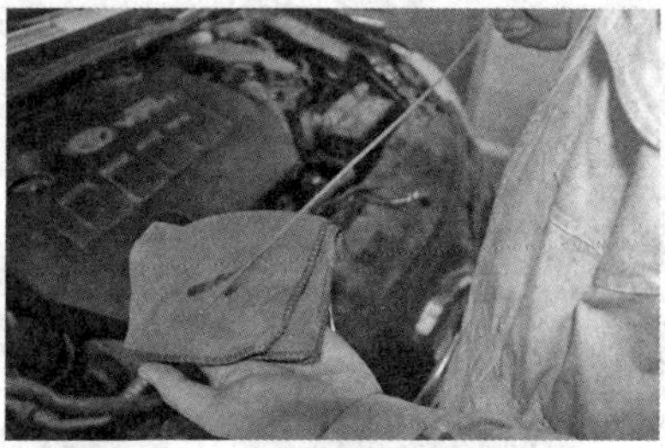

图 3-1-20　检查机油液位

18）**发动机暖机**

要求：

启动发动机如图 3-1-21 所示。

运转发动机，使润滑系统正常工作。

注意：

启动发动机时确认在驻车挡或空挡并大声提醒。

19）**重新升至最高位并锁止举升机**

要求：

重新升至最高位并锁止举升机如图 3-1-22 所示。

举升机的操作详见举升机操作步骤。

注意：

检查车辆周围是否有不安全因素存在，并要大声明示举升车辆。

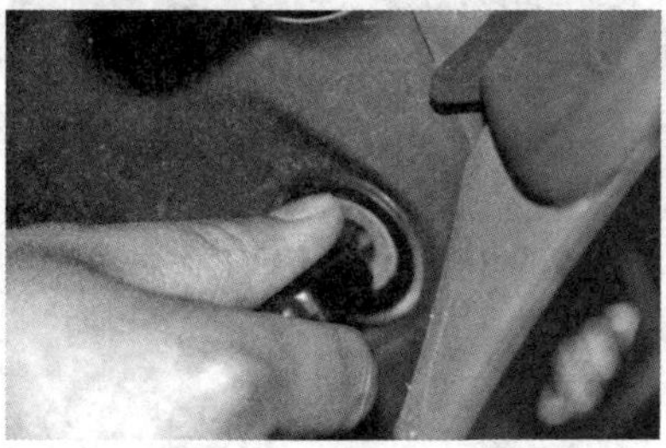

图 3-1-21　启动发动机

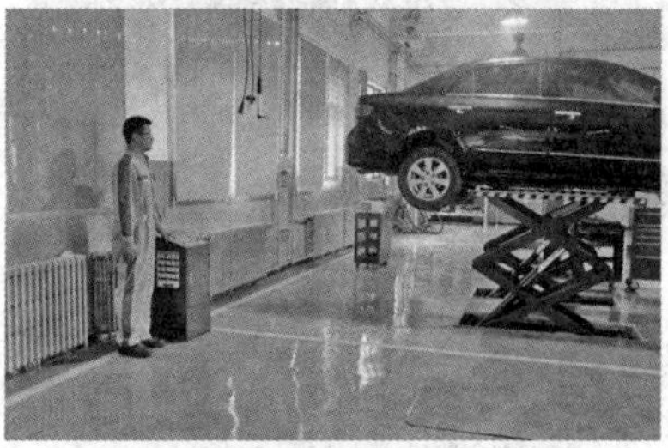

图 3-1-22　重新升至最高位并锁止举升机

20）**复检**

要求：

复检如图 3-1-23 所示。

检查机油滤清器及排放塞处有无机油泄漏，机油滤清器安装是否良好。

注意：

如果发现有任何泄漏，一定要查明原因并解决。

21）降下车辆并按 5S 规范操作

要求：

降下车辆并按 5S 规范整理车间如图 3-1-24、图 3-1-25 所示。

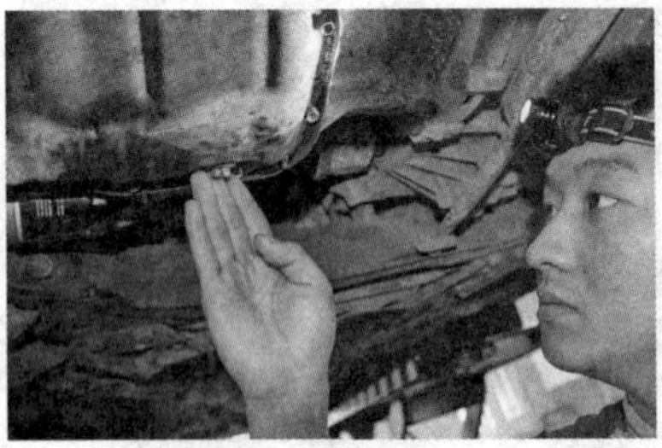

图 3-1-23　复检

图 3-1-24　降下车辆

22）填写工作单

要求：

填写工作单如图 3-1-26 所示。

（1）在完成的项目后面签名或打钩确认。

（2）有数据记录的记录相关数据。

（3）有疑问或不正确的做好相关记录并立即上报。

问题：

（1）忘记填写，字迹潦草。

（2）有关问题没有记录，未上报。

图 3-1-25　整理车间

图 3-1-26　填写工作单

二、学习小结

1. 机油和滤清器的作用。
2. 机油等级分为质量等级和黏度等级。
3. 机油和滤清器更换步骤和注意事项。
4. 机油滤清器拆装必须使用专用工具，在紧固时需用扭力扳手。
5. 机油的加注和检查。

三、自我评估

1. 填空题

（1）发动机机油的分类，可以是_______等级，也可以是_______等级。

（2）拆卸机油排放塞先用_______梅花扳手逆时针旋松，然后用手旋下机油排放塞并放到工作台上。

(3)一汽丰田卡罗拉 1.6AT 轿车 1ZR 发动机的机油加注量为________L。

(4)放油塞扭紧力矩是________N·m。

2. 判断题

(1)在排放机油前应先检查有无漏油现象。(　　)

(2)每次更换机油都必须更换放油塞垫片。(　　)

(3)拆卸机油滤清器可以不用专用工具。(　　)

(4)安装机油滤清器可以使用三爪机油滤清器扳手。(　　)

(5)机油一次性加注 4.5 L,可不用检查。(　　)

3. 选择题

(1)机油滤清器安装说法不正确的是(　　)。

A. 安装前需在密封圈上涂抹机油　B. 必须使用专用工具安装机油滤清器

C. 机油滤清器扭紧力矩越大越好

(2)下列不正确的是(　　)。

A. 机油加注完毕后,还要启动发动机检查有无泄漏现象

B. 如果机油在油尺上线以上可以不用理会,但在下线就必须添加

C. 机油必须在发动机静止状况下加注

学习单元2 手动变速器油检查与更换

情境导入

情境：一辆丰田卡罗拉手动挡车，客户要求更换变速器油，你的主管把这个任务分配给你，你能完成吗？

提示：汽车行驶一定里程后，变速器油可能发生变质，需要更换。一般在变速器底部有专门的放油螺栓和油液加注口。

任务目标

一、知识目标

（1）能描述手动变速器油的型号。

（2）能描述更换手动变速器油的原因。

二、技能目标

能规范地进行手动变速器油检查和更换。

知识准备

一、基本知识

1. 手动变速器油概述

1）手动变速器油的重要性

手动变速器油的重要性有：防止和减少齿面间的摩擦和磨损，均匀分布载荷；带走摩擦时产生的热量；将齿面与水、空气隔绝，避免生锈、腐蚀及尘袭；冲洗齿面上的磨粒杂质；减缓齿轮震动，使运动平缓。

2) 手动变速器油的更换周期

一般手动变速器油更换周期为3年或60 000 km，但大部分中高档车可以终生不用更换，具体车型要根据使用条件并参照相关车型的《维修手册》。

3) 手动变速器油的类型

我国是按照API、SAE标准来分类，如图3-2-1所示。

API分为GL-1至GL-5。车辆齿轮油的性能级别以GL开头，后面跟上1、2、3、4……顺序越往后，质量等级越高，使用性能越好。现GL-1、GL-2、GL-3性能级别的已被国家强制淘汰。

SAE黏度等级分为单级和多级，单级黏度又分为低温黏度和高温黏度，如图3-2-1所示。

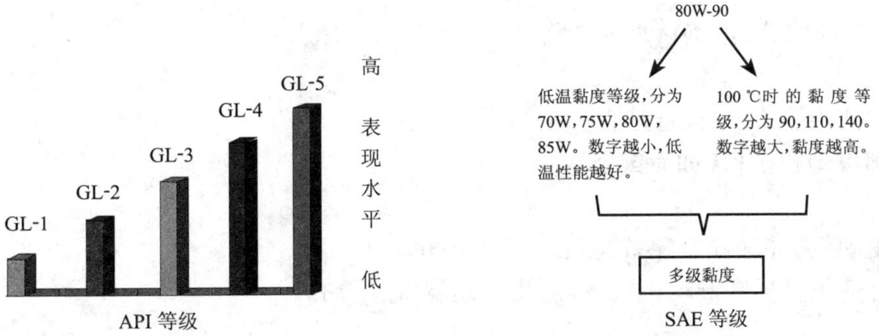

图 3-2-1 手动变速器油的类型

4）手动变速器油选用原则

（1）根据齿轮类型和工作条件确定油品质量等级。

（2）根据最低使用环境温度和齿轮传动装置的运行最高温度来确定黏度级别（牌号）。

2. 准备工作

主要设备：

教学车辆、工具车、齿轮油加注机、机油收集桶、拆装工具、多层零件车、多媒体教学设备（含白板）等。

辅助材料：

翼子板布和前格栅布、三件套、抹布、手套、白板笔等。

3. 实施步骤

1）将车辆停放在举升机位并举升车辆至工作位置

要求：

车辆停放举升机位并举升至工作位置如图 3-2-2 和图 3-2-3 所示。

请按设备安全操作及车辆防护规范操作（见学习情境一）。

图 3-2-2 车辆就位

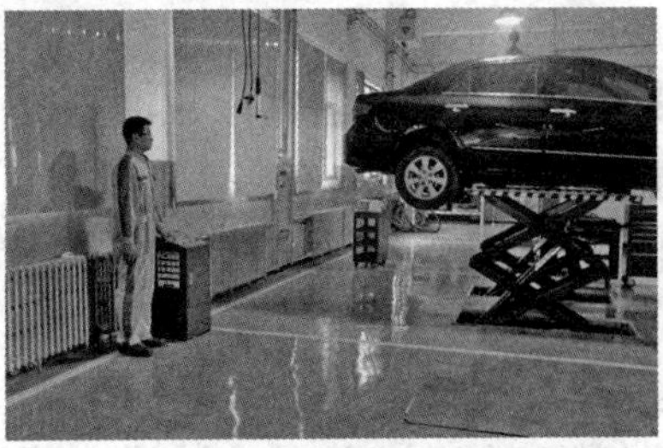

图 3-2-3 举升车辆至工作位置

2）举升机安全锁止

要求：

举升机安全锁止如图 3-2-4 所示。

（1）按下举升机控制柜上的锁定按钮，确认锁止机构已经锁止可靠。

（2）发出“举升机锁止安全，可以作业”的指令，然后开始相应作业项目的作业。

警告：

一定要安全锁止，经确认后才能作业。

问题：

忘记按锁止按钮，未检查是否安全锁止。

3）拆卸发动机护板（如有配备）

要求：

拆卸发动机护板（如有配备）如图 3-2-5 所示。

选用合适工具拆卸发动机护板，露出变速器油检查孔。

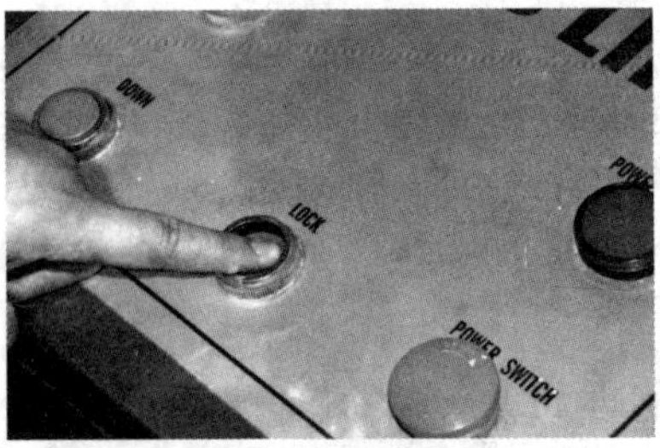

图 3-2-4　举升机安全锁止

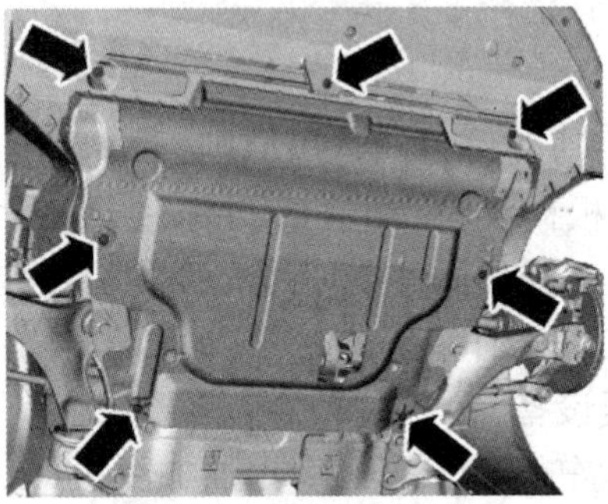

图 3-2-5　拆卸发动机护板

4）为收集漏出的液体做好准备

要求：

为收集漏出的液体做好准备如图 3-2-6 所示。

在油液检查孔下放置油液回收容器。

注意：

如有油液滴落在地面和其他部位，应马上清洁。

问题：

不小心滴落油液。

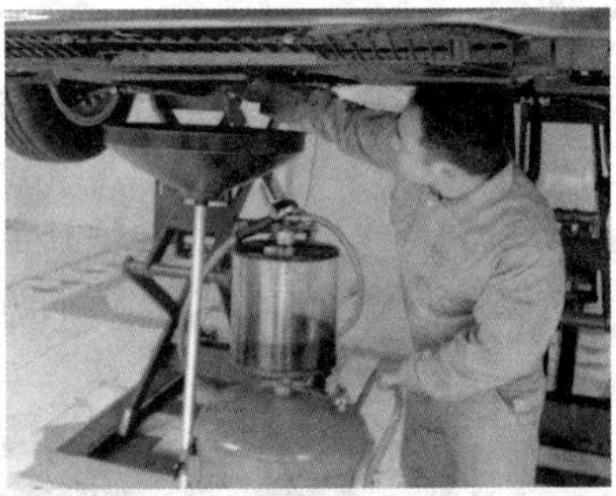

图 3-2-6　为收集漏出的液体做好准备

5）找准并拆卸变速器油液放油螺栓

要求：

拆卸变速器油液放油螺栓如图 3-2-7 所示。

参见《维修手册》找准变速器油液放油螺栓，泄放变速器油。

警告：

不要试图拆卸未确认的变速器油液放油螺栓，必须以《维修手册》为准。

问题：

未找准变速器油液放油螺栓，拆错螺栓。

图 3-2-7　拆卸变速器油液放油螺栓

6)装回放油螺栓

要求:

装回放油螺栓如图 3-2-8 所示。

清洁检查放油螺栓,涂抹密封胶并装回。

注意:

清洁放油螺栓并涂抹密封胶。

问题:

忘记清洁,忘记涂抹密封胶。

7)找准并拆卸变速器油液检查孔螺栓

要求:

拆卸变速器油液检查孔螺栓如图 3-2-9 所示。

参见《维修手册》找准变速器油液检查孔。

警告:

不要试图拆卸"你认为"的变速器油液检查孔螺栓,必须以《维修手册》为准。

问题:

未找准变速器油液检查孔。

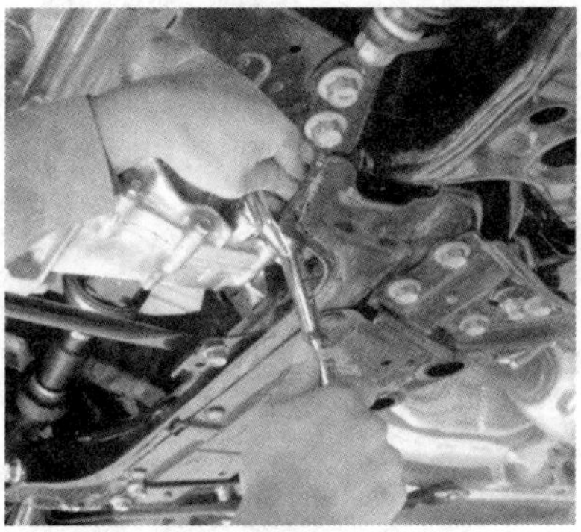

图 3-2-8　装回放油螺栓

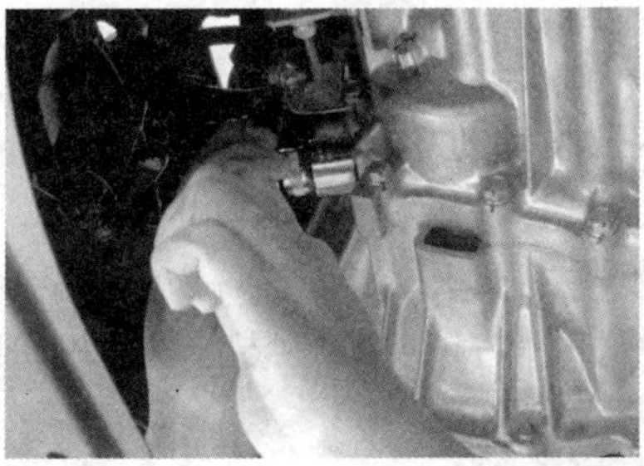

图 3-2-9　拆卸变速器油液检查孔螺栓

8)检查变速器油

要求:

检查变速器油如图 3-2-10 所示。

知道变速器油的正确检查方法。

问题:

检查不仔细,出现油液偏少情况。

9)加注变速器油

要求:

加注变速器油如图 3-2-11 所示。

使用变速器油加注机,加注变速器油。

注意:

防止油液滴漏。

问题:

油液加注太多或太少,油液滴漏在地面和其他部位。

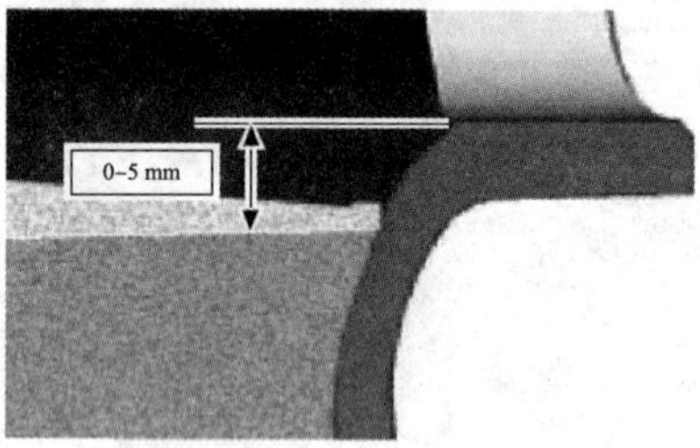

图 3-2-10 检查变速器油

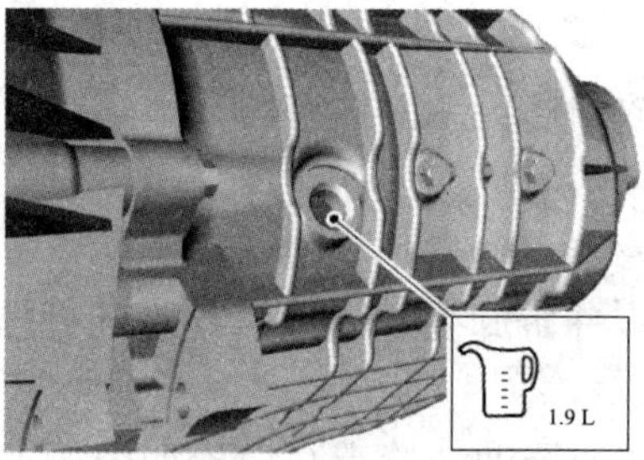

图 3-2-11 加注变速器油

10)装回油液检查孔螺栓

要求:

装回油液检查孔螺栓如图 3-2-12 所示。

清洁油液检查孔螺栓并装回。

注意:

清洁油液检查孔螺栓并涂抹密封胶。

问题:

忘记清洁,忘记涂抹密封胶。

11)装回发动机护板(如有配备)

要求:

装回发动机护板(如有配备)如图 3-2-13 所示。

按照拆卸时的相反顺序装回发动机护板。

问题:

忘记装回发动机护板。

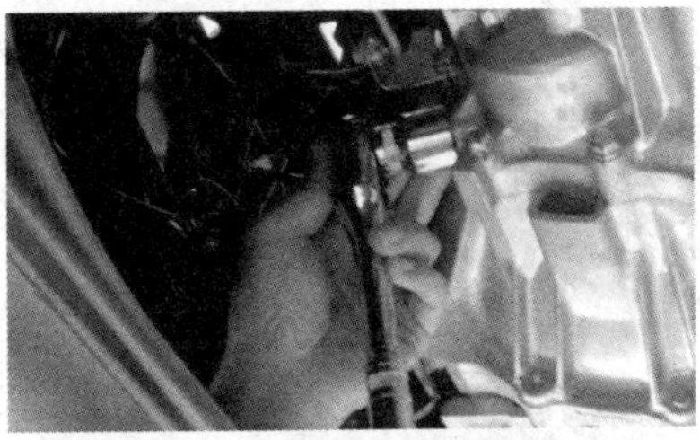

图 3-2-12　装回油液检查孔螺栓

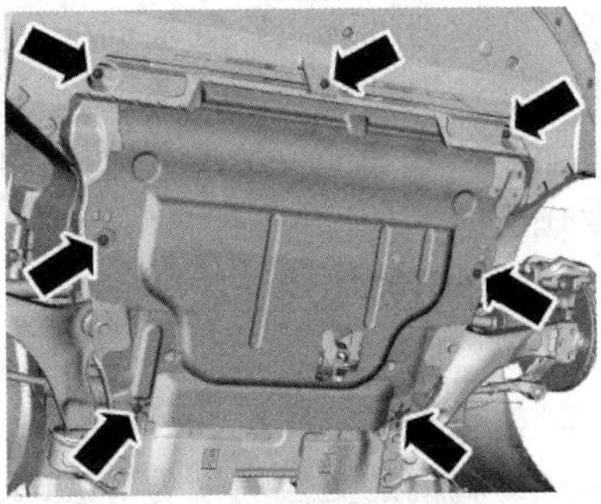

图 3-2-13　装回发动机护板

12) 降下车辆并按 5S 规范操作

要求：

降下车辆并整理车间如图 3-2-14 和图 3-2-15 所示。

图 3-2-14　降下车辆

图 3-2-15　整理车间

13) 填写工作单

图 3-2-16　填写工作单

要求：

填写工作单如图 3-2-16 所示。

(1)在完成的项目后面签名或打钩确认。

(2)有数据记录的记录相关数据。

(3)有疑问或不正确的做好相关记录并立即上报。

问题：

(1)忘记填写，字迹潦草。

(2)有关问题没有记录，未上报。

二、学习小结

1. 手动变速器油分类。
2. 手动变速器油更换周期。
3. 手动变速器油选用原则。
4. 手动变速器油的更换步骤和注意事项。

三、自我评估

1. 填空题

(1)一般手动变速器油更换周期为________年或________km。

（2）手动变速器油选用原则根据________和________确定油品质量等级。

（3）手动变速器油液检查是通过________来检查。

（4）手动变速器油加注是用________加注。

（5）车辆齿轮油的性能级别以________开头，后面跟上 1、2、3、4……顺序越往后，质量等级________，使用性能________。

2. 判断题

（1）车辆齿轮油和发动机油可以互用。（　）

（2）车辆齿轮油的更换周期为 5 000 km。（　）

（3）齿轮油的加注需使用专用工具才能加注。（　）

（4）手动变速器放油塞没有垫片。（　）

3. 选择题

（1）下列说法不正确的是（　）。

A. 手动变速器油液位检查可通过油尺进行检查

B. 手动变速器没有液位油尺

C. 手动变速器液位是通过检查孔进行检查

（2）关于手动变速器油液放油螺栓说法正确的是（　）。

A. 放油螺栓一般在半轴附近　B. 放油螺栓在最上面　C. 放油螺栓是一次性的

D. 放油螺栓在最下面

（3）下列手动变速器油液位检查说法正确的是（　）。

A. 通过油尺检查　B 观察检查孔是否有油液流出

（4）手动变速器油选用不正确的是（　）。

A. 根据齿轮类型和工作条件确定油品质量等级

B. 根据最低使用环境温度和齿轮传动装置的运行最高温度来确定黏度级别（牌号）

C. 根据变速器挡位选择

学习单元 3 自动变速器油检查与更换

情境导入

情境：一辆丰田卡罗拉自动档车，已行驶 120 000 km，需对自动变速器油进行检查和更换，你的主管把这个任务分配给你，你能完成吗？

提示：自动变速器油（简称 ATF）在使用中性能会降低，保养时需对其进行检查，必要时需更换。自动变速器油种类繁多，在更换时需特别注意。

任务目标

一、知识目标

（1）能描述自动变速器油的识别方法。

（2）能描述自动变速器油的检查方法。

二、技能目标

能够规范地检查自动变速器油、更换自动变速器油。

知识准备

一、基本知识

1. 自动变速器油概述

1）自动变速器油的重要性

自动变速器比手动变速器的结构复杂得多，变速器制造商对自动变速器油品的要求千差万别。自动变速器油品型号有很多种，而且目前还没有统一的标准。某些汽车厂家是根据汽车变速器的技术指标选择有针对性的油品，使用这样的油品可以保持变速器良好的机械性能，延长变速器寿命。自动变速器油用于传递扭矩和动力，是液压控制的介质，同时也是润滑和冷却自动变速器的部件。自动变速器油能防止有害物质的沉积，保持变速器清洁。在有些变速驱动桥或驱动模块总成内也使用自动变速器油。

2）自动变速器油更换周期

自动变速器油有很多品牌，大多数新自动变速器油是红色的。在车上检查变速器油时，正常油液的颜色应该是淡红色或棕色，自动变速器油不能有焦糊味，不能包含悬浮的杂质，如有不良，需要进行更换。市场上也有其他颜色的产品，使用和检查时要正确区分。在检查变速器油时，如果发现油液中有大的悬浮颗粒或金属碎屑以及其他异常情况时，就说明自动变速器内部可能发生了故障。此时，应请有经验的维修技工做进一步的诊断和检查，这时不能只是单独更换变速器油。有些厂家规定自动变速器油可以终生不用更换，但在实际使用中，根据具体使用条件一般建议 3 年或 60 000 km 更换一次。

3)自动变速器油类型

自动变速器油的类型很多且不统一，几乎每个自动变速器生产厂家都有自己的标准，在对自动变速器进行油液更换时最好使用《维修手册》中推荐的油液。

2. 准备工作

主要设备：

教学车辆、工具车、自动变速器油加注机、机油收集桶、拆装工具、多层零件车、多媒体教学设备(含白板)等。

辅助材料：

翼子板布和前格栅布、三件套、抹布、手套、白板笔等。

3. 实施步骤

1)将车辆停放在举升机位

要求：

将车辆停放在举升机位如图 3-3-1 所示。

请按设备安全操作及车辆防护规范操作(见学习情境一)。

2)插入汽车排气抽气管

要求：

插入汽车排气抽气管如图 3-3-2 所示。

(1)双手操作插入汽车排气抽气管，避免排气抽气管扭曲。

(2)抽排装置风机开动。

警告：

(1)安装时谨防排气抽气管头部卡箍划伤手指。

(2)安装时谨防排气抽气管头部撞击车身。

问题：

(1) 安装不牢，排气抽气管脱落。

(2) 忘记开动风机。

图 3-3-1 车辆就位

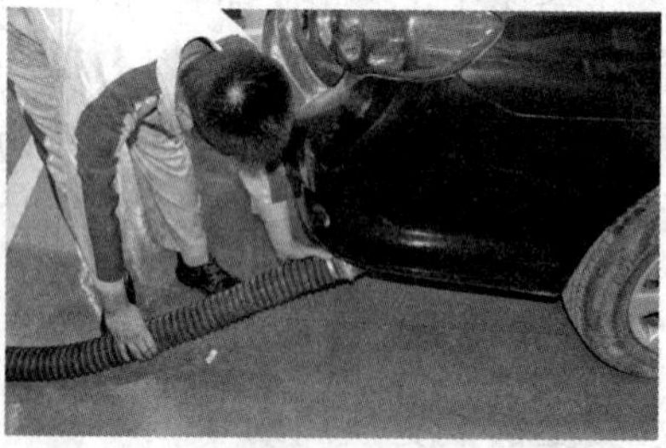

图 3-3-2 插入汽车排气抽气管

3)暖机

要求：

启动发动机如图 3-3-3 所示。

(1)预热发动机到正常工作温度。

(2)用力踩住行车制动器，拉紧驻车制动器。

(3)移动换挡杆在每个挡位停留 3 s，再退回到“P”挡。

警告：

(1)车辆前后不能有学员。

(2)移动换挡杆时不能加速。

(3)行车制动和驻车制动必须同时且一直保持制动。

(4)车辆轮胎处必须安置挡块。

问题：

发动机未暖机，挡位移动不正确，未对车辆进行制动。

4)打开发动机舱罩，放置翼子板布和前格栅布

要求：

放置翼子板布和前格栅布如图 3-3-4 所示。

图 3-3-3　启动发动机

图 3-3-4　放置翼子板布和前格栅布

5)找出自动变速器油液的油标尺

要求：

找出自动变速器油液的油标尺如图 3-3-5 所示。

(1)自动变速器油标尺位于节气门前侧。

(2)另一只手准备好抹布。

(3)检查油液有无焦味，四周连接处有无泄漏现象。

问题：

(1)自动变速器油标尺和发动机机油尺分不清，导致找错。

(2)将机油尺和自动变速器油标尺搞混淆。

6)抽出自动变速器油标尺并清洁

要求：

抽出自动变速器油标尺并清洁如图 3-3-6 所示。

图 3-3-5　找出自动变速器油液的油标尺

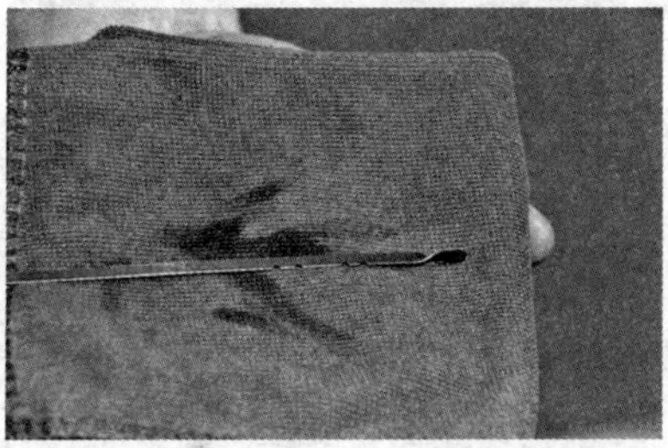

图 3-3-6　抽出自动变速器油标尺并清洁

（1）抽出自动变速器油标尺，用抹布擦拭自动变速器油标尺上的自动变速器油。

（2）完全插入自动变速器油标尺，停留片刻。

警告：

车辆启动前必须检查自动变速器油液位，以确保自动变速器油数量足够，否则容易损坏自动变速器。

7）测量液位

要求：

测量液位如图3-3-7所示。

（1）再次抽出自动变速器油标尺，在自动变速器油标尺处于抽出状态下察看自动变速器油液位是否处于上下刻度之间。

（2）察看自动变速器油品质是否变质、乳化或含有磨屑。

（3）插回自动变速器油标尺，不锁止。

（4）熄灭发动机。

（5）视情况进行添加或更换自动变速器油。

问题：

（1）察看自动变速器油液位时，自动变速器油标尺不是处于抽出状态，而是一只手向上抬起自动变速器油标尺。

（2）分辨不出自动变速器油标尺是哪种标尺，不会辨别是否正常。

8）归位发动机舱罩支撑杆

要求：

归位发动机舱罩支撑杆如图3-3-8所示。

（1）右手扶住发动机舱罩前端中部，将支撑杆从支撑孔中移出。

（2）支撑杆归位时要用手指保护塑料支持架，放回规定位置。

警告：

（1）右手要扶稳，防止发动机舱罩跌落。

（2）归位时动作要轻，注意保护支持架。

图3-3-7　测量液位

图3-3-8　归位发动机舱罩支撑杆

9）盖上发动机舱罩（不锁止）

要求：

盖上发动机舱罩如图3-3-9所示。

双手扶住发动机舱罩慢慢放下，用两手手掌托住，不锁止。

警告：

双手要扶稳，防止发动机舱罩跌落。

问题：

（1）脱手时位置太高或过低。

（2）用双手按压方式盖舱罩，造成舱罩中部变形。

10）清洁排气管下方积水

要求：

清洁排气管下方积水如图 3-3-10 所示。

用拖把及时清洁排气管口处地面积水，拖把用完后放到规定位置。

问题：

未及时清洁积水。

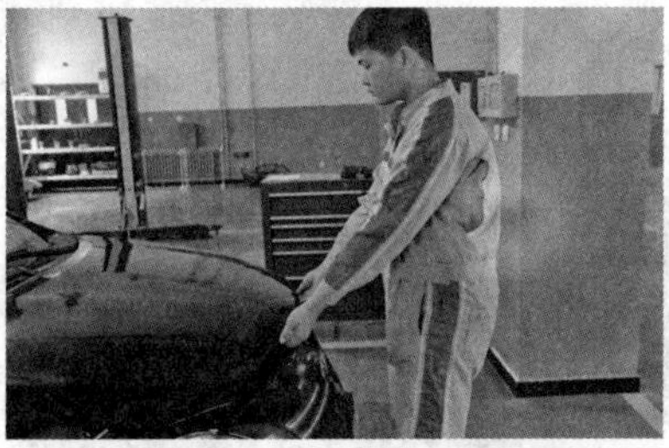

图 3-3-9　盖上发动机舱罩

图 3-3-10　清洁排气管下方积水

11）举升车辆至工作位置

要求：

举升车辆至工作位置如图 3-3-11 所示。

12）举升机安全锁止

要求：

举升机安全锁止如图 3-3-12 所示。

（1）按下举升机控制柜上的锁定按钮，确认锁止机构已经锁止可靠。

（2）发出“举升机锁止安全，可以作业”的指令，然后开始相应作业项目的作业。

警告：

一定要安全锁止，经确认后才能作业。

问题：

忘记按锁止按钮，未检查是否安全锁止。

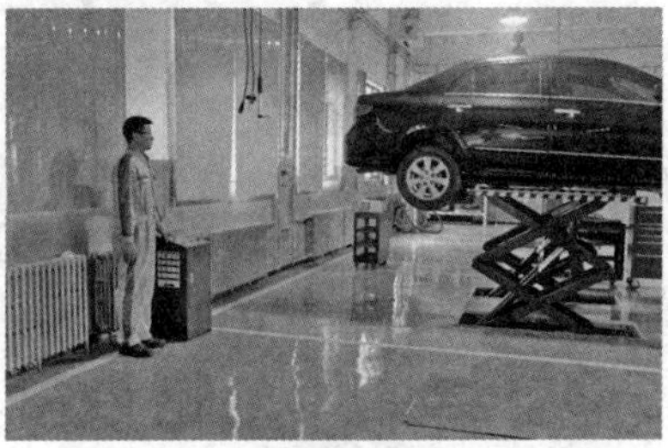

图 3-3-11　举升车辆至工作位置

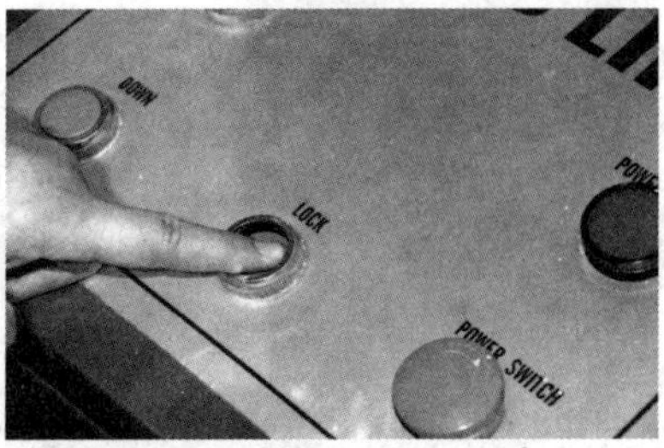

图 3-3-12　举升机安全锁止

13）拆卸发动机护板（如有配备）

要求：

拆卸发动机护板（如有配备）如图 3-3-13 所示。

选用合适工具拆修发动机护板，露出自动变速器油放液孔。

14）为收集漏出的液体做好准备

要求：

为收集漏出的液体做好准备如图 3-3-14 所示。

在油液检查孔下放置油液回收容器。

注意：

如有油液滴落在地面和其他部位，要马上清洁。

问题：

不小心滴落油液。

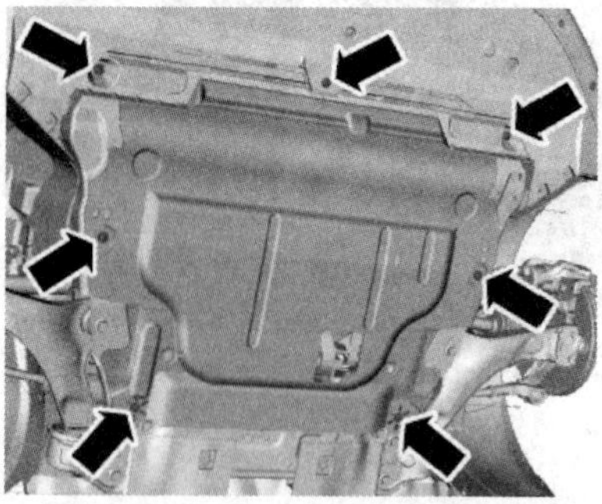

图 3-3-13　拆卸发动机护板

图 3-3-14　为收集漏出的液体做好准备

15）找准并拆卸自动变速器油放油螺栓

要求：

拆卸自动变速器油放油螺栓如图 3-3-15 所示。

参见《维修手册》找准自动变速器油液放油螺栓，在车辆下方摆好接油桶，用 8 mm 内六角扳手逆时针旋松变速器油的放油螺栓。

警告：

不要试图拆卸"你认为"的自动变速器油液放油螺栓，必须以《维修手册》为准。

问题：

未找准自动变速器油液放油螺栓。

16）装回放油螺栓

要求：

装回放油螺栓如图 3-3-16 所示。

清洁检查放油螺栓，涂抹密封胶并装回（查看扭紧力矩）。

注意：

清洁放油螺栓并涂抹密封胶。

问题：

忘记清洁，忘记涂抹密封胶。

图 3-3-15　拆卸自动变速器油放油螺栓

图 3-3-16　装回放油螺栓

17）加注自动变速器油液

要求：

加注自动变速器油液如图 3-3-17 所示。

将高压空气连接到变速器油加注机，连接前必须关闭空气阀门。拔出变速器油标尺，将加注机的出油端与油标尺套管相连接，向上提起加油机把手，在变速器加油管处添加新的变速器油液（加注油液，必须是该变速器规定的专用 ATF 油）。加注结束后，将变速器油标尺插入原位。

注意：

防止油液滴漏。

问题：

油液加注太多或太少，油液滴漏在地上和其他部位。

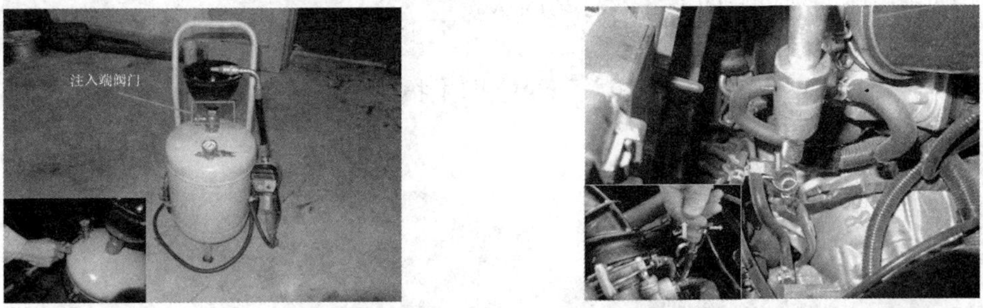

图 3-3-17　加注自动变速器油液

18）再次检查自动变速器油量

要求：

（1）再次检查自动变速器油量，加注到标准位置。

（2）装回自动变速器检查油标尺，并锁止。

注意：

自动变速器油必须加注到标准位置，否则容易损坏自动变速器。

问题：

变速器油加注量不标准。

19）装回发动机护板

要求：

装回发动机护板如图 3-3-18 所示。

按照拆卸时的相反顺序装回发动机护板。

问题：

忘记装回发动机护板。

20) **降下车辆并按5S规范操作**

要求：

降下车辆并整理车间如图3-3-19和图3-3-20所示。

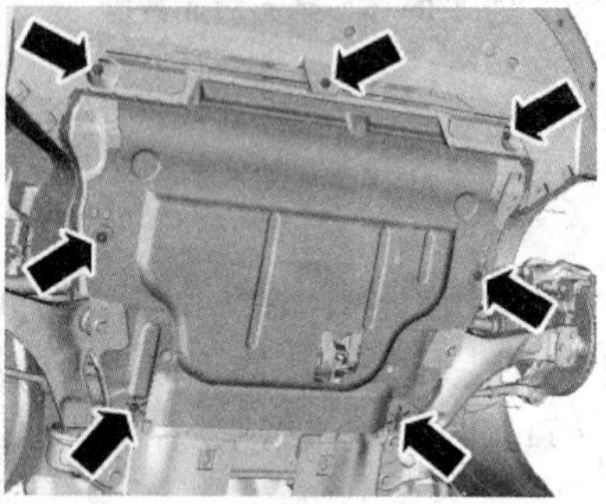

图3-3-18 装回发动机护板

图3-3-19 降下车辆

21) **填写工作单**

要求：

填写工作单如图3-3-21所示。

（1）在完成的项目后面签名或打钩确认。

（2）有数据记录的记录相关数据。

（3）有疑问或不正确的做好相关记录立即上报。

问题：

（1）忘记填写，字迹潦草。

（2）有关问题没有记录，未上报。

图3-3-20 整理车间

图3-3-21 填写工作单

二、学习小结

1. 自动变速器油液更换周期：有些厂家规定自动变速器油可以终生不用更换，但在实际使用中根据具体使用条件一般建议3年或60 000 km更换一次。

2. 自动变速器油液检查：自动变速器油有很多品牌，大多数新自动变速器油是红色的。

在车上检查变速器油时，正常油液的颜色应该是淡红色或棕色，自动变速器油不能有焦糊味，不能包含悬浮的杂质，如有不良需要进行更换。

3. 自动变速器油液更换步骤。

三、自我评估

1. 填空题

（1）自动变速器油用于传递________和________。

（2）自动变速器油可以润滑和________自动变速器的部件。

（3）自动变速器油检查时需抽出自动变速器油标尺，用________自动变速器油标尺上的自动变速器油，再完全插入自动变速器油标尺，________最后抽出检查。

（4）车辆启动前必须检查自动变速器油________，以确保自动变速器油数量足够，否则容易损坏自动变速器。

2. 判断题

（1）所有车型的自动变速器油都是一样的。（　　）

（2）自动变速器油大部分是红色的。（　　）

（3）自动变速器油可以永久不用更换。（　　）

（4）检查自动变速器油发动机需要着车。（　　）

3. 选择题

（1）下列说法正确的是（　　）。

A. 自动变速器油必须 5 000 km 更换一次　B. 自动变速器油可以永远不更换

C. 自动变速器油必须遵照《维修手册》进行更换

（2）关于自动变速器油的检查说法正确的是（　　）。

A. 检查前需预热发动机　B. 检查时排挡杆需停在驻车或空挡位置

C. 检查前需移动排挡杆在每个挡位走一遍　D. 检查过程中要驻车制动

（3）关于自动变速器油说法正确的是（　　）。

A. 应无焦糊味　B. 应无气泡　C. 应无渣子等颗粒状物体　D. 颜色应为乳白色

学习单元 4　发动机冷却液检查与更换

情境导入

情境：一辆卡罗拉轿车，准备做 40 000 km 大保养，你的主管分配你更换发动机冷却液，你能完成吗？

提示：发动机防冻液除了防止发动机冷却液在冬季结冰外，还有防腐蚀、提高沸点、防止产生水垢、较好的导热冷却性、抗泡性能等。冷却液在使用过程中冰点会提高，为了防止结冰，冷却液必须定期进行更换。

任务目标

一、知识目标

（1）能描述发动机冷却系统位置和功能。

（2）能描述发动机冷却液的识别方法。

二、技能目标

能规范地进行发动机冷却液检查、更换的操作。

知识准备

一、基本知识

1. 发动机冷却系统概述

1）发动机冷却原理

运转中的发动机会产生热量，气缸内气体温度可高达 2 100 ～ 2 300 K。直接与高温气体接触的机件（如气缸体、气缸盖、活塞、气门等）若不及时加以冷却，则其中运动机件将可能因受热膨胀而破坏正常间隙或因润滑油在高温下失效而卡死，各机件也可能因高温导致机械强度降低甚至损坏。因此，为保证发动机正常工作，必须对这些在高温条件下工作的机件加以冷却。

热量需要不间断地从系统中被带走。冷却液在发动机的冷却通道和散热器中循环流动，把热量从发动机中带走，冷却发动机。此外，发动机冷却液也能够防止冷却系统在极低的温度下发生冻结，并能够在需要的时候提供热量给空调暖风系统。

发动机的冷却必须适度。若发动机冷却不足、气缸充气量减少和燃烧不正常，发动机功率将下降，且发动机零件也会因润滑不良而加速磨损。但若冷却过度，一方面由于热量散失过多，使转变成有用功的热量减少，另一方面由于混合气与低温气缸壁接触，使其中原已汽化的燃油又凝结并流到曲轴箱内，不仅增加了燃油消耗，而且使机油变稀而影响润滑，结果使发动机功率下降，磨损加剧。因此，冷却液的任务就是使工作中的发动机得到适度的冷却，从而保持发动机在最适宜的温度范围内工作。

2）发动机防冻液的作用

除了防止发动机冷却液在冬季结冰外，防冻液还有其他功能。

（1）防腐蚀功能：可防止冷却液对发动机及管道造成的腐蚀，保护发动机。

（2）提高沸点：提高冷却液的沸点。防止“开锅”。

（3）防止产生水垢：防止冷却系统产生水垢，提高冷却系统的散热能力。

（4）冷却和导热功能：防冻液有较好的导热冷却作用。

（5）抗泡性能：减少冷却系统中产生的泡沫，减少穴蚀作用。

3）发动机冷却系统的组成

发动机冷却系统组成如图 3-4-1 所示：

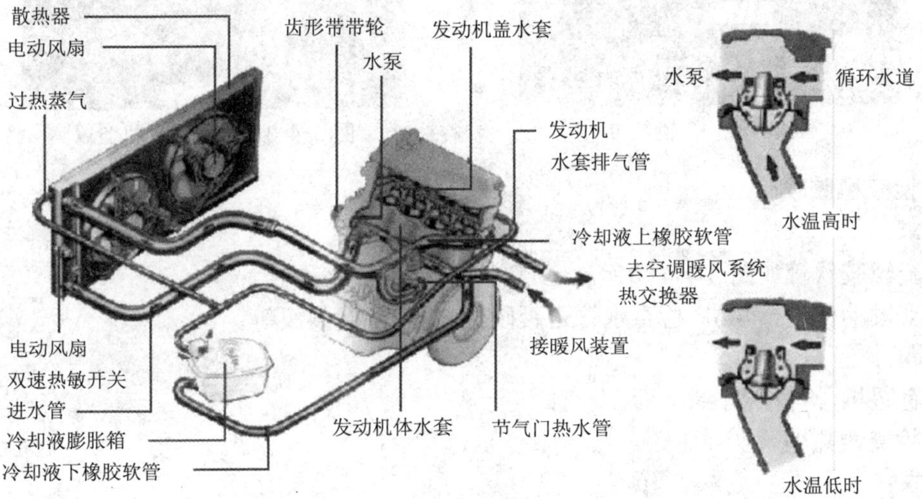

图 3-4-1　发动机冷却系统组成

4）发动机防冻液的选用

（1）发动机冷却液的冰点要低于环境最低气温 10℃左右。

（2）按发动机的负荷性质选择汽车制造厂要求的发动机防冻液。

（3）对浓缩液进行稀释时，应使用去离子水或蒸馏水。

（4）经常检查发动机冷却液的液面高度和冷却系的密封性。

（5）按制造厂规定的发动机冷却液更换周期更换，但应经常注意发动机冷却液的颜色、气味等是否有变化。

（6）不同厂家、不同牌号的发动机冷却液不能混用。

（7）发动机冷却液的性能既防冻又防沸。

2. 准备工作

主要设备：

教学车辆、工具车、冷却液回收容器、拆装工具、多层零件车、多媒体教学设备（含白板)。

辅助材料:

翼子板布和前格栅布、三件套、抹布、手套、白板笔等。

3. 实施步骤

1)将车辆停放在举升机位并打开发动机舱罩

要求:

车辆停放在举升机位如图 3-4-2 所示;打开发动机舱罩如图 3-4-3 所示。

请按设备安全操作及车辆防护规范操作(见学习情境一)。

图 3-4-2　车辆就位

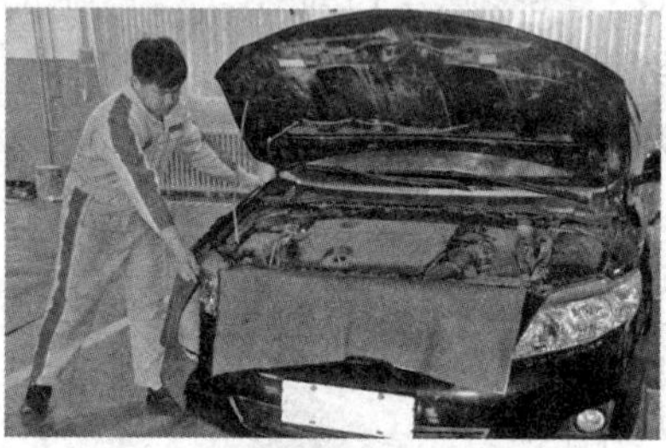

图 3-4-3　打开发动机舱罩

2)检查橡胶软管

要求:

检查橡胶软管如图 3-4-4 所示。

启动发动机进行暖机,检查水管是否硬化、凸起或有裂纹等。

问题:

没有暖机,检查不仔细全面。

3)检查散热器

要求:

检查散热器如图 3-4-5 所示。

启动发动机进行暖机,检查散热器是否泄漏、损坏等。

问题:

没有暖机,检查不仔细。

图 3-4-4　检查橡胶软管

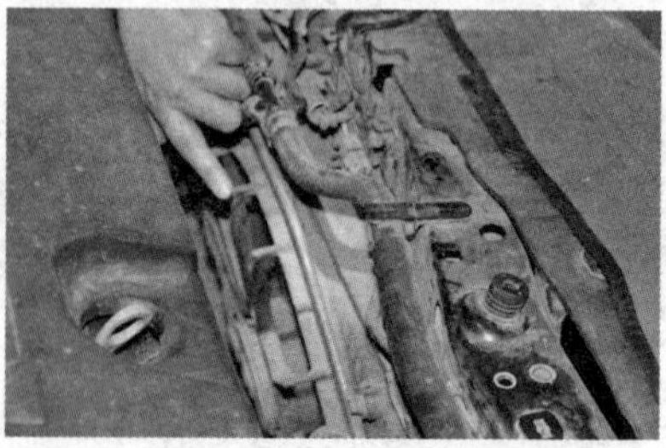

图 3-4-5　检查散热器

4)检查散热器盖

要求:

检查散热器盖如图 3-4-6 所示。

启动发动机进行暖机，检查散热器盖是否泄漏、损坏等。

问题：

没有暖机，检查不仔细。

5）检查冷却液液位

要求：

检查冷却液液位如图 3-4-7 所示。

检查冷却液液位，不够应添加。

注意：

添加冷却液时请遵守操作规则，否则易出现人员受伤。

图 3-4-6　检查散热器盖

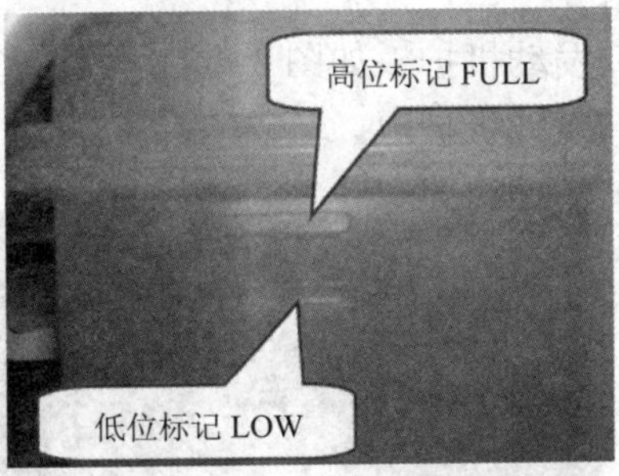

图 3-4-7　检查冷却液液位

6）检查卡箍安装状况

要求：

检查卡箍安装状况如图 3-4-8 所示。

启动发动机进行暖机，检查卡箍是否牢固、损坏等。

问题：

没有暖机，检查不仔细。

7）熄灭发动机

要求：

熄灭发动机如图 3-4-9 所示。

将点火钥匙旋到“OFF”挡，熄灭发动机。

问题：

钥匙拧错方向，应向左旋，取出钥匙的时候应先往里按再拔出。

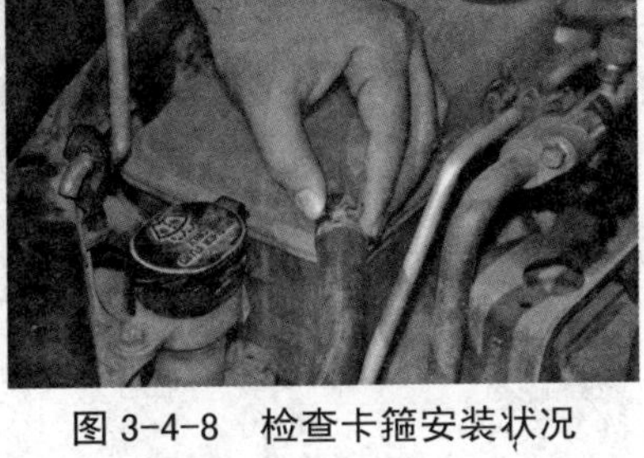

图 3-4-8　检查卡箍安装状况

图 3-4-9　熄灭发动机

8）冷却液的更换

Ⅰ. 打开冷却液膨胀罐盖

要求：

打开冷却液膨胀罐盖如图 3-4-10 所示。

打开冷却液膨胀罐盖。

注意：

释放冷却系统压力时，请用一块厚布覆盖冷却液副水箱盖。

Ⅱ. 举升车辆

按照学习情境一中学习单元四举升机操作，将车辆提升至合适高度。

Ⅲ. 拆卸发动机护板（如有配备）

要求：

拆卸发动机护板如图 3-4-11 所示。

拆卸发动机护板。

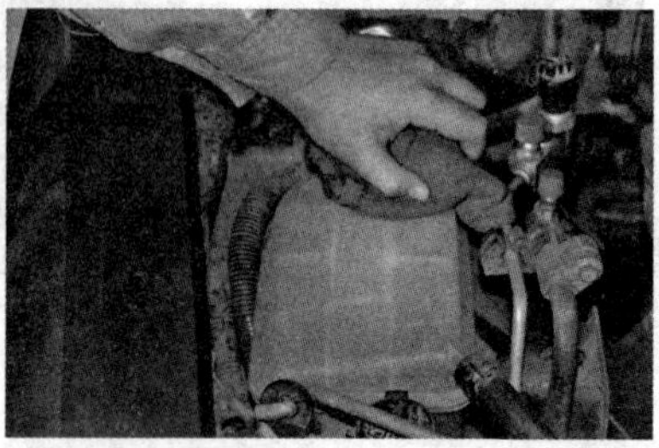

图 3-4-10 打开冷却液膨胀罐盖

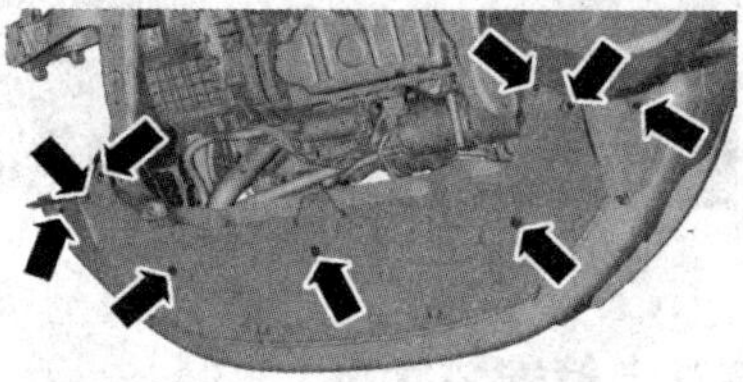

图 3-4-11 拆卸发动机护板

Ⅳ. 收集冷却液准备

要求：

收集冷却液准备如图 3-4-12 所示。

在车辆下方摆好冷却液收集桶。

Ⅴ. 排放冷却液

要求：

排放冷却液如图 3-4-13 所示。

图 3-4-12 收集冷却液准备

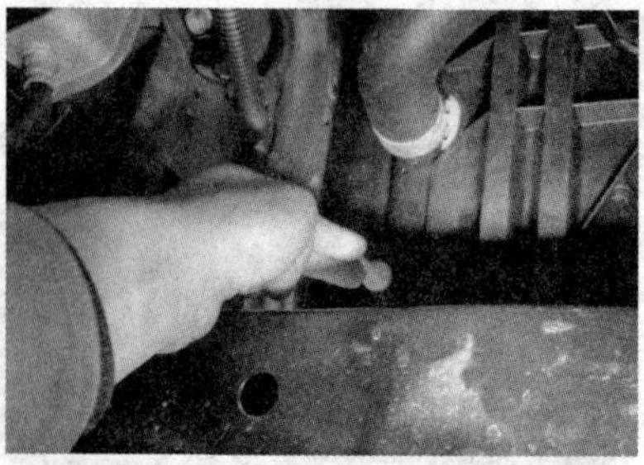

图 3-4-13 排放冷却液

逆时针旋松冷却液排放螺栓。

注意：

排放过程中，注意避免排放的冷却液烫伤身体。

Ⅵ．拧紧冷却液排放螺栓

要求：

拧紧冷却液排放螺栓如图 3-4-14 所示。

排放结束后，顺时针旋紧排放螺栓。

注意：

不能拧得太紧，以免损坏螺栓。

Ⅶ．降下车辆

按照学习情境一中单元四举升机操作降下车辆。

Ⅷ．添加冷却液

要求：

添加冷却液如图 3-4-15 所示。

在冷却液壶里面添加新的冷却液（加注冷却液，直至冷却液液位到达最大液位处）。

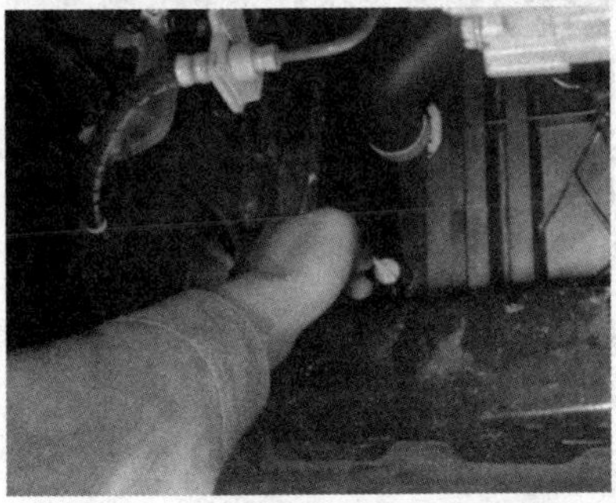

图 3-4-14　拧紧冷却液排放螺栓

图 3-4-15　添加冷却液

Ⅸ．拧紧冷却液水箱盖

拧紧冷却液水箱盖如图 3-4-16 所示。

Ⅹ．暖机

要求：

暖机操作如图 3-4-17 所示。

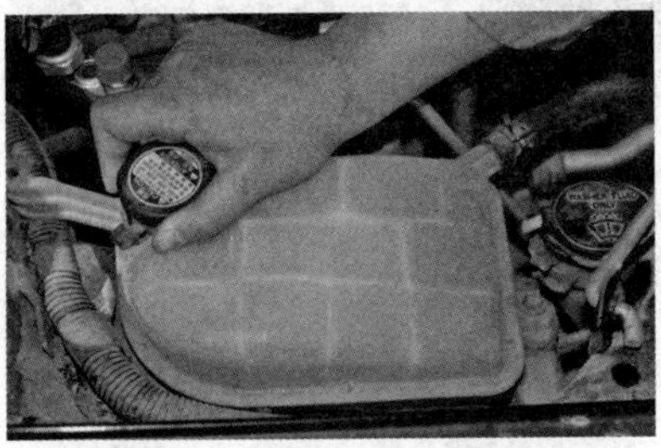

图 3-4-16　拧紧冷却液水箱盖

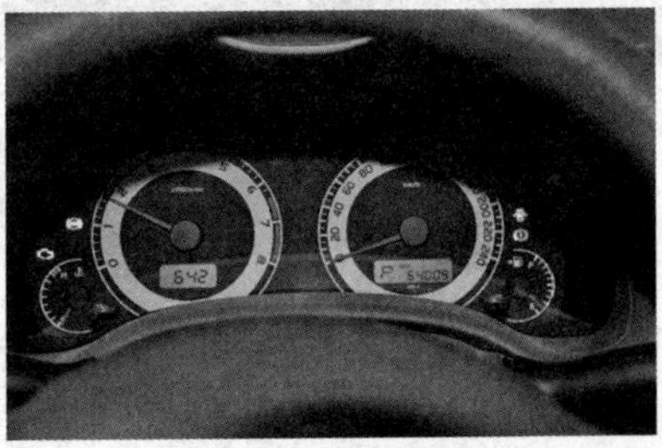

图 3-4-17　暖机

启动发动机进行暖机，直到冷却风扇运转。检查发动机冷却液液位，如果冷却液低于

LOW 刻度线，则补加冷却液。

问题：

未暖机，风扇未运转，未检查冷却液。

XI．检查渗漏

要求：

检查渗漏问题如图 3-4-18 所示。

按照举升机操作规则举升车辆，并检查冷却液排放口有无渗漏。

问题：

未检查，检查不仔细。

9）降下车辆并按 5S 规范操作

要求：

降下车辆如图 3-4-19 所示；整理车间如图 3-4-20 所示。

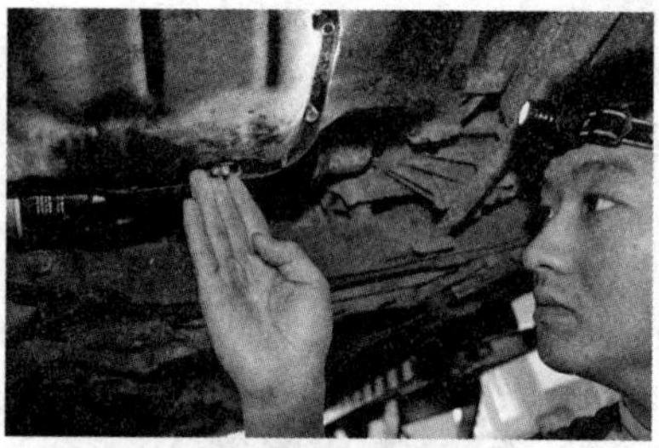

图 3-4-18 检查渗漏

图 3-4-19 降下车辆

10）填写工作单

要求：

填写工作单如图 3-4-21 所示。

图 3-4-20 整理车间

图 3-4-21 填写工作单

（1）在完成的项目后面签名或打钩确认。

（2）有数据记录的记录相关数据。

（3）有疑问或不正确的做好相关记录并立即上报。

问题：

（1）忘记填写，字迹潦草。

（2）有关问题没有记录，未上报。

二、学习小结

1. 发动机冷却系统结构组成和原理。

2. 发动机冷却液更换周期。

3. 发动机冷却液的作用。

4. 发动机冷却液更换步骤。

三、自我评估

1. 填空题

(1)冷却液在发动机的冷却通道和散热器中循环流动，把________从发动机中带走，冷却发动机。

(2)发动机冷却液也能够防止冷却系统在极低的温度下发生________，并能够在需要的时候提供热量给________系统。

(3)冷却系统的任务就是使工作中的发动机得到适度的________，从而保持在最适宜的温度范围内工作。

2. 判断题

(1)冷却液就是防冻液。(　　)

(2)冷却液可以用自来水代替。(　　)

(3)冷却液必须随时保持在上下刻度线之间。(　　)

(4)每次保养都必须检查冷却系统和更换冷却液。(　　)

(5)对浓缩液进行稀释时。应使用去离子水或蒸馏水。(　　)

(6)经常检查发动机冷却液的液面高度和冷却系统的密封性。(　　)

3. 选择题

(1)冷却液说法正确的是(　　)。

A. 发动机冷却液的冰点要低于环境最低气温 10℃左右

B. 按发动机的负荷性质选择汽车制造厂要求的发动机冷却液

C. 按制造厂规定的发动机冷却液更换周期更换

D. 不同厂家、不同牌号的发动机冷却液不能混用

E. 发动机冷却液的性能既防冻又防沸

F. 必须选用红色的冷却液

G. 可直接用手开启回水壶盖

H. 冷却液应无油污、气泡

学习单元 5 制动液检查及更换

情境导入

情境：一辆卡罗拉轿车需要更换制动片和制动液，你的主管分配你更换制动液，你能完成吗？

提示：制动液是一种吸湿性很强的液体，能吸收周围空气中的水分，并随着使用时间的增加，吸收水分越来越多，致使制动性能下降。每次保养车辆时都必须对制动液进行检查，必要时要对其进行更换。

任务目标

一、知识目标

（1）能描述制动液的识别方法。

（2）能描述制动液更换的流程和方法。

二、技能目标

能够规范更换制动液。

知识准备

一、基本知识

1. 制动液概述

1）制动液的重要性

制动液是一种吸湿性很强的液体，能吸收周围空气中的水分，过多的水分会降低制动液的制动效能，同时过脏的制动液还会引起制动失灵。

2）制动液更换周期

一般从视觉上去判断制动液是否变色，再根据检测仪进行判断。大多数情况每 2 年或行驶 40 000 km 应进行制动液的更换。

3）制动液的类型

DOT 是美国运输部的英文缩写。美国运输部对汽车制动液制定了一系列标准，国际上已公认了 DOT 制动液标准。目前市场上有如下图所示的几种制动液。

DOT标准：美国运输部

DOT3、DOT4、DOT5.1	DOT5
聚乙二醇醚	硅　油

	DOT3	DOT4	DOT5.1	DOT5
干沸点	205°C	230°C	260°C	260°C
湿沸点	140°C	155°C	180°C	180°C
颜　色	黄色	黄色	黄色	蓝色

4)制动液的使用要求

(1)不同规格的制动液不能混用。

(2)加注或更换制动液用专业工具。

(3)防止水分和矿物油混入制动液。

(4)制动缸皮碗不能敞开放置。

(5)制动液有毒,不能用嘴吸取。

(6)防止与车身涂层接触。

(7)注意防火。

2. 准备工作

主要设备:

教学车辆、工具车、制动液自动收集容器、拆装工具、气动扳手、多层零件车、多媒体教学设备(含白板)等。

辅助材料:

翼子板布和前格栅布、三件套、抹布、手套、白板笔等。

3. 实施步骤

1)将车辆停放在举升机位

要求:

将车辆停放在举升机位如图 3-5-1 所示。

请按设备安全操作及车辆防护规范操作(见学习情境一)。

2)操纵举升机,支撑垫块即将接触支撑位置

要求:

操纵举升机如图 3-5-2 所示。

图 3-5-1　车辆就位

图 3-5-2　操纵举升机,支撑垫块即将接触支撑位置

（1）将电路、气路开关闭合。

（2）按住控制台上的上升按钮，举升机上升至支撑垫块即将接触支撑位置松开上升按钮。

问题：

（1）未关闭电路、气路开关。

（2）支撑垫块已经接触支撑位置。

3）再次检查举升机支撑垫块安装情况

要求：

再次检查举升机支撑垫块安装情况如图3-5-3所示。

（1）蹲下，仔细确认支撑垫块是否对准车辆被支撑部位。

（2）支撑垫块不允许歪斜。

（3）位置不正确或歪斜要重新调整。

警告：

支撑垫块位置不正确会存在安全隐患。

问题：

（1）不进行支撑垫块支撑位置检查，检查时不认真、不仔细。

（2）发现支撑垫块位置不对不予纠正，继续作业。

4）手动拧松轮胎螺栓（母）

要求：

手动拧松轮胎螺栓（母）如图3-5-4所示。

手握轮胎套筒以逆时针的方向旋松轮胎螺栓。

注意：

轮胎螺栓（母）拧松方向。

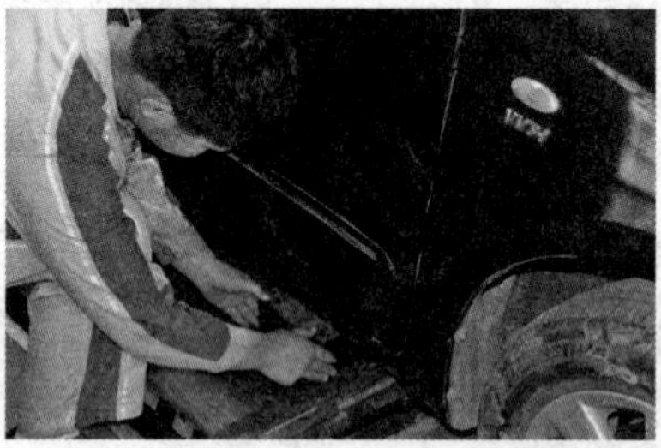

图3-5-3 再次检查举升机支撑垫块安装情况

图3-5-4 手动拧松轮胎螺栓（母）

5）举升车辆至车轮刚离开地面10 cm

要求：

举升车辆至车轮刚离开地面10 cm如图3-5-5所示。

具体操作见学习情境一。

警告：

未检查情况下，车轮离开地面过高会有安全隐患。

问题：

（1）忘记互相呼应。

（2）车轮离开地面过高或未离开地面。

6）举升机安全锁止

要求：

举升机安全锁止如图 3-5-6 所示。

（1）按下举升机控制柜上的锁定按钮，确认锁止机构已经锁止可靠。

（2）发出“举升机锁止安全，可以作业”的指令，然后开始相应作业项目的作业。

警告：

一定要安全锁止，经确认后才能作业。

问题：

忘记按锁止按钮，未检查是否安全锁止。

图 3-5-5　举升车辆至车轮刚离开地面 10cm

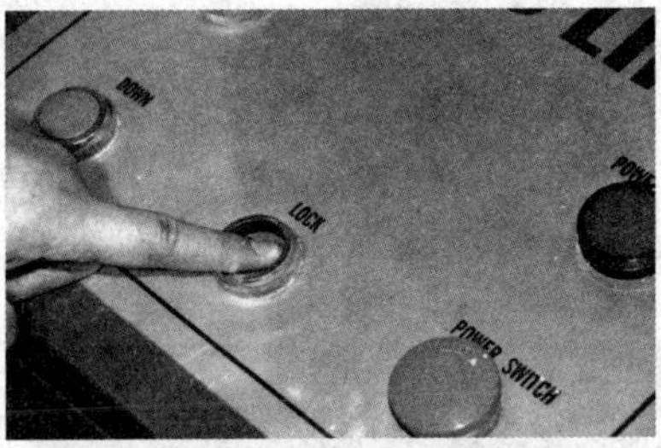

图 3-5-6　举升机安全锁止

7）检查车辆支撑牢固情况

要求：

检查车辆支撑牢固情况如图 3-5-7 所示。

学生甲乙分别在前后保险杆或翼子板处采用下压方式检查车辆支撑是否牢靠。

警告：

（1）不允许按压发动机舱罩等易变形处。

（2）按压时力量要适中。

问题：

（1）按压发动机舱罩使之出现凹陷变形。

（2）未检查车辆支撑牢固情况。

（3）按压时用力过猛，造成车辆剧烈晃动。

8）取出车轮挡块

要求：

取出车轮挡块如图 3-5-8 所示。

将车轮挡块取出并放在规定位置。

警告：

要及时取出车轮挡块，并放在规定位置，防止工作时发生安全隐患。

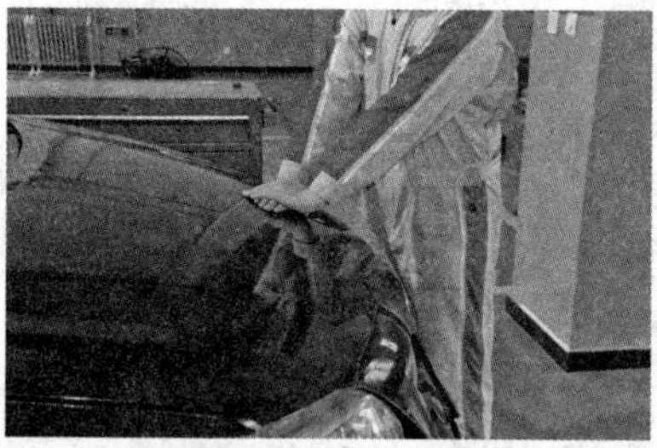

图 3-5-7　检查车辆支撑牢固情况

图 3-5-8　取出车轮挡块

9）拆卸轮胎螺栓

要求：

拆卸轮胎螺栓如图 3-5-9 所示。

（1）人蹲在车旁，用气动扳手拆卸轮胎螺栓，保留最后一个螺栓。

（2）左手稳住轮胎，右手用轮胎套筒旋松最后一颗轮胎螺栓直至脱落，双手抱着轮胎拆下，如图所示。

注意：

（1）车辆的轮胎较重，拆下时，注意双臂抱紧用力水平移动轮胎。

（2）轮胎、气动扳手脱落砸伤脚。

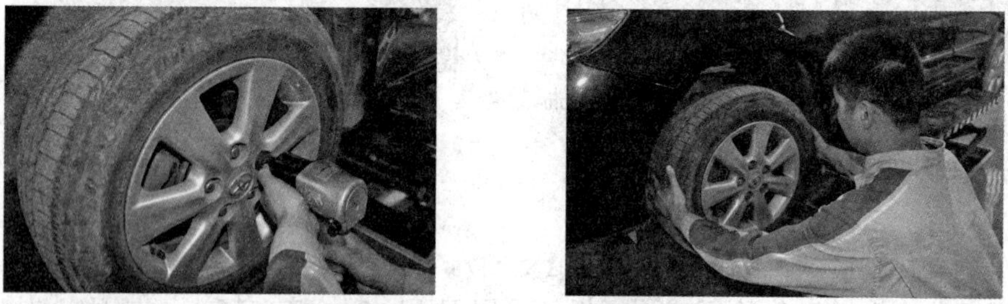

图 3-5-9　拆卸轮胎螺栓

10）添加制动液

要求：

添加制动液如图 3-5-10 所示。

向储液罐内添加制动液。

注意：

添加制动液时防止滴漏在车辆上。

11）更换制动液

要求：

放置放油扳手如图 3-5-11 所示；更换制动液如图 3-5-12 所示。

（1）将扳手放置制动钳的放油螺栓处，并选好合适位置以便有空间可以松放油螺栓。

（2）将排放管套在放油口上，连接排放集油壶，逆时针方向旋松放油螺栓排放制动液。

（3）人进入驾驶室内，轻缓将制动踏板踩压到底再缓慢抬起松开，连续 5 次。

（4）添加制动液以保证制动液壶的液位不低于 min 位置，反复的添加新制动液，排放旧制动液，直到连接放油口的软管处流出的制动液呈清澈的淡黄色为止。

图 3-5-10　添加制动液

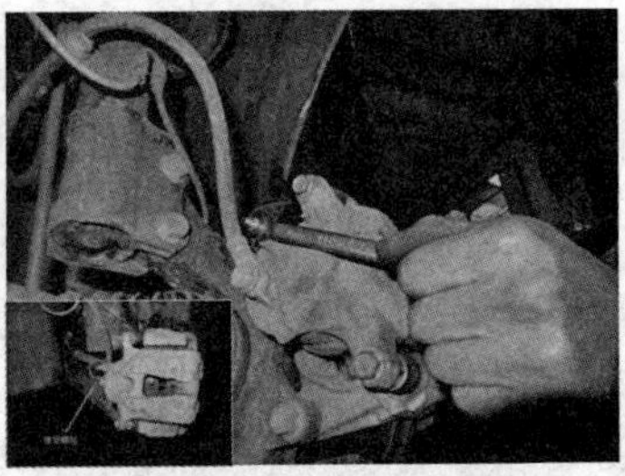

图 3-5-11　放置放油扳手

注意：

在排放制动液的过程中，应及时补充制动液，保证制动液壶的液位不低于 min 位置；待排放螺栓不断排出淡黄色的制动液，说明新的制动液替换旧的制动液已经完成。

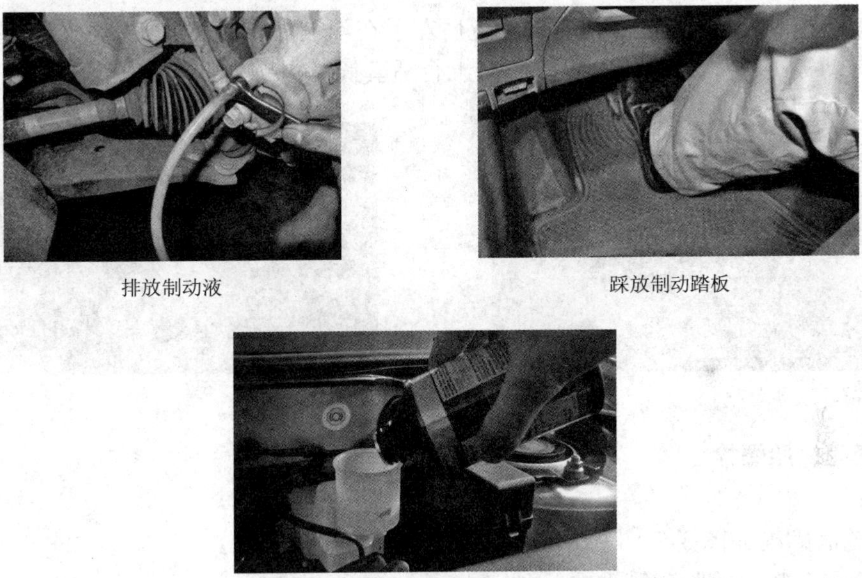

排放制动液　　踩放制动踏板

添加制动液

图 3-5-12　更换制动液

12）紧固制动液排放螺栓

要求：

紧固制动液排放螺栓如图 3-5-13 所示。

以顺时针方向旋紧制动液排放螺栓。

注意：

按《维修手册》要求拧紧排放螺栓。

13）检查渗漏

要求：

检查渗漏如图 3-5-14 所示。

启动车辆，连续多次踩踏制动踏板，确定制动高度比较高后，观察制动液排放螺栓是否有渗漏。

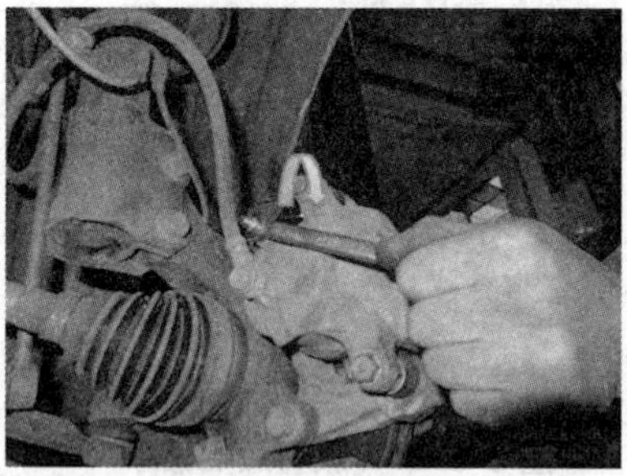

图 3-5-13 紧固制动液排放螺栓

图 3-5-14 检查渗漏

14)安装车轮

要求:

安装车轮如图 3-5-15 所示。

(1)双手抱着轮胎举升,卡到安装位置后左手在下端稳定轮胎,右手旋上轮胎螺栓。

(2)气动扳手选择好方向(顺时针)套上合适套筒后以顺时针方向旋紧螺栓。

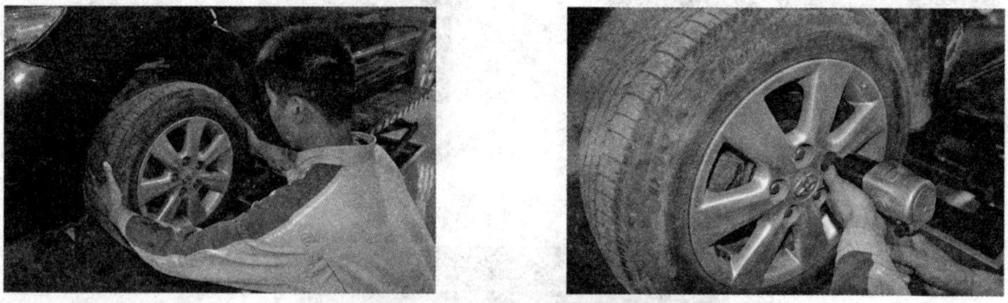

图 3-5-15 安装车轮

15)紧固轮胎螺栓

要求:

紧固轮胎螺栓如图 3-5-16 所示。

(1)降下车辆至轮胎接触地面。

(2)使用 21 mm 套筒和可调式扭矩扳手,以对角的顺序按规定扭矩旋紧轮胎螺栓,拧紧到规定扭矩 103 N•m。

注意:

轮胎螺栓的紧固顺序,是以对称的方向紧固;所有螺栓扭矩都必须达到规定扭矩。

16)按照同样的方法,排清其他三个制动管路内的废制动液,4 个车轮一起排放制动液时按照车轮距离制动总泵的距离先远后近的顺序来施工,依次为右后、左后、右前、左前

17)按 5S 规范操作

要求:

整理车间如图 3-5-17 所示。

图 3-5-16　紧固轮胎螺栓

图 3-5-17　整理车间

（1）将工具、备件按规定位置摆放整齐。

（2）将工具车、备件车等按规定位置摆放。

（3）关闭用电设备电源。

问题：

忘记整理工具车，工具车、备件车未按规定位置摆放。

18）填写工作单

图 3-5-18　填写工作单

要求：

填写工作单如图 3-5-18 所示。

（1）在完成的项目后面签名或打钩确认。

（2）有数据记录的记录相关数据。

（3）有疑问或不正确的做好相关记录立即上报。

问题：

（1）忘记填写，字迹潦草。

（2）有关问题没有记录，未上报。

二、学习小结

1. 制动液更换周期。
2. 制动液型号等级。
3. 制动液使用要求。
4. 制动液更换步骤。
5. 制动液检查。

三、自我评估

1. 填空题

（1）制动液更换周期是________。

（2）目前市场上常见的制动液等级是_______。

（3）两种不同的制动液______使用。

（4）制动液能_______皮肤，能________漆面。

2. 判断题

（1）多数轿车使用 DOT4 制动液。（　　）

（2）制动液可以吸收空气中的水分。（　　）

（3）制动液过低只需添加即可。（　　）

（4）制动液是一种有毒液体。（　　）

3. 选择题

（1）关于制动液更换周期正确的是（　　）。

A. 每 5 000 km 更换一次　　B. 每 20 000 km 更换一次

C. 每 40 000 km 更换一次　　D.2 年或 40 000 km 更换一次

（2）下列说法正确的是（　　）。

A. 制动液不能混合使用　B. 在排气过程中制动液不能低于最低线

D. 制动液排放螺栓是反丝的

（3）关于车轮拆装正确的是（　　）。

A. 使用气动工具依次拆装轮胎螺栓　B. 只要气动工具紧固后就不用再紧固

C. 最好还要使用扭力扳手检查轮胎螺栓扭矩

学习单元 6　汽油滤清器检查及更换

情境导入

情境：一辆卡罗拉轿车加速无力，怀疑是燃油管路堵塞，你的主管安排你先对汽油滤清器进行检查，必要时对其进行更换，你能完成吗？

提示：汽油滤清器起到对燃油的过滤的作用，但随着使用时间变长，过滤效果将下降。滤清器会变得越来越脏或堵塞，致使燃油压力降低，汽车加速无力。

任务目标

一、知识目标

（1）能描述汽油滤清器的作用。

（2）能描述汽油滤清器的类型。

（3）能描述汽油滤清器更换的流程和方法。

二、技能目标

能够规范更换汽油滤清器。

知识准备

一、基本知识

1. 汽油滤清器概述

1）汽油滤清器的作用

汽油滤清器（简称汽滤）的作用是把含在燃油中的氧化铁、粉尘等固体杂物除去，防止燃油系统堵塞（特别是喷油嘴），减少机械磨损，确保发动机稳定运行，提高可靠性。

2）更换汽油滤清器的重要性

如果汽油滤清器过脏或堵塞，主要表现为：加油门时，动力起来较慢，或起不来，汽车启动困难，有时候要启动 2~5 次才能着车。

3）汽油滤清器的类型及更换周期

电子燃油喷射系统的汽车需要清洁的燃油，因为哪怕是极微小的杂质也会磨损电喷系统中的精密零部件。汽油滤清器过滤燃油中的杂质，避免杂质进入喷射阀和冷启动阀。汽油滤清器是组成电喷系统的重要零部件，只有原厂配套或超出配套品质的汽油滤清器才能提供电喷系统要求的清洁燃油，从而使发动机性能达到最优化，同时也给发动机提供最佳保护。

汽油滤清器的滤芯多采用滤纸，也有使用尼龙布、高分子材料的汽油滤清器。

更换周期：外置式汽油滤清器（除燃油箱以外的其他位置），如图 3-6-1 所示，更换周期为 10 000 km；内置式汽油滤清器装在油箱里，如图 3-6-1 所示，更换周期为 30 000 km~40 000 km。

外置式汽油滤清器

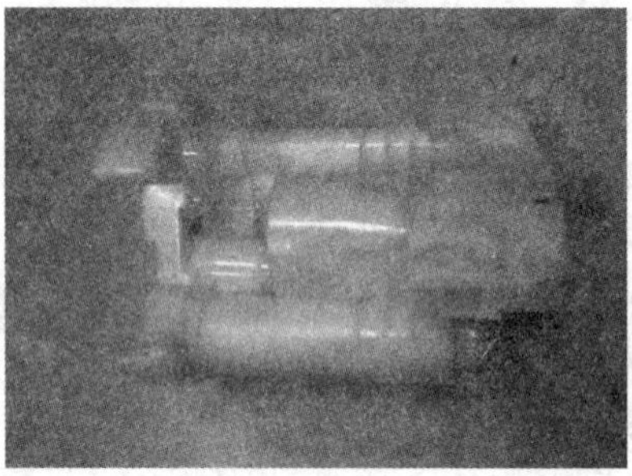

内置式汽油滤清器

图 3-6-1 汽油滤清器

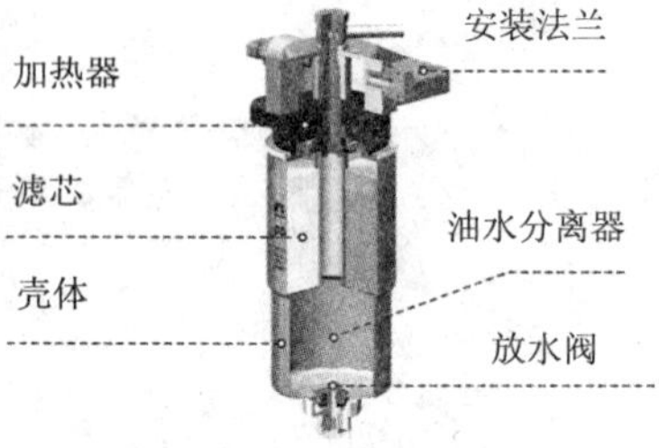

图 3-6-2 汽油滤清器结构

4）汽油滤清器的结构

汽油滤清器的内部结构如图 3-6-2 所示。

2. 准备工作

主要设备：

教学车辆、工具车、油水收集桶、油管扳手、拆装工具、除尘枪、螺丝刀、零件盆、多层零件车、多媒体教学设备（含白板）。

辅助材料：

翼子板布和前格栅布、三件套、抹布、手套、白板笔等。

3. 实施步骤

1）将车辆停放在举升机位

要求：

将车辆停放在举升机位如图 3-6-3 所示。

请按设备安全操作及车辆防护规范操作（见学习情境一）。

2）打开油箱盖

要求：

向上扳起操作手柄，打开油箱盖，如图 3-6-4 所示。

油箱盖打开手柄在驾驶员座椅左前位置。

图 3-6-3 车辆就位

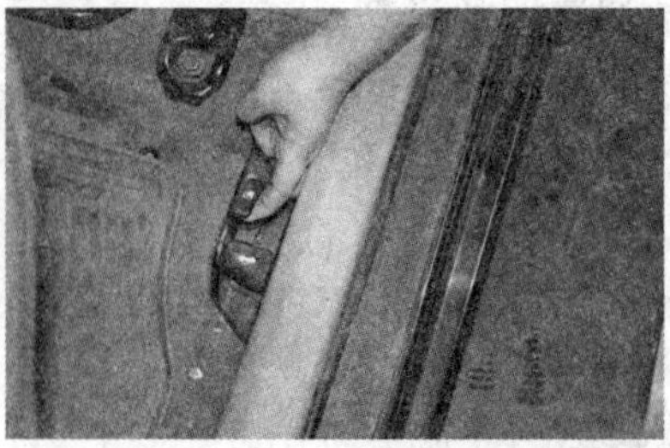

图 3-6-4 打开油箱盖

3)取出油箱盖

要求:

取出油箱盖如图 3-6-5 所示。

打开油箱盖板,向左旋转油箱盖直至打开。油箱盖板打开后,会有燃油蒸气释放,操作人员请注意安全,禁止烟火。

警告:

放置灭火器,注意防火。

4)拆卸后排座垫

要求:

拆卸后排座垫如图 3-6-6 所示。

拆卸后排座椅时,手指插入座垫部,向上抬起后排座垫。直至左右卡扣脱离(左右各由一个塑料卡扣固定)。

图 3-6-5 取出油箱盖

图 3-6-6 拆卸后排座垫

5)打开油箱保护盖板

要求:

打开油箱保护盖板如图 3-6-7 所示。

盖板周围一圈由密封胶密封,先用一字螺丝刀插入盖板内,沿标识处一圈撬动油箱保护盖板即可取下。

注意:

用力不要过猛,小心盖板变形和损伤漆面。

6)拔出线束连接器

要求:

大拇指按压线束锁销,手指捏住连接器外壳体向上拔出油泵线束,如图 3-6-8 所示。

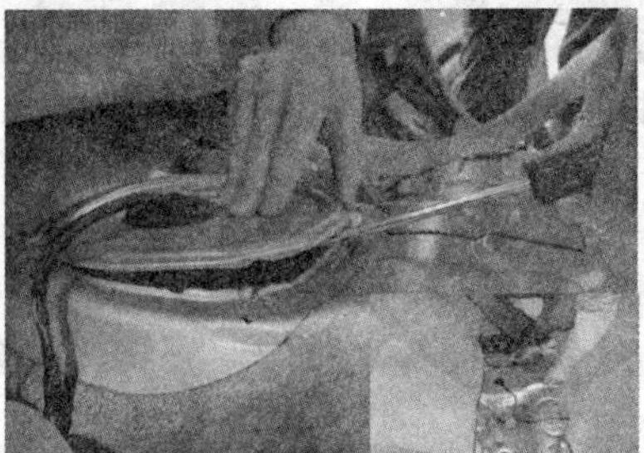

图 3-6-7 打开油箱保护盖板

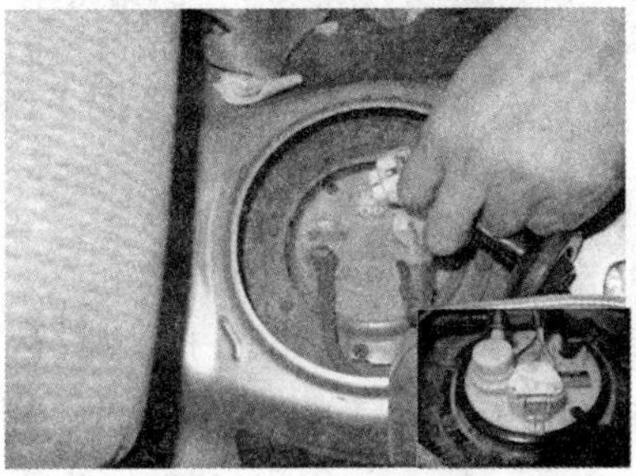

图 3-6-8 拔出线束连接器

注意：

拔出过程中禁止拖拽导线。

7）清洁杂物

要求：

用除尘枪吹去汽油滤清器安装部位的杂物。清洁过程中压力条件要适中，避免垃圾吹到车厢内，如图 3-6-9 所示。

8）拆卸 1 号燃油排放管

要求：

拆卸 1 号燃油排放管，使用鲤鱼钳夹住排放管两侧锁销，左手大拇指向前侧推动直至脱落，如图 3-6-10 所示。

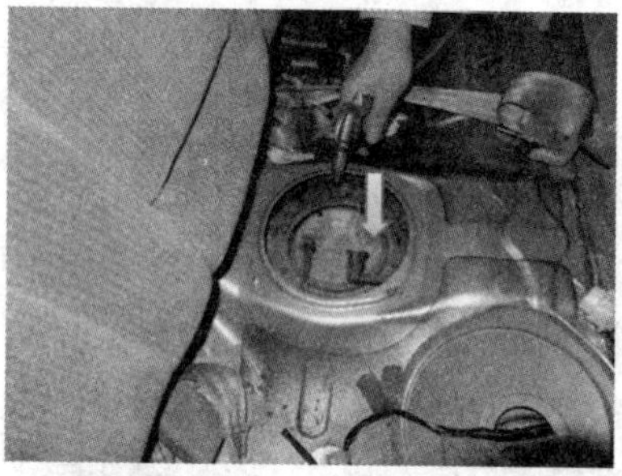

图 3-6-9 清洁杂物

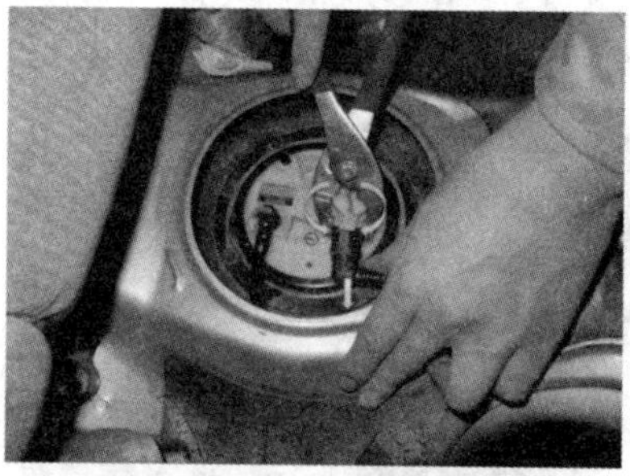

图 3-6-10 拆卸 1 号燃油排放管

9）拆卸主油管

要求：

用一字螺丝刀向外侧挑开油管卡扣，直至全部离开，手指捏住主油管根部，向上拔出主油管，如图 3-6-11 所示。

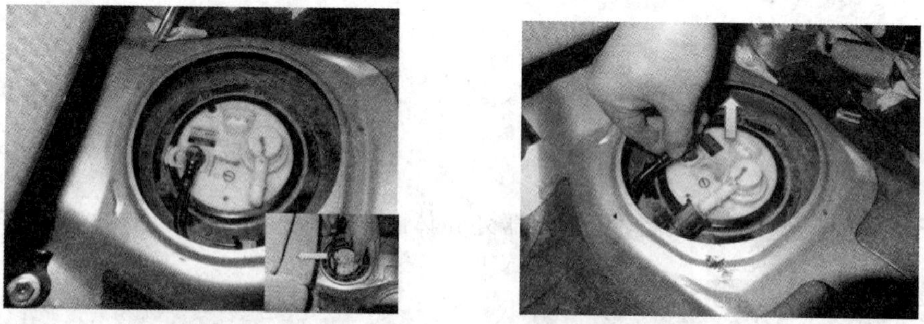

图 3-6-11 拆卸主油管

10）拆卸固定螺栓

要求：

用套筒配合接杆及棘轮扳手，逆时针方向旋下汽油滤清器所有固定螺栓，螺栓全部拆卸完成后，拿出汽油泵总成固定上盖罩，如图 3-6-12 所示。

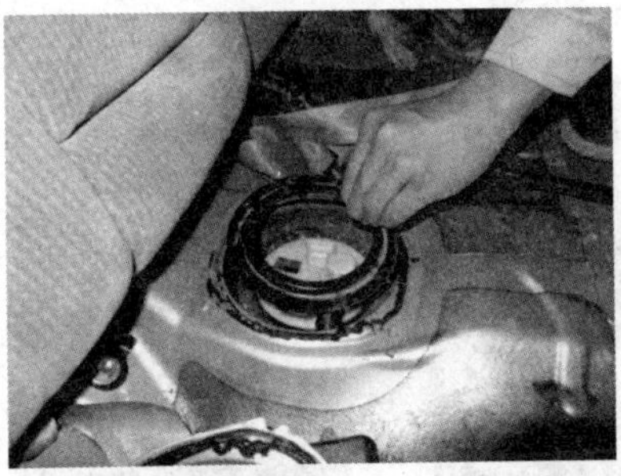

图 3-6-12　取出汽油泵总成上盖罩拆卸固定螺栓

11）取出汽油泵总成

要求：

向上拔出汽油泵总成，在拔的过程中注意保护汽油浮子及滤网不要受到损坏，如图 3-6-13 所示。

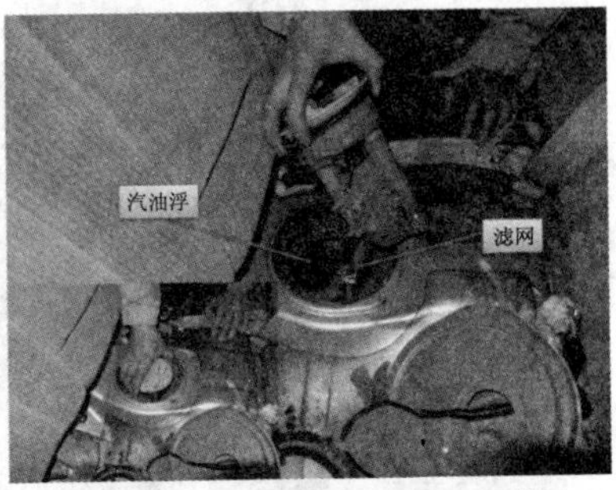

图 3-6-13　取出汽油泵总成

注意：

使用零件盆接住燃油泵，以免燃油滴漏。

12）汽油滤清器的拆卸

要求：

（1）用一字螺丝刀拆卸汽油浮线束的卡扣，将汽油浮子与汽油滤清器分离，如图 3-6-14 所示。

（2）用一字螺丝刀向下按压汽油浮的固定卡扣，然后再向前推动汽油浮子，如图 3-6-15 所示。

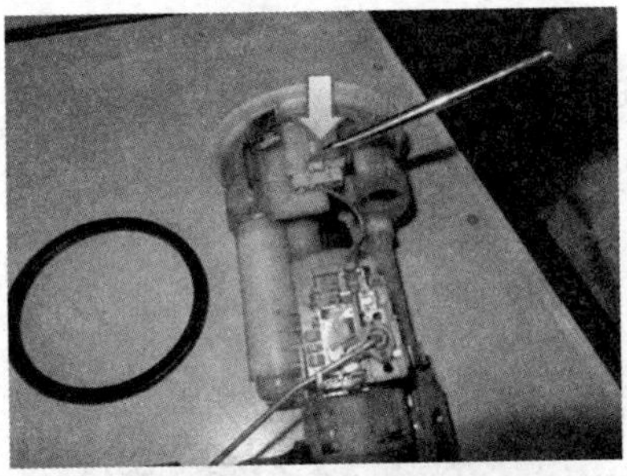

图 3-6-14　汽油浮的拆卸（1）

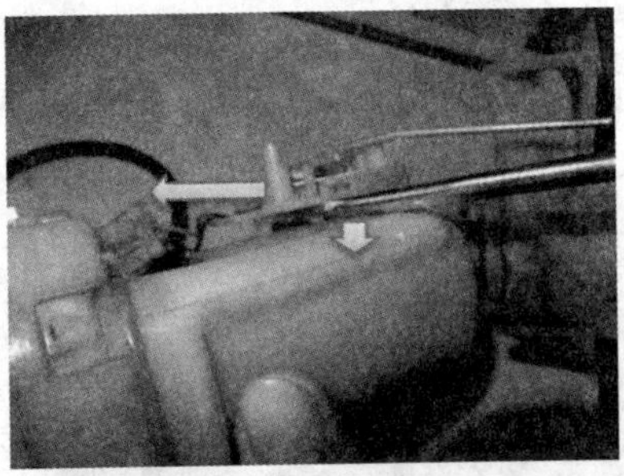

图 3-6-15　汽油浮的拆卸（2）

（3）用一字螺丝刀向下插入油泵线束连接处的锁销，向右侧移动拔出连接器，如图 3-6-16 所示。

（4）用一字螺丝刀拆卸汽油滤清器固定卡扣，拆卸时，先插入螺丝刀再撬动（用力不可过大，避免损伤零部件），如图 3-6-17 所示。

（5）用一字螺丝刀拆卸汽油滤清器下端连接卡扣，先插入再向外侧撬动（用力不可过大，避免损伤零部件），如图 3-6-18 所示。

（6）用手向外侧拔出燃油压力调节阀，如图 3-6-19 所示。

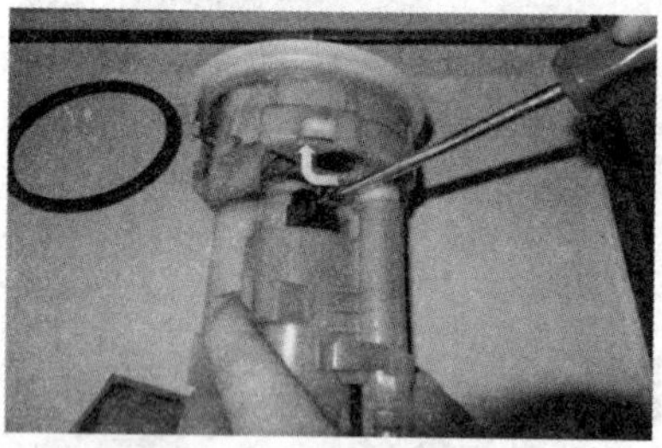

图 3-6-16　拆卸油泵线束

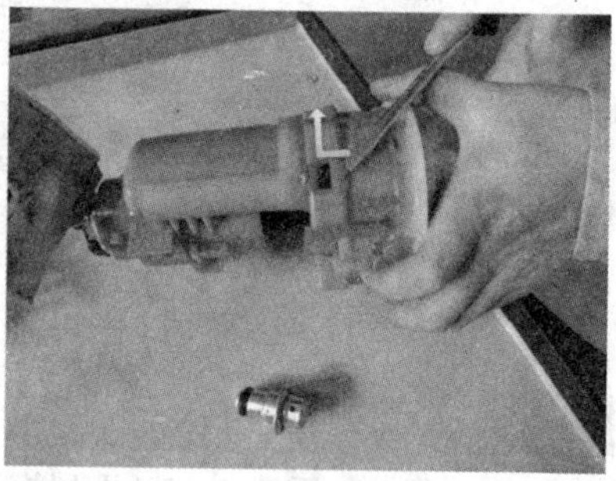

图 3-6-17　拆卸汽油滤清器固定卡扣

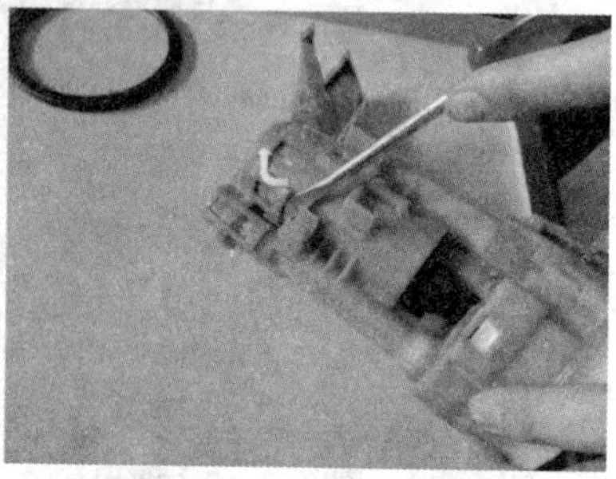

图 3-6-18　拆卸汽油滤清器底座下端卡扣

图 3-6-19　拆卸燃油压力调节阀

(7)左手按住汽油滤清器,右手大拇指按压出油泵电机,如图 3-6-20 所示。

13)按相反顺序安装新汽油滤清器

14)安装汽油泵总成

要求:

按顺序安装复汽油泵总成。将汽油泵安装在油箱内,注意安装标识(缺口对齐)。

将汽油滤清器垫圈与汽油滤清器的安装标识对齐,摆放平整,装复后以顺时针方向旋紧螺栓,具体如图 3-6-21 所示。

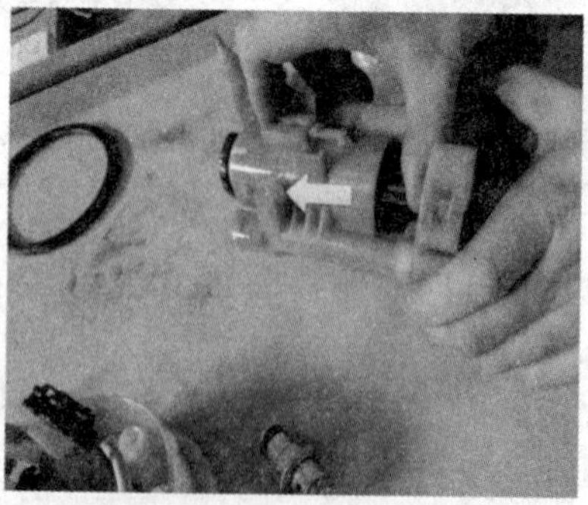

图 3-6-20　压出油泵

图 3-6-21　对齐后安装

15)装复油箱盖板

要求:

装复时注意安装位置的标识,在地板处穿出后安全带,安装后排座垫,如图 3-6-22、图 3-6-23 所示。

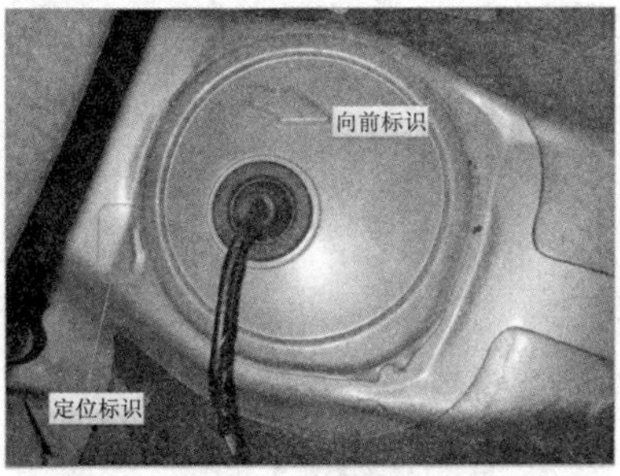

图 3-6-22　油箱盖板的装复

图 3-6-23　安装后排座座垫

16）复查油位

要求：

打开点火开关至“ON”位置，检查油表指针位置（应该和拆装之前的位置一致），如图 3-6-24 所示。

17）降下车辆并按 5S 规范操作

要求：

降下车辆如图 3-6-25 所示；整理车间如图 3-6-26 所示。

图 3-6-24　燃油表油位

图 3-6-25　降下车辆

18）填写工作单

要求：

填写工作单如图 3-6-27 所示。

图 3-6-26　整理车间

图 3-6-27　填写工作单

（1）在完成的项目后面签名或打钩确认。

（2）有数据记录的记录相关数据。

(3)有疑问或不正确的做好相关记录并立即上报。

问题:

(1)忘记填写,字迹潦草。

(2)有关问题没有记录,未上报。

二、学习小结

1. 汽油滤清器的作用。
2. 汽油滤清器结构类型。
3. 汽油滤清器更换周期。
4. 卡罗拉汽油滤清器更换步骤。

三、自我评估

1. 填空题

(1)汽油滤清器属于_________系统,更换周期_________。

(2)汽油滤清器分两种,一种在_________,另一种在_________。

(3)汽油滤清器的更换一般是________________。

(4)在更换汽油滤清器时在旁边要放置_________,以防止起火。

2. 判断题

(1)卡罗拉的汽油滤清器在油箱里面。( )

(2)更换卡罗拉汽油滤清器需要将油箱拆下。( )

(3)更换完汽油滤清器后还需启动发动机检查有无漏油现象。( )

(3)燃油泵无固定位置可以随意安装。( )

3. 选择题

(1)关于汽油滤清器说法正确的是( )。

A. 每 40 000 km 需要更换

B. 汽油滤清器可以用水清洁

C. 可以使用压缩空气清洁

D. 发现问题只能更换不用清洁

学习单元 7　空气滤清器检查及更换

情境导入

情境：你的主管安排你保养一辆丰田卡罗拉轿车，需要检查空气滤清器，必要时对其进行更换，你能完成吗？

提示：空气滤清器主要过滤空气中的粉尘，属于常规保养部件。当空气滤清器脏污或堵塞后会影响发动机功率和燃油的经济性。

任务目标

一、知识目标

认识并能描述空气滤清器的位置和功能。

二、技能目标

能规范地进行空气滤清器检查和更换。

知识准备

一、基本知识

1. 空气滤清器概述

1）空气滤清器的作用

空气滤清器的作用是：发动机在工作过程中要吸进大量的空气，如果空气不经过滤清，空气中悬浮的尘埃会被吸入气缸中，就会加速活塞组及气缸的磨损。较大的颗粒进入活塞与气缸之间，会造成严重的"拉缸"现象，这在干燥多沙的工作环境中尤为严重。空气滤清器装在节气门或进气管的前方，是在空气进入气缸前形成一个过滤屏障，将那些悬浮颗粒物彻底阻挡在气缸之外，保证气缸中进入足量清洁的空气。

2）空气滤清器的作用

空气滤清器的作用是极为重要的，在没有空气滤清器的情况下，空气中的灰尘颗粒会严重地损害发动机。空气滤清器能过滤掉空气中的灰尘和微颗粒，提供给发动机和空气流量传感器清洁的空气。此外，空气滤清器也能帮助降低发动机运转时的噪声，如图 3-7-1 所示。

3）空气滤清器的更换周期

在一般道路情况下，汽车行驶 7 500~8 000 km 后，必须对空气滤清器进行清洁维护或更换。在沙尘程度较大的地区，空气滤清器维护的时间间隔则应相应缩短。

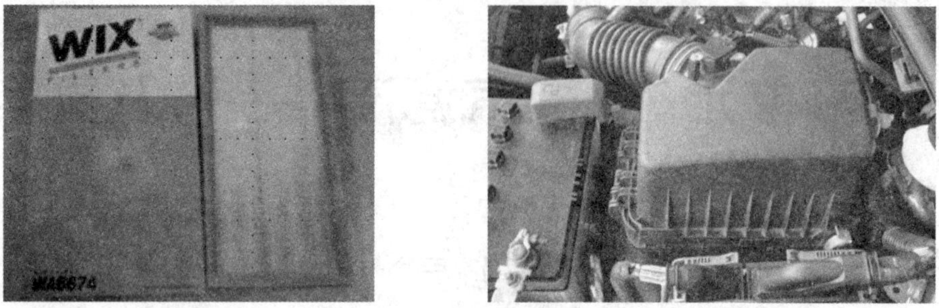

图 3-7-1　空气滤清器

2. 准备工作

主要设备：

教学车辆、工具车、空气滤清器（滤芯）、拆装工具、多层零件车、多媒体教学设备（含白板）等。

辅助材料：

翼子板布和前格栅布、三件套、抹布、手套、白板笔等。

3. 实施步骤

1）将车辆停放在举升机位并打开发动机舱罩

要求：

将车辆停放在举升机位如图 3-7-2 所示；打开发动机舱罩如图 3-7-3 所示。

图 3-7-2　车辆就位

图 3-7-3　打开发动机舱罩

2）打开空滤罩卡扣

注意：

拆卸空滤罩卡扣时，注意用力的方向、位置以及安装数量。弹簧钢片的弹性较大，注意保护自身的操作安全（避免手指被划伤），如图 3-7-4 所示。

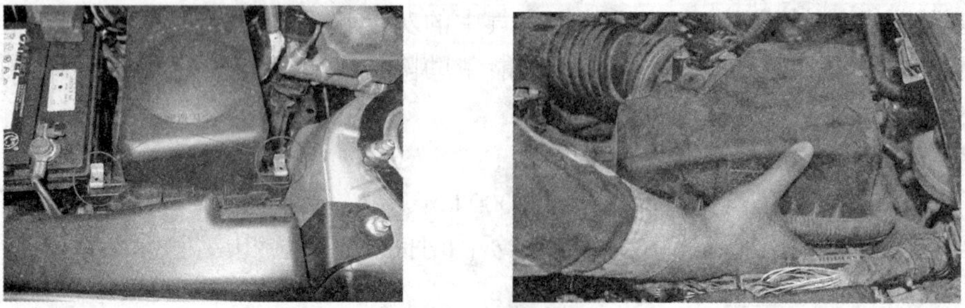

图 3-7-4　空滤罩卡扣的拆卸方向

3)拔出空气流量计的连接器

要求:

(1)按压时,手指捏住插头整体。大拇指向下按压解锁机构,如图 3-7-5 所示。

(2)整个插头的拔出过程中,手指需紧紧捏住插头的塑料壳体(禁止拖拽线束),缓缓拔出。

4)拆卸空滤壳上罩

要求:

(1)以逆时针方向旋转套筒扳手,拆卸进气管固定卡箍;左手稳住连接杆,右手旋转棘轮扳手,如图 3-7-6 所示。

图 3-7-5　插头锁销的解锁按压位置

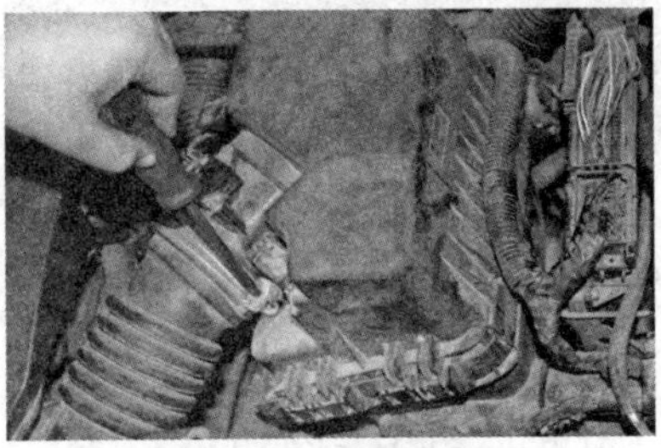

图 3-7-6　拆卸卡箍螺栓

(2)用拇指和食指从下面挤压线束固定卡,取出空气流量计线束,如图 3-7-7 所示。

(3)左手托住空滤壳体上罩,右手取出空气滤清器,如图 3-7-8 所示。

图 3-7-7　拆卸线束固定卡

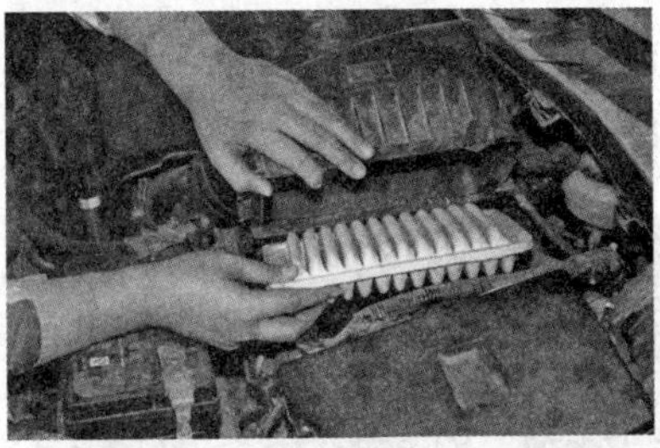

图 3-7-8　取出空气滤清器

5)安装空气滤清器

要求:

安装空气滤清器如图 3-7-9 所示。

安装新的空气滤清器时,需注意安装的方向,将所有零件复位(按照相反顺序安装)。

注意:

安装时注意正反面。

6)盖上发动机舱罩并按 5S 规范操作

要求:

盖上发动机舱罩如图 3-7-10 所示;整理车间如图 3-7-11 所示。

双手扶住发动机舱罩慢慢放下,用两手手掌托住。

警告：

双手要扶稳，防止发动机舱罩跌落。

问题：

（1）脱手时位置太高或过低。

（2）用双手按压方式盖舱罩，造成舱罩中部变形。

图 3-7-9　安装新空气滤清器

图 3-6-10　盖上发动机舱罩

7）填写工作单

要求：

填写工作单如图 3-7-12 所示。

（1）在完成的项目后面签名或打钩确认。

（2）有数据记录的记录相关数据。

（3）有疑问或不正确的做好相关记录并立即上报。

问题：

（1）忘记填写，字迹潦草。

（2）有关问题没有记录，未上报。

图 3-6-11　整理车间

图 3-7-12　填写工作单

二、学习小结

1. 空气滤清器的作用。
2. 空气滤清器结构位置。
3. 空气滤清器更换周期。
4. 空气滤清器拆装步骤。

三、自我评估

1. 填空题

(1)空气滤清器能过滤掉空气中的_______和_______，提供给发动机和空气流量传感器清洁的空气。

(2)空气滤清器也能帮助降低发动机运转时的_______。

(3)在一般道路情况下，汽车行驶__________km后必须对空气滤清器进行清洁维护或_______。

(4)在沙尘程度较大的地区，空气滤清器维护的时间间隔则应相应_______。

2. 判断题

(1)空气滤清器每次更换机油都必须更换。(　　)

(2)空气滤清器是纸质的。(　　)

(3)空气滤清器可用清洁的汽油进行清洁。(　　)

3. 选择题

(1)以下说法正确的是(　　)。

A. 空气滤清器安装在节气门后方

B. 空气滤清器脏污后可用水清洁

C. 空气滤清器主要是过滤空气，使之变得清洁

D. 空气滤清器脏污后油耗将增加

学习单元 8　空调滤清器检查及更换

情境导入

情境：一辆卡罗拉轿车空调出风口风量较小，你的主管安排你对其进行检查，必要时更换空调滤清器，你能完成吗？

提示：空调滤清器能够清除车内空气中的异味微粒，还能除去车外空气中的粉尘和灰尘，使空气得到净化。如空调滤清器脏污或堵塞，车内将会产生异味并且空调风量很小。

任务目标

一、知识目标

认识空调滤清器的位置和功能。

二、技能目标

能进行空调滤清器的检查、更换。

知识准备

一、基本知识

1. 空调滤清器的概述

1）空调滤清器的作用

车内的空气由车外新鲜空气和车内再循环空气组成。车外空气受到粉尘、烟尘以及汽车尾气中的 CO、SO_2 等有害气体的污染，车内空气受到乘客呼出的 CO_2、人体汗味以及漏入车内的废气污染，这些因素降低了进入车内空气的洁净度，而空调滤清器能够清除车内空气中的异味微粒，还能除去车外空气中的粉尘和灰尘，使空气得到净化。因此，汽车空调需要装备空调滤清器，如图 3-8-1 所示。

2）空调滤清器的安装位置

不同车型的空调滤清器的位置有所不同，常见有以下两种，如图 3-8-2 所示。

（1）空调滤清器在车的右前挡风玻璃下面，被流水槽盖住，拆卸时要先拆卸导流板的卡扣，再拆掉流水槽就可以见到空调滤清器了。

（2）空调滤清器在副驾驶前的手套箱后面，拆卸时要先将手套箱取下，再拆掉滤网外侧的密封盖板就可以见到安装在车里的空调滤清器了。

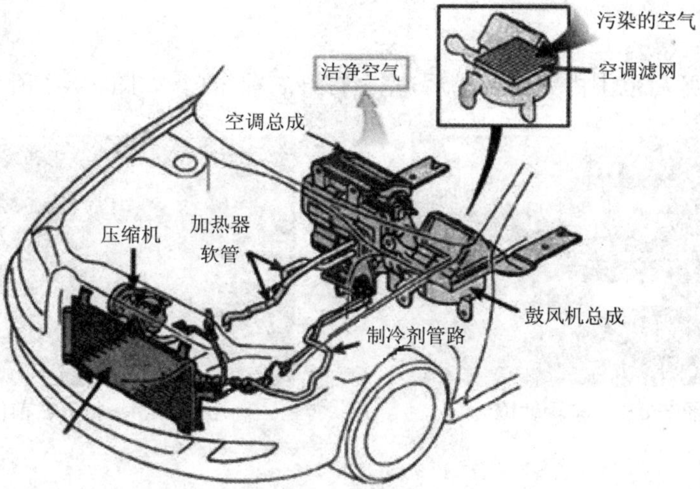

图 3-8-1　汽车空调滤清器

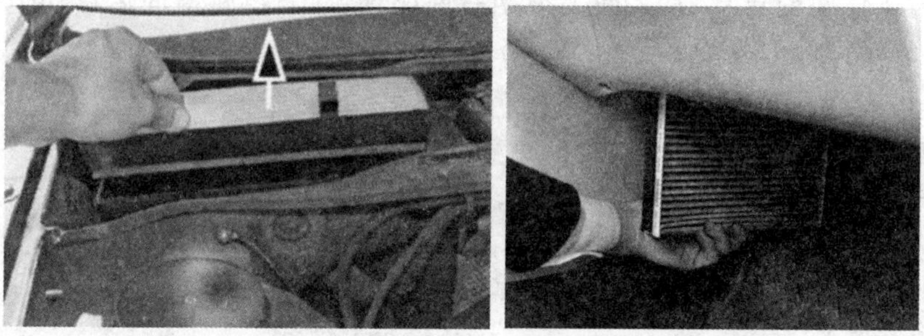

副驾驶前的手套箱后面　　右前挡风玻璃下

图 3-8-2　空调滤清器安装位置

3）空调滤清器的更换周期

在一般道路情况下，汽车行驶 7 500~8 000 km 必须对空调滤清器进行清洁维护或更换。在沙尘程度较严重的地区，空调滤清器维护的时间间隔则应相应缩短。

2. 准备工作

主要设备：

教学车辆、工具车、空调滤清器、拆装工具、多层零件车、除尘枪、多媒体教学设备（含白板）等。

辅助材料：

翼子板布和前格栅布、三件套、抹布、手套、白板笔等。

3. 实施步骤

1）将车辆停放在举升机位

要求：

将车辆停放在举升机位如图 3-8-3 所示。

请按设备安全操作及车辆防护规范操作（见学习情境一）。

2）打开车门

要求：

确认车门的开启范围内完全空旷后，完全打开右前车门，如图 3-8-4 所示。

图 3-8-3 车辆就位

图 3-8-4 打开右前门

3）移动座椅

要求：

（1）移动座椅前标记座椅位置。

（2）左手按住座椅背部，右手向上扳动右前座椅锁销，将座椅向后移动至最远位置停止，如图 3-8-5 所示。

问题：

忘记标记座椅位置。

4）拆卸手套箱

要求：

（1）向上扳动把手，打开手套箱，如图 3-8-6 所示。

图 3-8-5 移动右前座椅

图 3-8-6 打开手套箱

（2）双手向上用力，拉起手套箱直至卡扣脱落，向下移动手套箱至定位销出口处，如图 3-8-7 所示，向右下方位取出手套箱。

注意：

手套箱拆卸时先取出里面的物品，然后打开手套箱，用手指的拉力向上提起手套箱直至卡扣脱落，但不可用螺丝刀撬动。

5）拆卸空调滤清器总成

要求：

（1）拿开手套箱后，可看见空调滤清器在车辆上的安装位置，如图 3-8-8 所示。

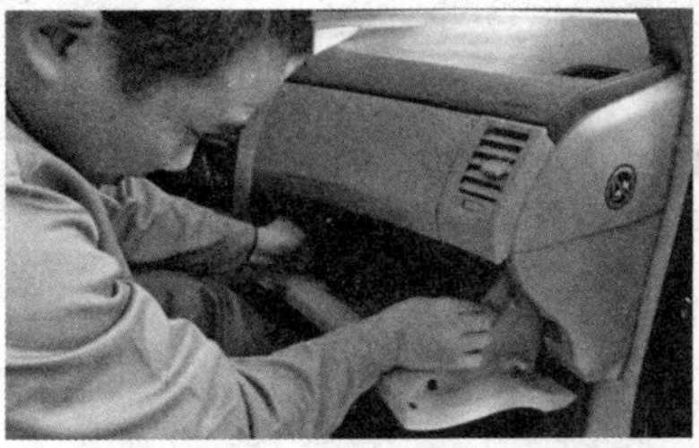
图 3-8-7　拆卸手套箱

图 3-8-8　空调滤清器在车辆的安装位置

（2）按压两侧锁扣，向外拔出空调滤清器总成，如图 3-8-9 所示。

注意：

小心空调滤清器上的灰尘和污物掉落在车内和风道内。

6）清洁空调滤清器筐

要求：

清洁空调滤清器筐如图 3-8-10 所示。

在安装新的空调滤清器前注意清洁空调滤清器筐。

图 3-8-9　拆卸空调滤清器

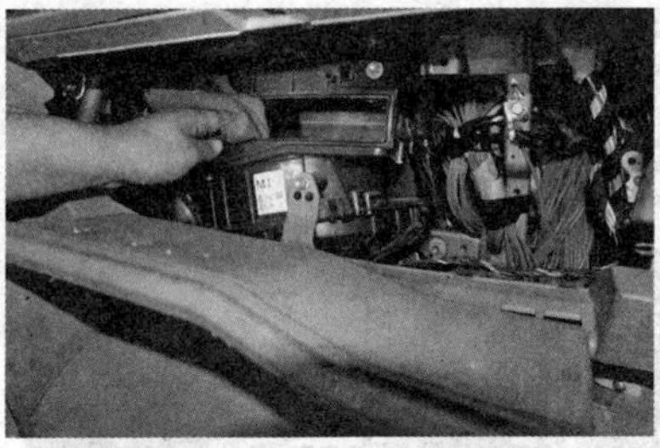
图 3-8-10　清洁空调滤清器筐

7）安装新的空调滤清器

要求：

安装空调滤清器，如图 3-8-11 和图 3-8-12 所示。

注意：

安装前清洁滤清器支架，要注意安装的方向及安装卡扣，滤清器不能弯折。

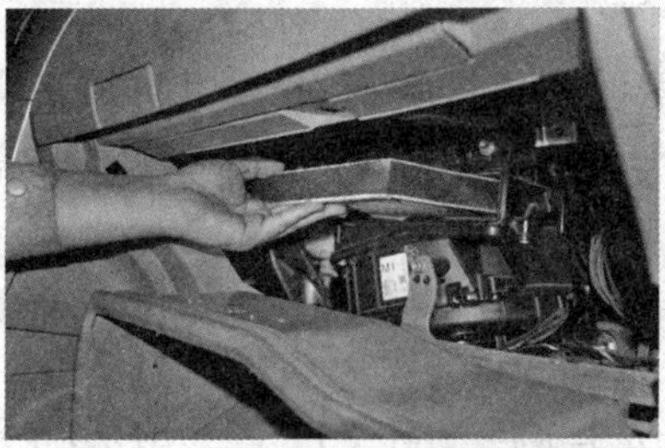
图 3-8-11　安装空调滤清器

图 3-8-12　安装卡扣

8）复位关闭右前车门并按5S规范操作

要求：

（1）将所有拆卸零部件按照相反顺序复原，关闭右前车门。

（2）打开风机测试风量，是否风量大，有无异响。

注意：

座椅位置必须和原来一样，必须打开风机检查。

9）整理车间

要求：

整理车间如图3-8-13所示。

10）填写工作单

要求：

填写工作单如图3-8-14所示。

（1）在完成的项目后面签名或打钩确认。

（2）有数据记录的记录相关数据。

（3）有疑问或不正确的做好相关并记录并立即上报。

问题：

（1）忘记填写，字迹潦草。

（2）有关问题没有记录，未上报。

图3-8-13 整理车间

图3-8-14 填写工作单

二、学习小结

1. 空调滤清器的作用：空调滤清器能够清除车内空气中的异味微粒，还能除去车外空气中的粉尘和灰尘，使空气得到净化。

2. 空调滤清器安装位置：不同车型的空调滤清器的位置有所不同，常见有以下两种。

（1）空调滤清器在车的右前挡风玻璃下面，被流水槽盖住，拆卸时要先拆卸导流板的卡扣，再拆掉流水槽就可以见到空调滤清器；

（2）空调滤清器在副驾驶前的手套箱后面，拆卸时要先将手套箱取下，再拆掉滤网外侧的密封盖板就可以见到安装在里面的空调滤清器了。

3. 空调滤清器更换周期：在一般道路情况下，汽车行驶7 500~8 000 km必须对空调滤清器进行清洁维护或更换。在沙尘程度较严重的地区，空调滤清器维护的时间间隔则应相应缩短。

4. 卡罗拉空调滤清器更换步骤。

三、自我评估

1. 填空题

(1)进入车内的空气由______和_______组成。

(2)空调滤清器能够清除车内空气中的______,还能除去车外空气中的______和_____,使空气得到净化。

(3)在沙尘程度较严重的地区,空调滤清器维护的时间间隔则应相应______。

(4)在安装新的空调滤清器前清洁_________。

2. 判断题

(1)空调滤清器只能更换不能对其进行清洁。(　　)

(2)所有的空调滤清器都是安装在仪表台下。(　　)

(3)空调滤清器更换周期一般是 5 000 km。(　　)

(4)卡罗拉的空调滤清器安装在手套箱内。(　　)

3. 选择题

(1)安装空调滤清器说法不正确的是(　　)。

A. 安装前清洁滤清器支架　B. 注意安装的方向及安装卡扣

C. 滤清器不能弯折　D. 可装两支空调滤清器,这样过滤效果更好

(2)以下说法正确的是(　　)。

A. 安装前对比新旧空调滤清器是否一致

B. 安装后还应打开风机检查出风情况

C. 如果从不使用空调,可以不用更换空调滤清器

学习情境四　车轮检查与调整

学习单元 1　轮胎换位

情境导入

情境：一辆卡罗拉轿车，轮胎发生磨损，你的主管把轮胎检查及更换的任务交给你，你能按照标准完成吗？

提示：轮胎按时换位可以使轮胎磨损更均匀，从而延长轮胎使用寿命。

任务目标

一、知识目标

（1）能描述轮胎的结构和胎面类型。

（2）能描述轮胎的数据说明。

（3）能描述轮胎的特性和结构元素。

（4）能描述轮胎的维修和保养方法。

二、技能目标

能正确地对轮胎进行换位。

知识准备

一、基本知识

1. 轮胎概述

1）轮胎的作用

轮胎的作用有支撑车辆重量，提供牵引作用力，吸收路面的冲击，帮助改变行驶方向，保持操控性能及车辆行驶舒适性能。车辆的行驶舒适性与轮胎有直接关系，因为轮胎是车辆与路面之间的接触点，它通过提供可靠的牵引方式和支撑车辆的重量来帮助驾驶员进行驾驶和制动。它也能吸收车辆行驶过程中产生的振动和撞击。轮胎和车轮的参数是与车辆的用途、悬架的几何结构相匹配的。不适合车轮的轮胎或者车轮会造成粗糙的驾乘性能和不良的方向控制，加速轮胎的磨损。对于车辆来说，车轮和轮胎的参数是固定的。

2）轮胎的组成

轮胎主要由两个部分组成：侧壁和胎面。其中，轮胎侧壁上给出了一些有关轮胎的有用信息：轮胎的品牌和尺寸，有无内胎的类型，能承受的最大负荷量，以及最大的充气压力。轮胎侧壁也给出了速度等级和一些安全警告事项。比较高的轮胎侧壁能够提供比较大的携载能力，还能增加轮胎的抗磨损性和抗撕裂性。

Ⅰ. 轮胎沟槽

轮胎沟槽是指在胎面花纹块中的一些小的切槽。它可以产生更多的摩擦表面，通过胎面花纹的快速移动，增加柔韧性，使产生的尖锐边缘来增加牵引力，对在冰面、薄雪路面和松散的泥土路面上行驶车辆是特别有帮助的，如图 4-1-1 所示。

Ⅱ. 胎面花纹块

胎面花纹块是构成胎面的主要部分，能更好地提供牵引力，如图 4-1-2 所示。

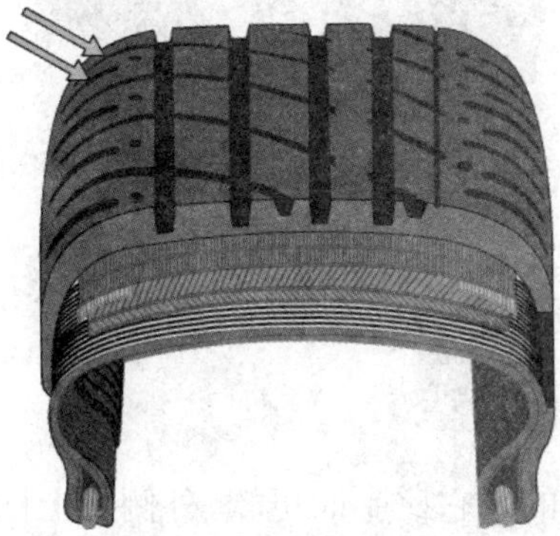

图 4-1-1　轮胎沟槽

图 4-1-2　胎面花纹块

Ⅲ. 肋条

肋条是条状块，与路面形成连续的接触条带，如图 4-1-3 所示。

Ⅳ. 胎肩

在车轮转向时，胎肩提供了与路面连续的接触面，如图 4-1-4 所示。

图 4-1-3　肋条

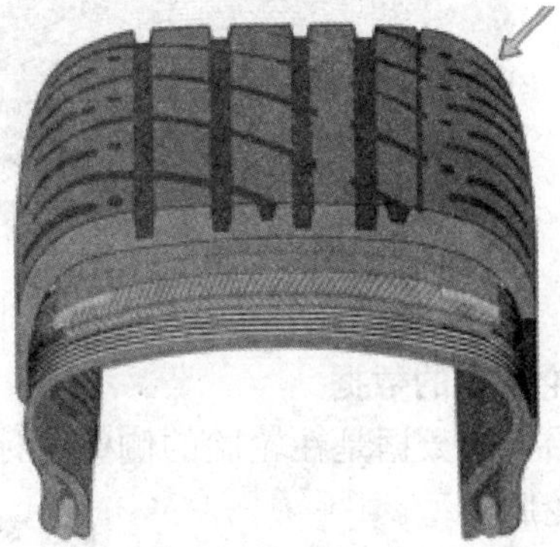

图 4-1-4　胎肩

Ⅴ. 开槽

开槽用于加强轮胎排水能力，如图 4-1-5 所示。

Ⅵ. 内衬

内衬是轮胎内的一层橡胶，用于防止空气的渗漏，常占到轮胎总重量的 10%，如图 4-1-6 所示。

图 4-1-5 开槽

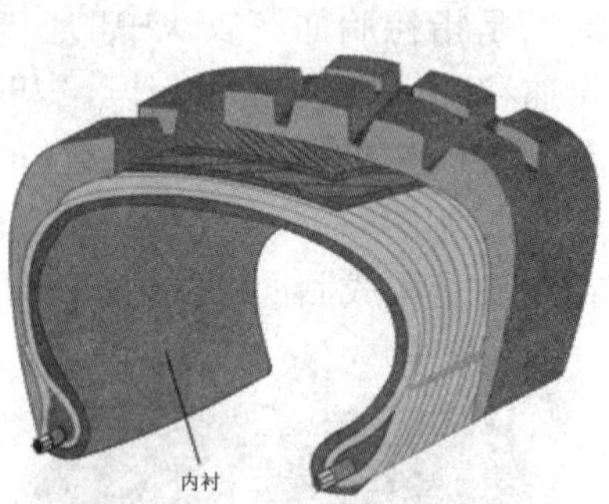

图 4-1-6 内衬

Ⅶ. 胎圈

胎圈是轮胎的内边缘，使轮胎与车轮的轮辋接触，产生气密性。它周围有一个钢丝圈，主要用于限制轮胎的膨胀，具有气密性，如图 4-1-7 所示。

Ⅷ. 侧壁

侧壁是胎体的侧面，是用比胎面薄的材料制成的。它比胎面更软，外侧面上标明了各种参数，如图 4-1-8 所示。

图 4-1-7 胎圈

图 4-1-8 侧壁

3）轮胎上的数据

轮胎上的数据是在轮胎的侧壁上标明的轮胎的所有信息，如图 4-1-9 所示。

P：轮胎类型。

P- 乘用。

T- 临时备用胎。

245：轮胎宽度。

75：高宽比。

R：子午线轮胎。

16：轮胎直径，从轮辋唇口到对边的轮辋唇口进行测量，单位英寸。

109：载荷指数，能够支撑的最大载荷量。

S：车轮速度等级。

比较高的高宽比有比较高的侧壁和更好的柔韧性，能增加乘坐的舒适性。比较低的高宽比有比较低的侧壁和更大的接触面积，能增加其性能。

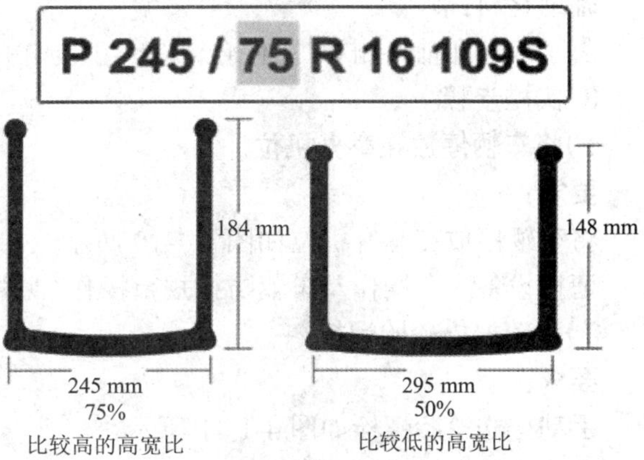

载荷指数	磅	公斤
91	1356	615
92	1389	630
93	1433	650
94	1477	670
95	1521	690
96	1565	710
97	1609	730
98	1653	750
99	1709	775
100	1764	800
101	1819	825
102	1874	850
103	1929	875
104	1984	900
105	2039	925
106	2094	950
107	2149	975
108	2205	1000
109	2271	1030
110	2337	1060

速度符号	最大速度	应用于乘用车轮胎	应用于轻型货车轮胎
	*大约240 公里/小时	可以	
Y*	300 公里/小时	可以	
W**	270 公里/小时	可以	
V（带有维修说明）	240 公里/小时	可以	
H	210 公里/小时	可以	可以
U	200 公里/小时	可以	可以
T	190 公里/小时	可以	可以
S	180 公里/小时	可以	可以
R	170 公里/小时		可以

图 4-1-9　轮胎上的数据

2. 准备工作

主要设备：

教学车辆、工具车、气动扳手、拆装工具、轮胎架、多媒体教学设备（含白板）等。

辅助材料：

翼子板布和前格栅布、三件套、抹布、手套、白板笔等。

3. 实施步骤

1）将车辆停放在举升机位

要求：

将车辆停放在举升机位如图 4-1-10 所示。

请按设备安全操作及车辆防护规范操作（见学习情境一）。

2）手动拧松轮胎螺栓

要求：

手动拧松轮胎螺栓如图 4-1-11 所示。

手握轮胎套筒以逆时针方向旋松轮胎螺栓。

注意：

轮胎螺栓拧松方向。

图 4-1-10　车辆就位

图 4-1-11　手动拧松轮胎螺栓

3）举升车辆至车轮刚离开地面 10 cm

要求：

举升车辆至车轮刚离开地面 10 cm 如图 4-1-12 所示。

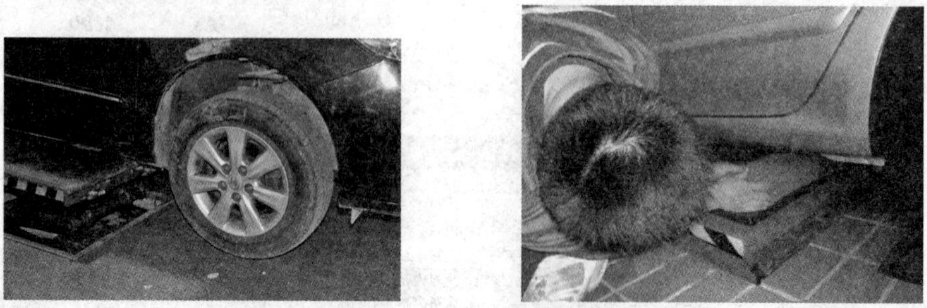

图 4-1-12　举升车辆至车轮刚离开地面 10 cm

（1）听到正确呼应后举升车辆。

（2）使车轮刚离开地面 10 cm 松开上升按钮。

警告：

在未检查的情况下，车轮离开地面过高会有安全隐患。

问题：

（1）忘记互相呼应。

（2）车轮离开地面过高或未离开地面。

4）举升机安全锁止

要求：

举升机安全锁止如图 4-1-13 所示。

（1）按下举升机控制柜上的锁定按钮，确认锁止机构已经锁止可靠。

（2）发出"举升机锁止安全，可以作业"的指令，然后开始相应作业项目的作业。

警告：

一定要安全锁止，经确认后才能作业。

问题：

忘记按锁止按钮，未检查是否安全锁止。

5）检查车辆支撑牢固情况

要求：

检查车辆支撑牢固情况如图 4-1-14 所示。

学生甲、乙分别在前后保险杆或翼子板处采用下压方式检查车辆支撑是否牢靠。

警告：

（1）不允许按压发动机舱罩等易变形处。

（2）按压时力量要适中。

问题：

（1）按压发动机舱罩使之出现凹陷变形。

（2）未检查车辆支撑牢固情况。

（3）按压时用力过猛，造成车辆剧烈晃动。

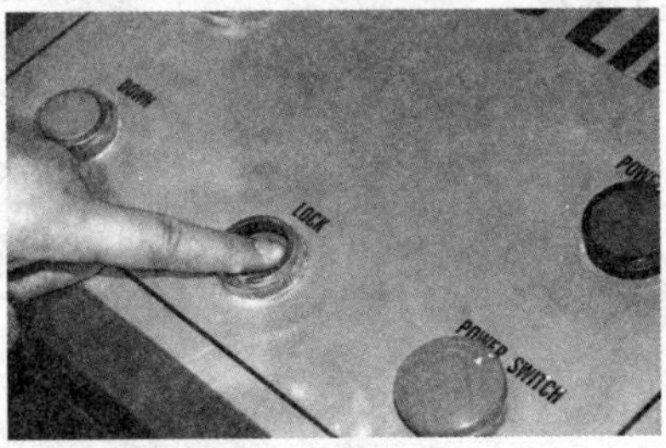

图 4-1-13　举升机安全锁止

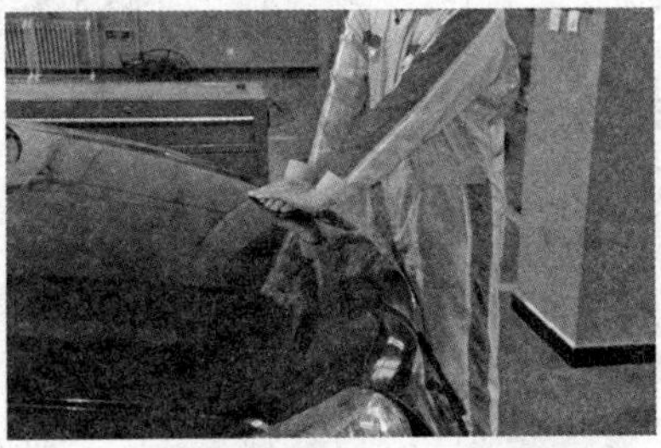

图 4-1-14　检查车辆支撑牢固情况

6）取出车轮挡块

要求：

取出车轮挡块如图 4-1-15 所示。

将车轮挡块取出并放在规定位置。

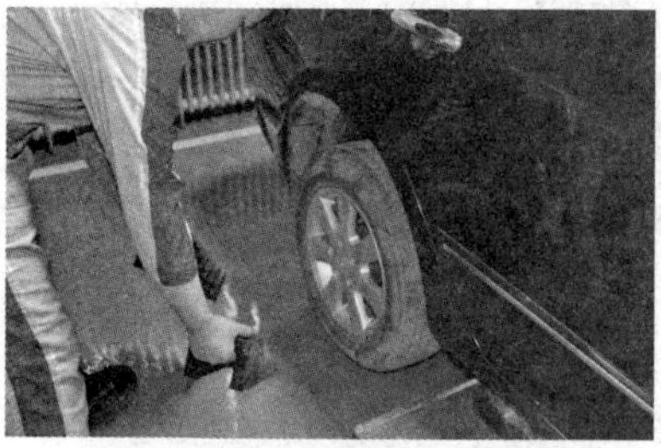

图 4-1-15　取出车轮挡块

警告：

要及时取出车轮挡块并放在规定位置，防止工作时发生安全隐患。

7）拆卸轮胎螺栓

要求：

拆卸轮胎螺栓如图 4-1-16 所示。

（1）人蹲在车旁，用气动扳手拆卸轮胎螺栓，保留最后一个螺栓。

（2）左手稳住轮胎，右手用轮胎套筒旋松最后一颗轮胎螺栓直至脱落，双手抱着轮胎拆下，如图所示。

注意：

（1）车辆的轮胎较重，拆下时注意双臂抱紧水平用力移动轮胎。

（2）轮胎、气动扳手脱落砸伤脚。

图 4-1-16　拆卸轮胎螺栓

8）轮胎摆放

要求：

轮胎摆放如图 4-1-17 所示。

（1）在轮胎架上使用标记，分别注明轮胎摆放顺序。

（2）使用同样方法拆卸其余 3 个轮胎，并放在轮胎架上的对应位置。

注意：

一定要将拆下的轮胎放在轮胎架上的对应位置，以免搞混。

9）检查轮胎表面

要求：

检查轮胎表面如图 4-1-18 所示。

旋转车轮一周，观察其有无磨损、裂纹、异物嵌入损坏等。

图 4-1-17　轮胎摆放

图 4-1-18　检查轮胎表面

10）检查沟槽深度

要求：

检查沟槽深度如图 4-1-19 所示。

（1）清洁深度规，校零深度规。

（2）清洁需测量沟槽的表面。

（3）进行测量（标准值 7 mm，磨损极限 1.6 mm）。

（4）每 120° 测量一次，共三次，每次 3 个点。

（5）检查磨损标记。

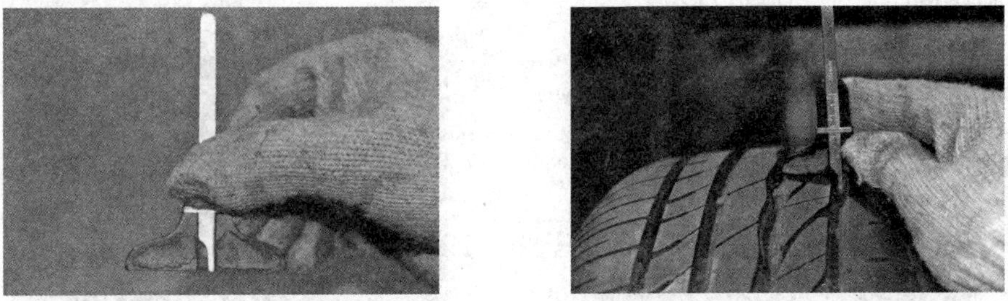

图 4-1-19　检查沟槽深度

11）检查轮胎胎压

要求：

检查轮胎胎压如图 4-1-20 所示。

（1）取下防尘帽，使用胎压表进行测量。

（2）轮胎胎压 220 kPa，备胎胎压比其高 50 kPa。

警告：

胎压过低或过高会造成轮胎异常磨损。

12）检查气密性

要求：

检查气密性如图 4-1-21 所示。

（1）用肥皂水涂抹到气门嘴及其周围。

（2）检查气门嘴是否有泄漏。

（3）安装防尘帽。

图 4-1-20 检查轮胎胎压

图 4-1-21 检查气密性

13）检查轮辋

要求：

检查轮辋如图 4-1-22 所示。

（1）用手去摸并观察轮辋，有无损坏及腐蚀等。

（2）清洁轮辋上的泥土、污物等。

14）备胎检查

备胎检查按照 9~13 步骤检查备胎，如图 4-1-23 所示。

注意：

备胎胎压高于其他轮胎 50 kPa。

图 4-1-22 检查轮辋

图 4-1-23 备胎检查

图 4-1-24 轮胎换位

15）轮胎换位

按照如图 4-1-24 所示的方法对轮胎进行换位。

注意：

对过度或者不均匀磨损的轮胎进行换位，并不能消除产生这种状态的根由，只是把轮胎的磨损摊均匀了。

换位的时间间隔：

当前后轮胎出现过度的胎面磨损之后或通常每行驶了 8 000~13 000 km 之后需要对轮胎进行换位。

警告：

当前后或者单方向轮胎的直径或者偏置距不同时，不要进行前后换位，单方向的轮胎只有在车轮的直径和偏置距互相匹配时，才能前后换位。

16）安装车轮

要求：

（1）双手抱着轮胎举升，卡到安装位置后左手在下端稳定轮胎，右手旋上轮胎螺栓，如图 4-1-25 所示。

（2）气动扳手选择好方向（顺时针），套上合适套筒后以顺时针方向旋紧螺栓。

图 4-1-25　安装车轮

17）紧固轮胎螺栓

要求：

紧固轮胎螺栓如图 4-1-26 所示。

（1）降下车辆至轮胎接触地面。

（2）使用 21 mm 套筒和可调式扭矩扳手，以对角的顺序按规定扭矩旋紧轮胎螺栓，拧紧扭矩 103 N•m。

注意：轮胎螺栓的紧固顺序是以对称的方向紧固的，所有螺栓扭矩都必须达到规定扭矩。

18）按照同样的方法，安装和紧固其他三个车轮

19）收起三件套并按 5S 规范操作

要求：

收起三件套如图 4-1-27 所示；整理车间如图 4-1-28 所示。

图 4-1-26　紧固轮胎螺栓

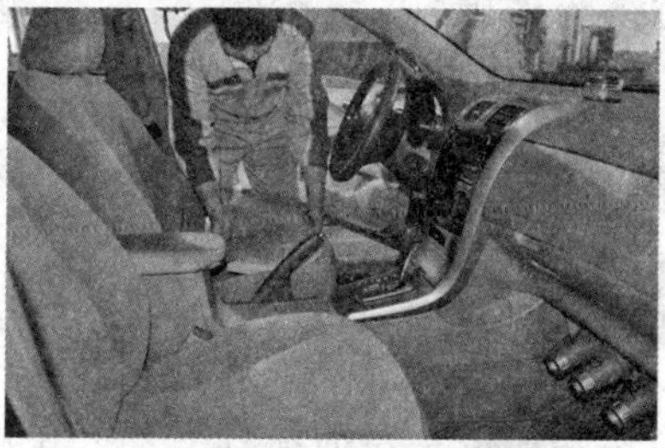

图 4-1-27　收起三件套

20）填写工作单

要求：

如图 4-1-29 所示。

（1）在完成的项目后面签名或打钩确认。

（2）有数据记录的记录相关数据。

（3）有疑问或不正确的做好相关记录并立即上报。

问题：

（1）忘记填写，字迹潦草。

（2）有关问题没有记录，未上报。

图 4-1-28　整理车间

图 4-1-29　填写工作单

二、学习小结

1. 轮胎的作用：支撑车辆重量，提供牵引作用力，吸收路面的冲击，帮助改变行驶方向，保持操控性能及车辆行驶舒适性能。车辆的行驶舒适性与轮胎有直接关系，因为轮胎是车辆与路面之间的接触点。

2. 轮胎的组成：轮胎主要由两个部分组成：侧壁和胎面。轮胎侧壁上给出了一些有关轮胎的有用信息：轮胎的品牌和尺寸，有无内胎的类型，能承受的最大负荷量，以及最大的充气压力。轮胎侧壁也给出了速度等级和一些安全警告事项。比较高的轮胎侧壁能够提供比较大的携载能力，还能增加轮胎的抗磨损性和抗撕裂性。

3. 轮胎数据说明。

4. 轮胎检查和换位步骤。

三、自我评估

1. 填空题

（1）轮胎由两个主要部分组成：_____和______。

（2）轮胎作用：支撑车辆_______，提供_________，吸收路面的_____，帮助改变行驶方向，保持操控性能及车辆行驶_______。

（3）轮胎 215/65R17 109S，其中 215 表示_____，65 表示______，R 表示_____，17 表示______，109 表示_____，S 表示______。

（4）轮胎的加注气压是_____kPa。

（5）轮胎的磨损极限______mm。

（6）轮胎换位是左前换到_____，左后换到______。

（7）备胎的加注气压____于其他轮胎。

（8）轮胎检查：旋转车轮一周观察有无____、______、_____损坏等。

（9）轮胎拆卸后应放在____上 _____位置。

2. 判断题

1. 为了省油轮胎气压越高越好。（　）

2. 225/45R19 中 225 表示轮胎厚度。（　）

3. 轮胎的磨损极限是 2 mm。（　　）

4. 每次做保养时都必须检查轮胎状况。（　　）

5. 轮胎的表示中的 R 代表子午线轮胎。（　　）

6. 一般在 8 000~10 000 km 进行轮胎换位。（　　）

3. 选择题

（1）轮胎换位说法不正确的是（　　）。

A. 换位可以解决轮胎异常磨损

B. 轮胎换位可以使轮胎磨损更均匀

C. 轮胎换位可以延长轮胎使用寿命

D. 可以前后轮胎换位

学习单元 2　车轮动平衡检查与校正

情境导入

情境：一辆卡罗拉轿车高速行驶时转向盘抖动，主管安排你做四轮动平衡检查，你能完成吗？

提示：由于制造上的原因，车辆各部分的质量分布不可能非常均匀。当汽车车轮高速旋转起来后，就会形成动不平衡，造成车辆在行驶中的车轮抖动、转向盘震动等现象。为了避免这种现象或是消除已经发生的这种现象，就要使车轮在动态情况下通过增加配重的方法，使车轮校正各边缘部分的平衡。同样，车辆在行驶过程中由于路况复杂，也会出现轮毂变型、配重块移位现象，这也会造成动不平衡现象。

任务目标

一、知识目标

（1）能描述什么是车轮动平衡。

（2）能描述车轮动平衡操作步骤。

二、技能目标

能对车轮做动平衡校正。

知识准备

一、基本知识

1. 车轮动平衡概述

1）动平衡的定义

汽车的车轮是由轮胎和轮毂组成的一个整体。但由于制造上的原因，这个整体各部分的质量分布不可能非常均匀。当汽车车轮高速旋转起来后，就会形成动不平衡，造成车辆在行驶中车轮抖动、转向盘震动等现象。为了避免这种现象或是消除已经发生的这种现象，就要使车轮在动态情况下通过增加配重的方法，使车轮校正各边缘部分的平衡。这个校正的过程就是人们常说的动平衡校正。动平衡不好的轮胎会导致振动、异常的杯状磨损，影响胎面的光滑性，产生凸峰和沟槽，造成驾驶性能不良。

2）什么情况下需要做车轮动平衡校正

车轮在行驶时摆动、跳动或车的转向盘抖动时，注意检查车轮动平衡。另外，当车轮高速行驶时出现有节奏的沉闷异响如“嘣嘣”声时，应当考虑检查车轮动平衡。更重要的是，在更换轮胎、更换轮毂、补胎后或是轮毂受到强烈撞击变形、颠簸行驶导致平衡块丢失后，都应当及时为车轮进行动平衡校正。涉及四轮定位操作时，为了保证获取测量数据的准确性，我们需要提前对车轮进行动平衡校正，以免干扰四轮定位的结果。

2. 准备工作

主要设备：

教学车辆、工具车、车轮动平衡机、轮胎气压表、拆装工具、气动扳手、轮胎架、多媒体教学设备（含白板）等。

辅助材料：

翼子板布和前格栅布、三件套、抹布、手套、白板笔等。

3. 实施步骤

1）将车辆停放在举升机位

要求：

将车辆停放在举升机位如图 4-2-1 所示。

请按设备安全操作及车辆防护规范操作（见学习情境一）。

2）拆卸轮胎并按要求摆放

（1）拆卸轮胎，步骤参照本学习情境学习单元 1。

（2）使用标记在轮胎架上分别注明轮胎摆放顺序。

（3）使用同样方法拆卸其余 3 个轮胎，并放在轮胎架上的对应位置。

拆卸轮胎并按要求摆放如图 4-2-2 所示。

注意：

一定要将拆下的轮胎放在轮胎架上的对应位置，以免搞混。

图 4-2-1　车辆就位

图 4-2-2　轮胎摆放

3）检查轮胎表面

要求：

检查轮胎表面如图 4-2-3 所示。

旋转车轮一周，观察其有无磨损、裂纹、异物嵌入损坏等。

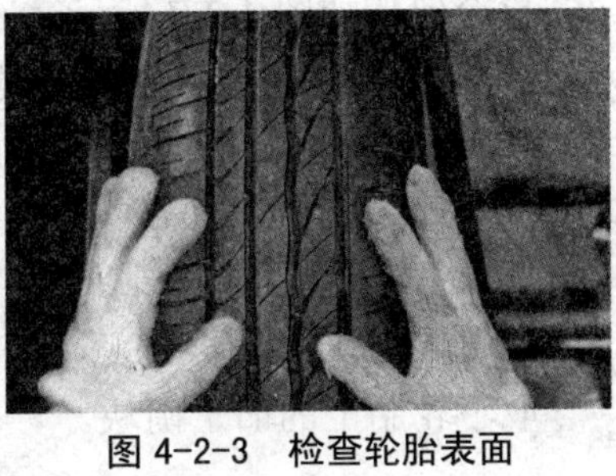

图 4-2-3　检查轮胎表面

4）检查沟槽深度

（1）清洁深度规，校零深度规。

（2）清洁需测量沟槽的表面。

（3）进行测量（标准值 7 mm 磨损极限 1.6 mm）。

（4）每 120° 测量一次，共三次，每次 3 个点。

(5)检查磨损标记。

如图 4-2-4 所示。

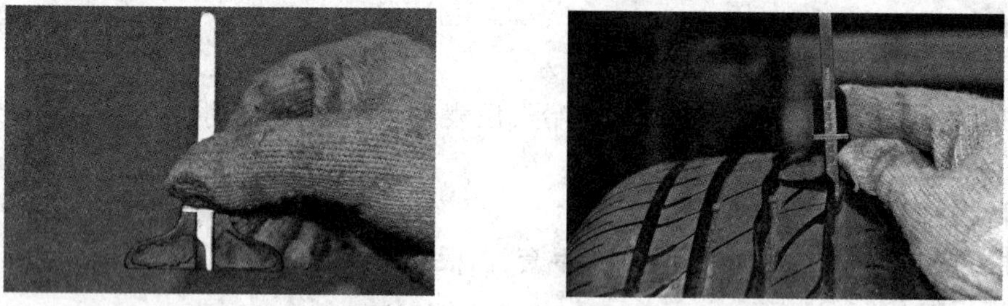

图 4-2-4 检查沟槽深度

5)检查轮胎胎压

检查轮胎胎压如图 4-2-5 所示。

(1)取下防尘帽,使用胎压表进行测量。

(2)轮胎胎压 220 kPa, 备胎胎压比其高 50 kPa。

警告:

胎压过低或过高会造成轮胎异常磨损。

6)检查气密性

检查气密性如图 4-2-6 所示。

(1)用肥皂水涂抹到气门嘴及其周围。

(2)检查气门嘴是否有泄漏。

(3)安装防尘帽。

图 4-2-5 检查轮胎胎压

图 4-2-6 检查气密性

7)检查轮辋

要求:

检查轮辋如图 4-2-7 所示。

(1)用手去摸并观察,有无损坏及腐蚀等。

(2)清洁轮辋上的泥土、污物等。

8)取下平衡块

要求:

取下平衡块如图 4-2-8 所示。

取下轮胎上的旧平衡块。

图 4-2-7　检查轮辋

图 4-2-8　取下平衡块

9）将轮胎装在动平衡机主轴上

要求：

将轮胎装在动平衡机主轴上如图 4-2-9 所示。

将轮胎装在动平衡机主轴上，并将轮胎紧固在主轴上。

注意：

（1）锁紧锥套选择要合适。

（2）注意勿刮伤轮毂。

（3）轻拿轻放。

10）测量出动平衡机离车轮轮辋距离

要求：

测量出动平衡机离车轮轮辋距离如图 4-2-10 所示。

用测量尺测量出动平衡机离车轮轮辋的距离并输入动平衡机。

图 4-2-9　将轮胎装在动平衡机主轴上

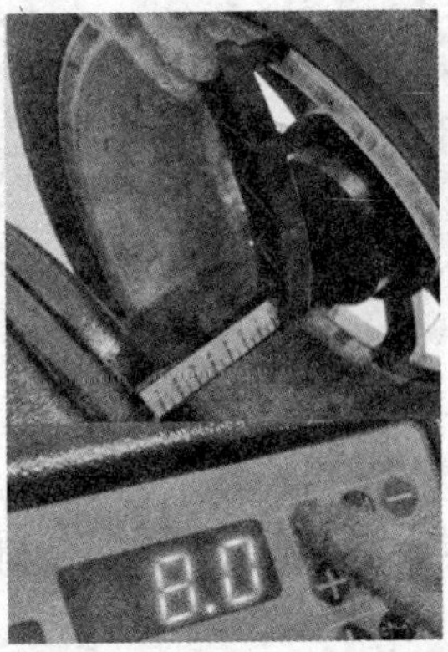

图 4-2-10　测量出动平衡机离车轮轮辋距离

11）测量轮辋宽度

要求：

测量轮辋宽度如图 4-2-11 所示。

用测量卡钳测量轮辋宽度并输入动平衡机。

12)测量轮辋直径

用卡尺测量轮辋直径并输入动平衡机,如图4-2-12所示。

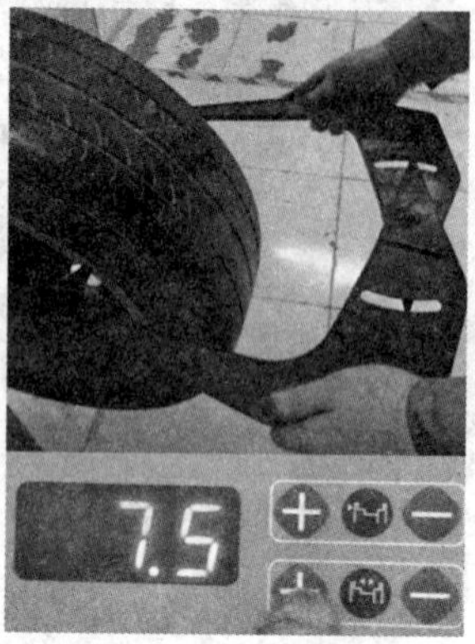

图4-2-11 测量轮辋宽度

图4-2-12 测量轮辋直径

13)盖下防护罩,按下启动按钮

盖下防护罩,按下启动按钮,轮胎开始转动,当动平衡机制动后,抬起防护罩,观察显示仪上的数值,如图4-2-13所示。

14)贴轮毂内侧平衡块

用手转动轮胎,当显示仪上左侧红灯全部亮时停止转动,在轮辋内侧贴上显示仪左侧数值相对应的平衡块,平衡块贴在轮辋边缘,如图4-2-14所示。

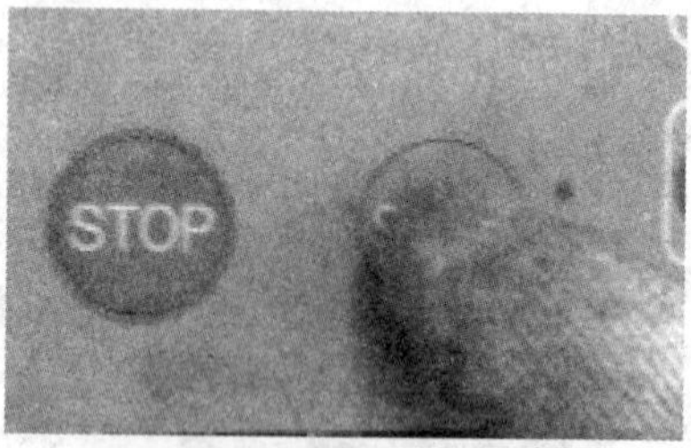

图4-2-13 按下启动按钮

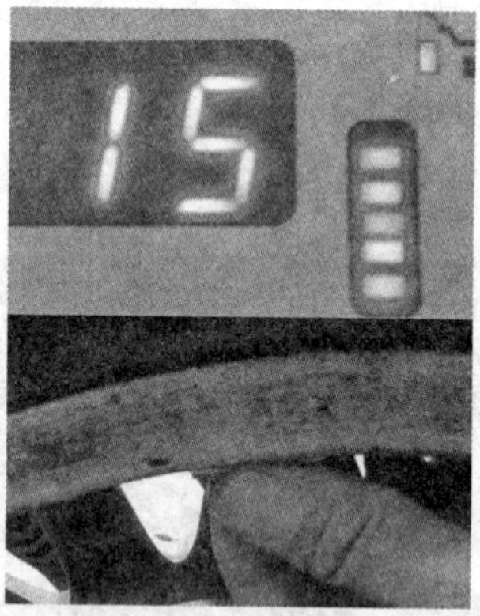

图4-2-14 贴轮毂内侧平衡块

15)贴轮毂外侧平衡块

用手转动轮胎,当显示仪上右侧红灯全部亮时停止转动,在轮辋内右侧贴上相应数值的平衡块,即显示仪右侧相对应显示的数值,如图4-2-15所示。

16)再次转动动平衡机

贴好平衡块后放下防护罩,按下启动按钮,再次测量,显示仪两边显示数值的误差在规定范围内(误差值5克内),车轮即达到动平衡要求,如图4-2-16所示。

注意:

(1)动平衡误差值一般在5克内;避免主轴或平衡机本体产生振动。

（2）避免重物敲击平衡机的任何部件。

图 4-2-15　贴轮毂外侧平衡块

图 4-2-16　再次转动动平衡机

17）按照步骤 9~16 完成其他轮胎动平衡校正

18）安装车轮

要求：

安装车轮如图 4-2-17 所示。

（1）按照轮胎拆卸时位置将轮胎装回原位。

（2）双手抱着轮胎举升，卡到安装位置后左手在下端稳定轮胎，右手旋上轮胎螺栓。

（3）气动扳手选择好方向（顺时针），套上合适套筒后以顺时针方向旋紧螺栓。

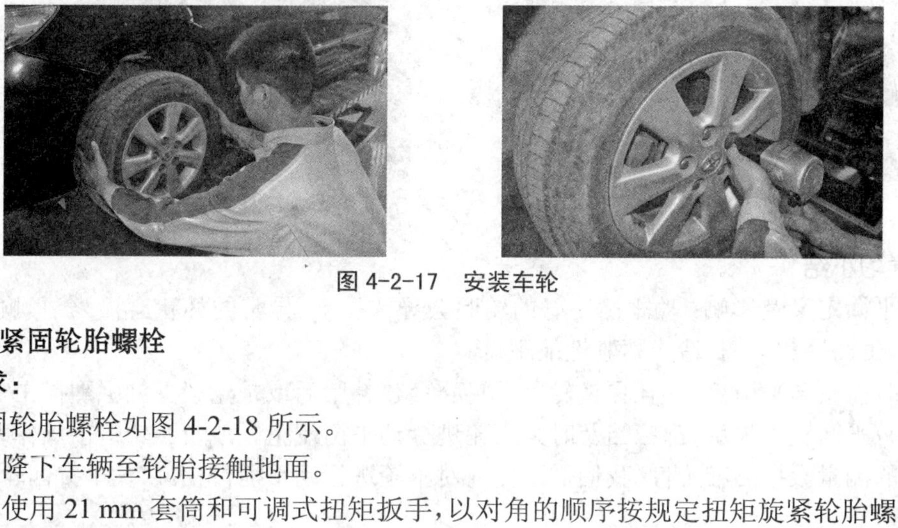

图 4-2-17　安装车轮

19）紧固轮胎螺栓

要求：

紧固轮胎螺栓如图 4-2-18 所示。

（1）降下车辆至轮胎接触地面。

（2）使用 21 mm 套筒和可调式扭矩扳手，以对角的顺序按规定扭矩旋紧轮胎螺栓，拧紧扭矩 103 N•m。

注意：轮胎螺栓的紧固顺序是以对称的方向进行的；所有螺栓扭矩都必须达到规定扭矩。

20）按照同样的方法，安装并紧固其他 3 个车轮

21）收起三件套并按 5S 规范操作

要求：

收起三件套如图 4-2-19 所示；整理车间如图 4-2-20 所示。

图 4-2-18 紧固轮胎螺栓

图 4-2-19 收起三件套

22)填写工作单

要求：

填写工作单如图 4-2-21 所示。

(1)在完成的项目后面签名或打钩确认。

(2)有数据记录的记录相关数据。

(3)有疑问或不正确的做好相关记录并立即上报。

问题：

(1)忘记填写，字迹潦草。

(2)有关问题没有记录，未上报。

图 4-2-20 整理车间

图 4-2-21 填写工作单

二、学习小结

1. 动平衡定义及影响：动平衡不好的轮胎会导致振动、异常的杯状磨损，会影响胎面的光滑性，产生凸峰和沟槽，造成驾驶性能不良。

2. 何时需做动平衡校正：在更换轮胎、更换轮毂、补胎后或是轮毂受到强烈撞击变形、颠簸行驶导致平衡块丢失后，都应当及时为车轮进行动平衡校正。涉及四轮定位操作时，为了保证获取的测量数据的准确性，我们需要提前对车轮进行动平衡校正，以免干扰四轮定位的结果。

3. 车轮动平衡校正的具体操作步骤。

三、自我评估

1. 填空题

(1)动平衡不好的轮胎会导致_________、异常的杯状磨损，会影响胎面的光滑性，产生和沟槽，造成驾驶性能不良。

(2)动不平衡会造成车辆在行驶中车轮_________、转向盘_________的现象。

2. 判断题

1. 在做轮胎动平衡时原来的铅块可以不用取下。(　　)
2. 轮胎的动平衡误差在 5 克内。(　)
3. 为了使轮胎达到动平衡要求可以贴很多铅块。(　　)
4. 当更换全新轮胎时可以不用做轮胎动平衡。(　　)
5. 更换后轮也必须做轮胎动平衡。(　)
6. 做轮胎动平衡前需清洁轮毂、取下铅块、加注标注气压。(　)

3. 选择题

(1)关于轮胎动平衡说法正确的是(　　)。

A. 后轮可以不用做动平衡

B. 轮胎修补后必须做动平衡

C. 转向盘抖动一定是轮胎动平衡所引起

D. 不同的轮毂可以使用相同的铅块

学习单元3　车轮定位检查与调整

情境导入

情境：一辆卡罗拉轿车行驶跑偏，初步判断为车轮定位不当。你的主管将这个任务分配给你，你能完成吗？

提示：车轮定位也叫四轮定位。汽车行驶一段时间后，由于各种原因，会出现轮胎异常磨损、零件磨损加快、转向盘发沉、车辆跑偏、油耗增加等现象，通过正确的四轮定位可以保证车辆稳定行驶、转向轻便、轮胎磨损均匀等。

任务目标

一、知识目标

（1）能描述车轮定位的目的和作用。

（2）能描述车轮定位的流程和方法。

二、技能目标

能够对车辆进行四轮定位作业。

知识准备

一、基本知识

1. 车轮定位（四轮定位）概述

1）车轮定位的定义

为了汽车稳定行驶、转向轻便，必须用悬架系统保证车身、车轮与地面之间保持一定的相互位置关系，为了确保这三者之间应该具有的一定相互位置关系，有必要经常对车辆进行定期的测试与调整，这一过程称为“车轮定位”。

2）车轮定位的目的

车轮定位现在也叫四轮定位，是指汽车行驶一段时间后，由于各种原因，会出现轮胎异常磨损、零件磨损加快、转向盘发沉、车辆跑偏、油耗增加等现象，而这些现象都是车辆性能下降的原因，要消除这些现象，确保车辆的稳定性能，最有效的方法就是做四轮定位，它不仅能确保汽车的正常行驶，还能延长轮胎的使用寿命，同时节省油耗。

四轮定位的目的，是通过定位角度测量诊断并排除车辆的上述故障，它分为前轮定位和后轮定位。前轮定位包括主销后倾角、主销内倾角、前轮外倾角和前轮前束四个内容；后轮定位包括车轮外倾角和逐个后轮前束。一般情况下，新车驾驶3个月后，就应做四轮定位，一般每行驶10 000 km，就应轮胎换位，如果发生碰撞，应及时做四轮定位。

3)四轮定位的时间

一般新车出厂要求在驾驶3个月或行驶5 000 km后,就应做四轮定位。以后每行驶10 000 km或6个月后,都应及时做四轮定位。

通常是在下列情况出现时要做车轮的定位:直线行驶时转向盘不正;行驶中转向盘振动、发抖或太重;转向时不能自动归位;行驶中左右偏向、车身颠簸不稳定等;轮胎呈单面、不规则、块状或羽毛状磨损;碰撞事故维修后;更换新的悬挂或转向的有关配件后。应该注意到,不恰当的胎压、"咬死"的制动、道路上的路拱或者液力转向系统的失灵也可能引起车辆的跑偏现象。

4)四轮定位的参数

Ⅰ.推力角

推力角定义如图4-3-1所示。

推力角是后轮推力线与车辆几何中心线之间的夹角,推力角是以度"°"为测量单位,为了保持车辆的直线行驶,推力角应该为0°。假如推力角不为0°,车辆的后轮就会沿推力线的方向推动车辆,可以通过调节后轮前束来校正推力角。推力角是车轮定位的基础。

Ⅱ.主销后倾角

主销后倾角定义如图4-3-2所示。

主销后倾角的主要功能是提供转向的方向稳定性。主销后倾角是从车辆的侧面看,是转向轴线与地面垂线之间的夹角。当上摆动点向车辆的后方倾斜时,主销后倾角就是正值。当上摆动点向车辆的前方倾斜时,主销后倾角就是负值。而转向轴线垂直于路面就是零值主销后倾角。

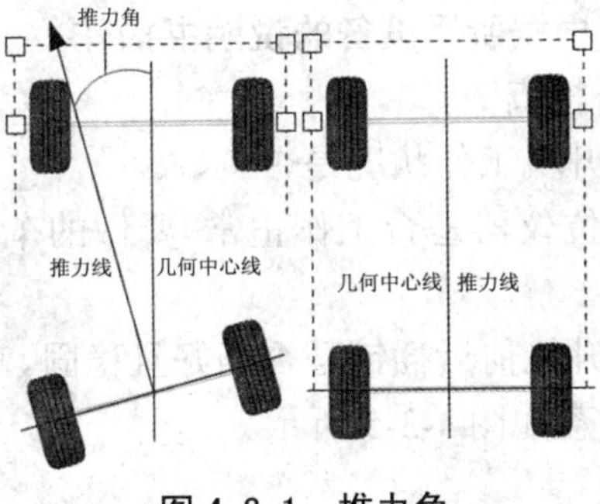

图4-3-1　推力角

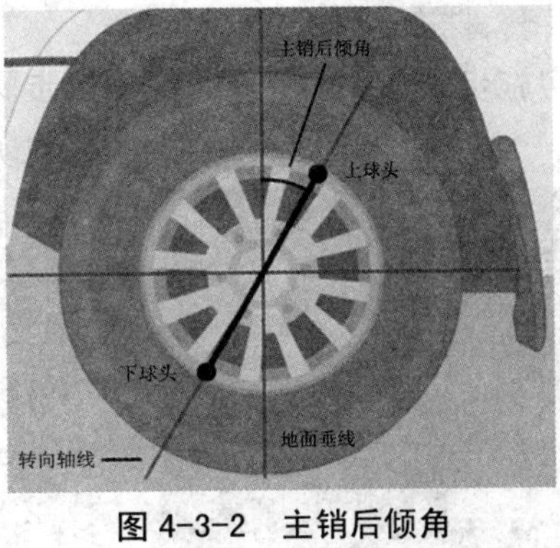

图4-3-2　主销后倾角

Ⅲ.车轮外倾角

车轮外倾角是从车辆的前方看车轮时,轮胎向内或者向外的倾斜角度,以"°"为测量单位,如图4-3-3所示。

如果车轮向外倾斜,车轮外倾角是正值的。车轮外倾角正值过大将导致轮胎胎面的外侧边缘过度磨损,也可能使轴承因不恰当的载荷分布而过早地被损坏。

如果车轮向内倾斜,车轮外倾角是负值的。车轮外倾角负值过大将导致轮胎胎面的内侧边缘过度磨损。

Ⅳ.车轮前束

车轮前束如图 4-3-4 所示。

从车辆上方查看，车轮前束角或后束角是车轮向内或向外偏转的角度，以度、英寸或者毫米为测量单位，正值是轮胎前端向内偏转（也被称为车轮前束），负值是轮胎前端向外偏转（也被称为车轮后束）。

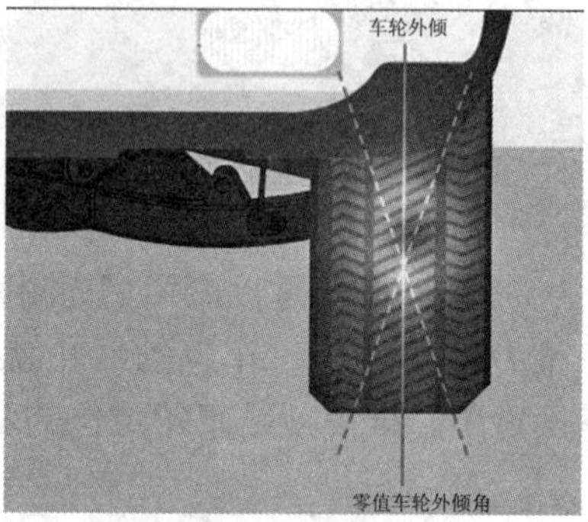

图 4-3-3 车轮外倾角

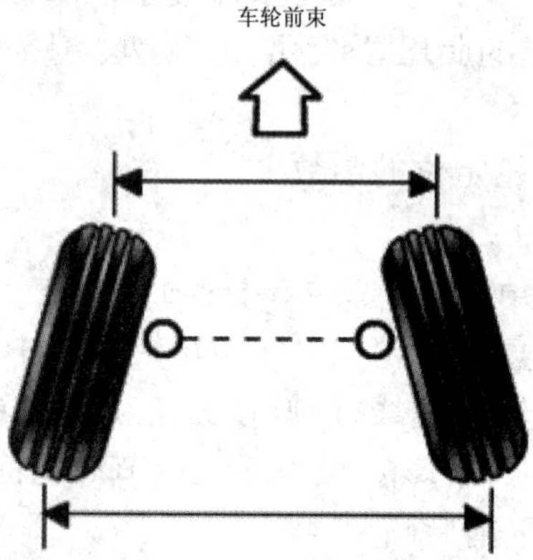

图 4-3-4 车轮前束

2. 准备工作

主要设备：

教学车辆、工具车、拆装工具、多层零件车、四轮定位仪、多媒体教学设备（含白板）等。

辅助材料：

三件套、抹布、手套、白板笔等。

3. 实施步骤（不同型号的定位仪步骤不同，请根据所用设备的说明书操作）

1）仪器设备检查

（1）检查举升机工作状况是否良好。

（2）检查定位仪器是否工作正常，要做的车型是否有数据支持。

（3）检查举升机前后插销是否插好且稳固。

仪器设备检查如图 4-3-5 所示。

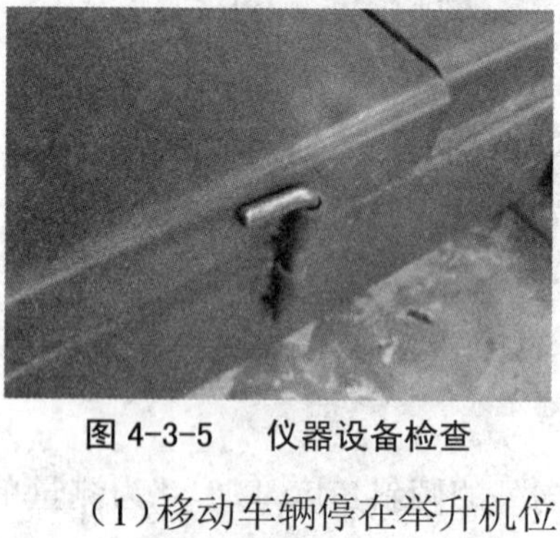
图 4-3-5 仪器设备检查

2）车辆就位

要求：

车辆就位如图 4-3-6 所示。

（1）移动车辆停在举升机位的正确举升位置并驻车制动。

（2）目视检查车身前后、左右有无倾斜（是否水平）。

（3）检查两前轮中心是否正对转角盘中心，如图 4-3-7 所示。

（4）检查两后轮是否停在后滑板中间部位。

（5）检查转盘和滑板锁销是否在锁止状态。

警告：

（1）移动车辆时要注意检查车辆周围有无障碍物。

(2)必须由具有驾驶证并有驾驶经验的教师或有经验的车辆管理人员移动车辆。

问题:

移动车辆时没有认真观察周围障碍物,车辆停放位置不正确、不拉驻车制动。

图 4-3-6　车辆就位

图 4-3-7　检查两前轮中心

3)记录数据

要求:

记录数据如图 4-3-8 所示。

找到并记录车辆 VIN 码、车辆型号、车辆生产年及日期、前后车轮的标准胎压、原厂要求的轮胎型号。

注意:

以上数据一定要准确。

4)安装防护用品

要求:

安装防护用品如图 4-3-9 所示。

依次安装转向盘套、座椅套、地板垫。

图 4-3-8　记录数据

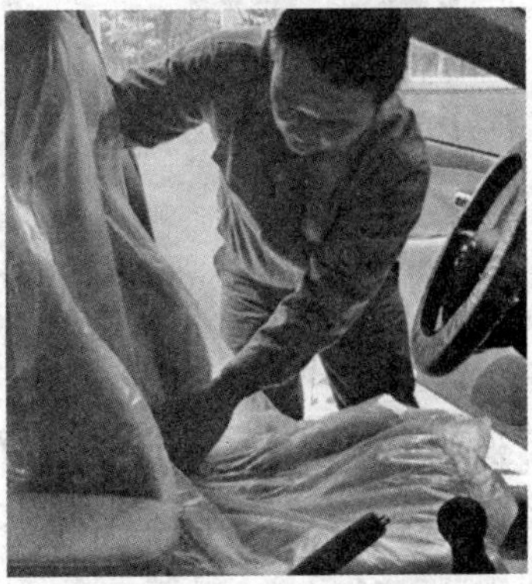

图 4-3-9　安装防护用品

5)端正转向盘

要求:

端正转向盘如图 4-3-10 所示。

转向盘解锁并对中。

问题:

转向盘未对中。

6)建立客户档案

要求:

建立客户档案如图4-3-11所示。

在定位仪程序中建立用户和车辆档案,在程序规定位置输入“车辆信息”即车辆VIN码、车牌号等。

图4-3-10 端正转向盘

图4-3-11 建立客户档案

7)定位前检查

要求:

定位前检查如图4-3-12所示。

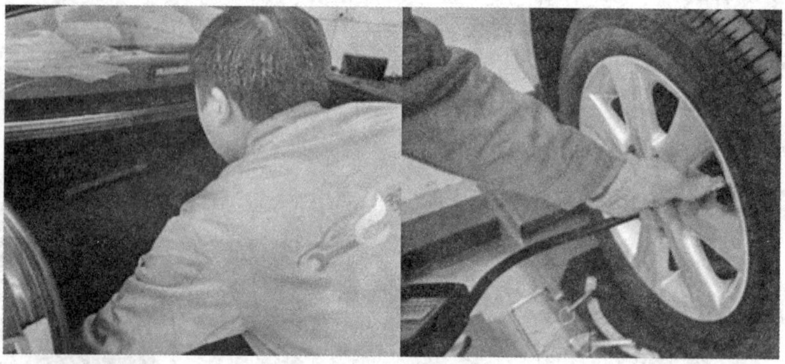

图4-3-12 定位前检查

(1)安装轮胎型号是否与车辆铭牌要求一致。

(2)检查同轴两侧车轮轮胎花纹是否一致。

(3)目视检查车轮轮胎是否有裂纹。

(4)检查损坏、异常磨损,是否嵌入金属颗粒或异物。

(5)使用胎纹深度尺,测量轮胎胎面沟槽深度并记录。

(6)使用胎压表检查或调整轮胎气压到达标准并记录。

(7)目视检查轮辋是否变形损坏或腐蚀。

(8)检查备胎是否安放到位,并将重物拿出车外。

(9)检查驾驶室内是否空载。

(10)检查车身是否有严重撞击变形。

8)车型选择

要求:

车型选择如图 4-3-13 所示。

(1)在数据库中找到相对应车型。

(2)在车辆状况表中必须输入调整后的胎压值和胎纹深度。

(3)在车辆状况表中输入轮胎型号。

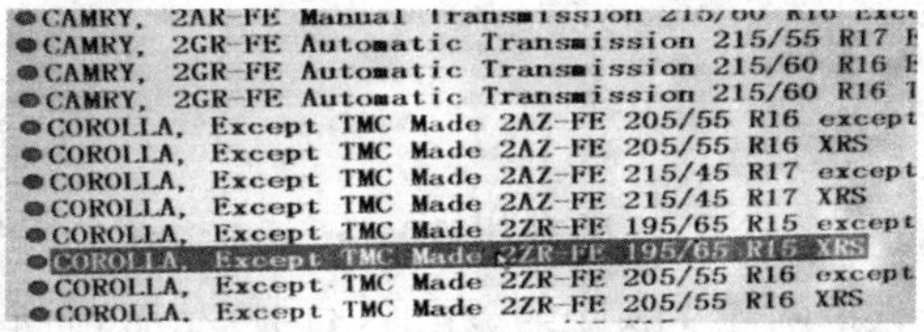

图 4-3-13　车型选择

9)举升车辆并锁止

要求:

举升车辆并锁止如图 4-3-14 所示。

按照举升机操作规则操作举升机,升高到较高合适位置并锁止。

10)车辆底盘检查

要求:

检查底盘如图 4-3-15 所示。

(1)检查左右前横拉杆球头是否松动。

(2)检查左右前横拉杆有无弯曲和损坏。

(3)检查左右前横拉杆防尘套是否开裂和撕破。

(4)检查左右转向节是否损坏。

(5)检查左右前稳定杆连杆有无弯曲或损坏。

(6)检查前稳定杆有无弯曲或损坏。

(7)检查左右下悬架臂是否损坏。

(8)检查左右前下球节是否损坏。

(9)检查左右后稳定杆连杆是否变形损坏。

(10)检查左右后支撑杆是否变形损坏。

(11)检查后稳定杆是否变形损坏。

(12)检查左右后 2 号后悬架臂是否变形损坏。

(13)检查左右后 1 号后悬架臂是否变形损坏。

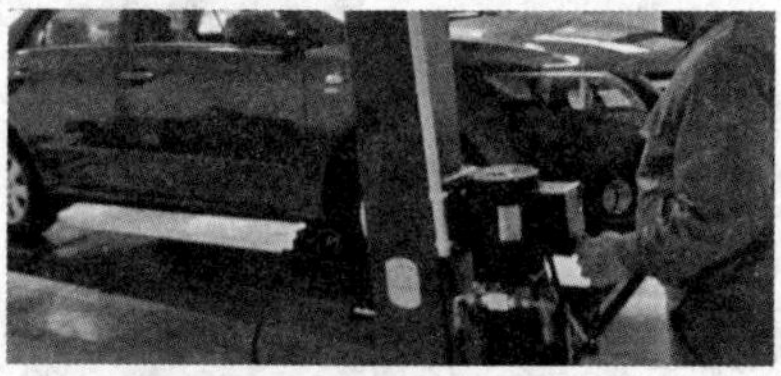

图 4-3-14　举升车辆并锁止

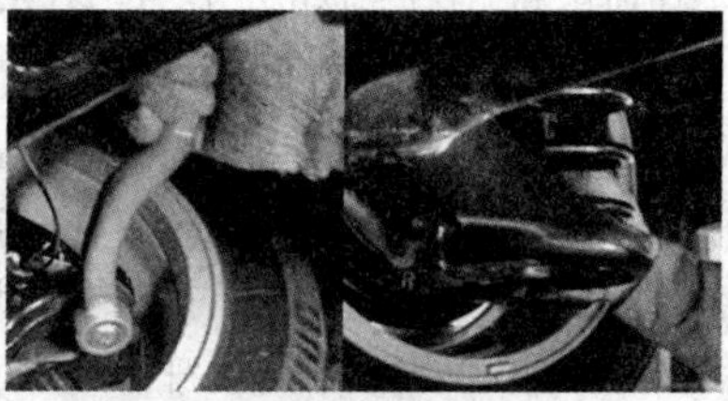

图 4-3-15　车辆底盘检查

11）下降举升机到最低落锁位置

（1）按照举升机操作规则，降低大剪举升平台到最低落锁位置落锁。

（2）安装车轮传感器卡具和安装车轮传感器。

（3）安装车轮传感器电缆并启动传感器。

（4）在后部车轮处放置车轮挡块。

（5）将变速器换挡杆置于空挡位置并释放驻车制动。

如图 4-3-16 所示。

12）轮毂偏位补偿位置

（1）放置二次举升支撑垫块。

（2）升起举升机小剪，使车轮离开举升机 10 cm 左右，充分悬空，以便进行轮毂补偿。

（3）进行轮毂偏位补偿（四轮）顺序为：左前、右前，左后、右后，完成车轮的补偿计算。

13）定位检测位置（调整前）

（1）拔出前轮转盘固定销并放好，拔出后轮后滑板固定销并放好，如图 4-3-17 所示。

图 4-3-16 安装车轮传感器

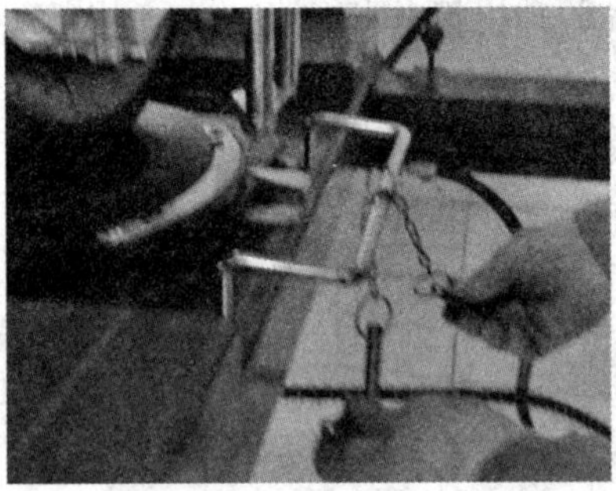

图 4-3-17 拔出前轮转盘固定销并放好

（2）操作举升机小剪缓慢回落到位，进行以下操作：

A. 移开后轮挡块；

B. 检查前轮是否落在转盘中心；

C. 检查后轮是否落在后滑板上正确位置；

D. 实施驻车制动；

E. 按动车辆前部数次，使减振器复位；

F. 按动车辆后部数次，使减振器复位；

G. 使用刹车锁顶住制动踏板，如图 4-3-18 所示；

H. 转动转向盘，车轮方向对中；

I. 如果需要按照屏幕提示调节传感器水平；

J. 按照程序引导，分别向左、右 20° 转向操作；

K. 当屏幕显示前轮前束值时，按“前进图标”，直到进入定位调整；

L. 转动转向盘，车轮方向对中后使用转向盘锁锁定转向盘位置，如图 4-3-19 所示；

M. 如果需要，按照屏幕提示调节传感器水平；

N. 当屏幕显示后轮数据时，后退一步程序查看转向盘是否按照屏幕对中，如偏出需要再次调整转向盘，重新对中锁住转向盘。

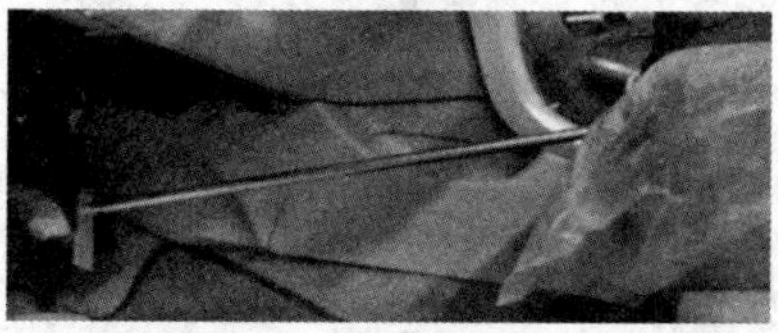

图 4-3-18　使用刹车锁顶住制动踏板

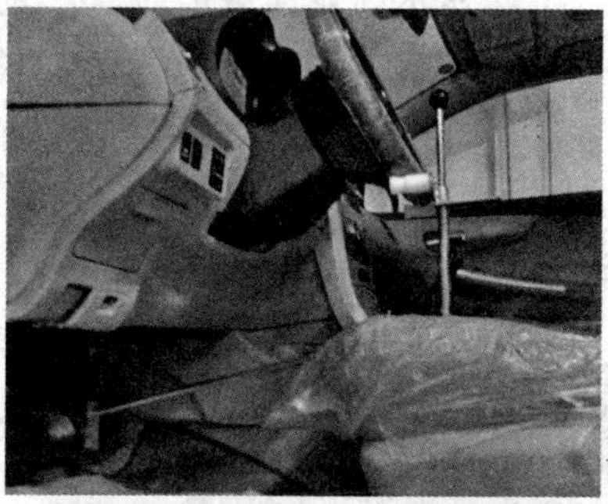

图 4-3-19　转向盘对中并锁住

14）定位调整位置

要求：

按照电脑提示定位调整位置，如图 4-3-20 所示。

（1）操作举升机，升高到较高适合调整位置并落安全锁。

（2）当屏幕显示后轮前束值时，报后轴外倾角数据合格，前束需要调整。

（3）将左侧拉杆调整管两端固定螺母用扳手松开，使调整管有足够旋转空间，使用两个开口扳手完成，一个固定调整管，一个旋松固定螺母。

（4）旋转调整管，调整后桥左侧单轮前束，使屏幕显示的检测数据合格，使用开口扳手旋转。

（5）将左右侧拉杆调整管两端固定螺母用扳手初步拧紧后，使用扭力扳手按照规定力矩上紧。《维修手册》标准力矩是 56 N•m。

（6）按“前进图标”，直到屏幕显示前轴外倾角和前束数值画面。

15）定位检测位置（调整后）

要求：

调整后再次检查数据，如图 4-3-21 所示。

图 4-3-20　根据电脑画面指示调节

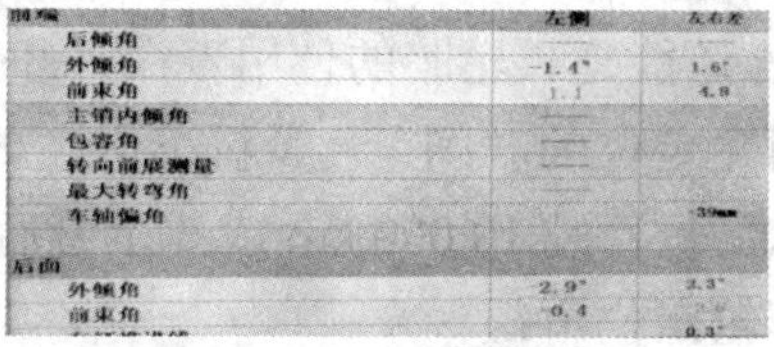

图 4-3-21　调整后检查

（1）降低大剪举升平台到最低落锁位置落锁。

（2）取下转向盘锁。

（3）检查刹车锁是否顶住制动踏板，如果刹车锁松开或脱离，重新锁牢。

（4）按“前进图标”进入检测流程。

（5）转动转向盘，车轮方向对中，屏幕指示箭头到达中心区域即可。

（6）如果需要按照屏幕提示调节传感器水平，气泡屏幕显示都在绿色水平区域即可。

(7)按照程序引导,分别向左、右 20° 转向操作。

(8)当屏幕显示前轮前束值时,按“前进图标”,屏幕显示检测报告。

(9)打印车辆状况和检测的报表(表格形式)。

(10)取下传感器电缆并放回初始位置。

(11)取下传感器放回充电位置。

16)设备复位和工位整理、清洁

图 4-3-22　整理、清洁

要求:

如图 4-3-22 所示整理、清洁现场。

(1)升起举升机小剪,使车轮悬空。

(2)将前轮转角盘固定销插入。

(3)将后轮滑板固定销插入。

(4)举升机小剪缓慢回落,完全回位,车轮平稳落在大剪平台即可,位置无须调整。

(5)拆除刹车锁,并放至规定位置。

(6)拆下车轮卡具,并归位。

(7)定位仪程序复位。

(8)回收二次举升左侧支撑垫块。

(9)回收左后部车轮挡块。

(10)操作举升机大剪回到最低位置。

(11)清洁车辆、场地、工具设备。

(12)取下车内三件套。

(13)关闭车门,将钥匙和记录表上交。

二、学习小结

1. 四轮定位的定义:汽车行驶一段时间后,由于各种原因,会出现轮胎异常磨损、零件磨损加快、转向盘发沉、车辆跑偏、油耗增加等现象,而这些现象都是车辆性能下降的原因,要消除这些现象,确保车辆的稳定性能,最有效的方法就是做四轮定位,它不仅能确保汽车的正常行驶,还能延长轮胎的使用寿命,同时节省油耗。

2. 四轮定位的时间:一般新车出厂要求在驾驶 3 个月或行驶 5 000 km 后,就应做四轮定位。以后每行驶 10 000 km 或 6 个月后都应及时做四轮定位。

3. 车轮定位角:

推力角:是后轮推力线与车辆几何中心线之间的夹角。

主销后倾角:主要功能是提供转向的方向稳定性。主销后倾角是从车辆的侧面看,是转向轴线与地面垂线之间的夹角。

车轮外倾角:是从车辆的前方看车轮时,轮胎向内或者向外的倾斜角度。

前束:从车辆上方查看,车轮前束角或后束角是车轮向内或向外偏转的角度。

4. 四轮定位步骤,注意不同的定位仪步骤、方法不相同。

三、自我评估

1. 填空题

（1）汽车行驶一段时间后，由于各种原因，会出现轮胎__________、零件磨损加快、转向盘发沉、__________、油耗增加等现象。

（2）车轮外倾角是从车辆的前方看车轮时，轮胎________或者_______的倾斜角度。

（3）一般新车出厂要求在驾驶_______个月或行驶_______km 后，就应做四轮定位。以后每行驶_______km 或________个月后都应及时做四轮定位。

2. 判断题

（1）四轮定位是当发现有轮胎磨损时才做。（　）

（2）更换新轮胎可以不用做四轮定位。（　）

（3）做四轮定位前需检查底盘有无损伤。（　）

3. 选择题

（1）下列说法正确的是（　）。

A. 主销后倾角影响轮胎磨损

B. 主销后倾角越大，汽车越容易跑偏

C. 正主销后倾角越大，转弯越困难

D. 都不正确

（2）车轮前束不正确也会造成轮胎不正常磨损，当用手从一侧向另外一侧摸轮胎花纹，在一个方向上感觉光滑，另外一个方向上感觉划手（有锐边）。如果这些锯齿形的锐边指向车外，则说明车轮有 __________；如果指向车内，则说明车轮有 __________。

A. 过大的负前束；过小的正前束

B. 过大的负前束；过大的正前束

C. 过小的负前束；过小的正前束

D. 过小的负前束；过大的正前束

（3）关于四轮定位说法正确的是（　）。

A. 四轮定位一定能解决车辆跑偏

B. 四轮定位可以较少轮胎磨损

C. 四轮定位可以调节主销后倾角

D. 都不正确

（4）关于定位调节说法正确的是（　）。

A. 所有前束都可以调节

B. 所有车轮倾角都可以调节

C. 主销内倾角可以调节

D. 都不正确

（5）关于前束调节正确的说法是（　）。

A. 前束调节是调节转向节固定螺栓

B. 前束调节是调节左右减振固定螺栓

C. 前束调节是调节平衡杆

D. 前束调节是调节方向机外拉杆

(6)关于车轮外倾角调节说法正确的是(　　)。

A. 车轮外倾角是改变左右车轮的高矮

B. 前后车轮的车轮外倾角都可以调节

C. 所有轿车的车轮外倾角都可以调节

D. 都不正确

学习情境五　制动系统维护

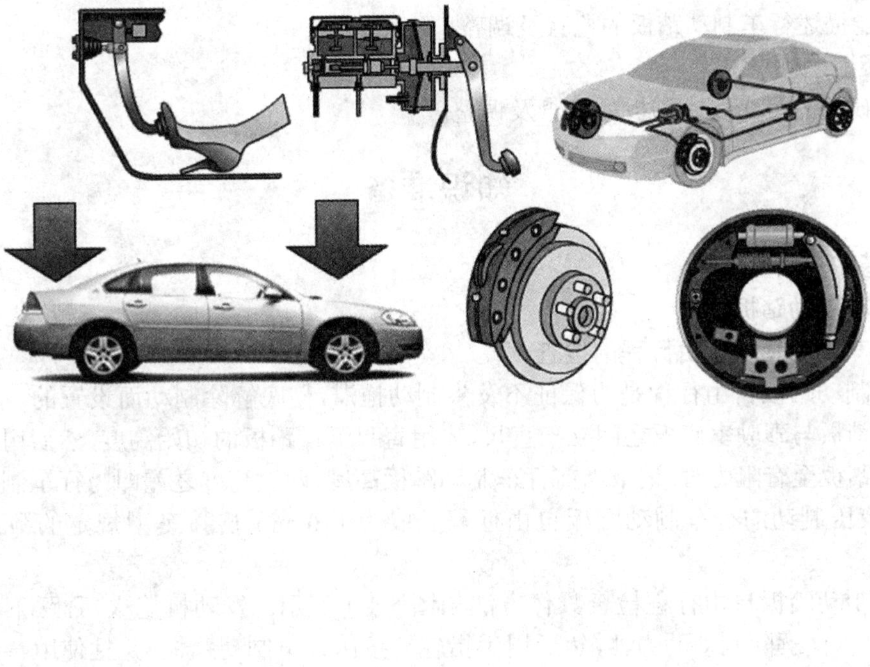

学习单元1 行车制动踏板检查与调整

情境导入

情境：一辆卡罗拉轿车客户抱怨制动踏板行程较长，你的主管把这个检修任务分配给你，你能完成吗？

提示：行车制动踏板自由行程是为保证不发生制动拖滞，彻底解除制动而设置的，如果自由行程过长，会影响制动反应时间，增加制动距离。

任务目标

一、知识目标

（1）能描述行车制动踏板的位置和功能。

（2）能描述行车制动踏板的检查及调整。

二、技能目标

能正确进行行车制动踏板的检查及调整。

知识准备

一、基本知识

1. 行车制动踏板概述

1）行车制动踏板自由行程的检查

行车制动踏板自由行程是为保证不发生制动拖滞，彻底解除制动而设置的。测量时在行车制动踏板与驾驶室底板之间立一直尺，先用直尺测量踏板的初始高度，然后用手向下按行车制动踏板至有阻力时，记下当前行车制动踏板高度，两次高度之差即为行车制动踏板自由行程，液压制动的行车制动踏板自由行程一般为1~6 mm，应按车型规定的数值进行调整。

行车制动踏板自由行程检查具体方法如图5-1-1所示。发动机熄火后，踩下行车制动踏板几次，以便解除制动助力器，然后用手指轻轻按压行车制动踏板，并且使用一把直尺测量行车制动踏板自由行程，对于配备了液压制动助力器的车辆，至少要踩下行车制动踏板40次以上。

注意：

（1）当用手指轻轻按压行车制动踏板时，行车制动踏板的运动在两个阶段发生变化。

第一阶段：U型夹销和转轴销的松动。

第二阶段：推杆刚好在液压升高之前运动。

第一阶段与第二阶段的总运动即为行车制动踏板的自由行程。

（2）较高调整行车制动踏板的高度时，行车制动踏板的自由行程会自动调整。

制动踏板到地板的距离

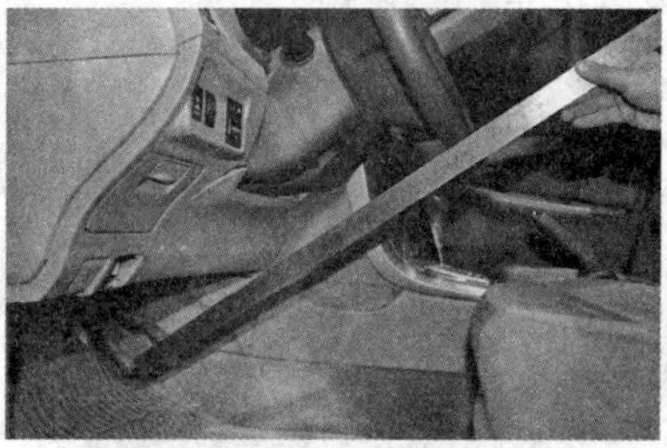
制动踏板到转向盘的距离

图 5-1-1 自由行程测量

2）制动器需检查的项目及方法（以丰田卡罗拉 1.6 AT 轿车为例）

（1）制动器踏板响应性：稍踩踏板，高位指示灯亮。

（2）制动器踏板完全踩下：踏板不能完全踩到底，越踩越有力。

（3）制动器踏板异常噪声：踩踏板数次，有无异常噪声。

（4）制动器踏板过度松动：踩踏板数次，有无过度松动。

（5）测量制动踏板的高度：用直尺测量，其高度标准值 110~125 mm。

（6）测量踏板自由行程：踩踏板数次，消除真空，用手压测量自由行程 1~6 mm。

（7）测量踏板行程余量：以 249 N 的踏力踩下并启动发动机，测量行程余量，应不小于 65 mm。

（8）检查助力器工作情况：发动机熄火后，继续踩制动踏板，踏板变硬且处于最高位置踩住踏板后启动发动机，踏板应自动下沉。

（9）检查助力器真空功能：熄火后踏板高度无变化，数次踩下高度逐次增加无下沉。

2. 准备工作

主要设备：

教学车辆、工具车、直尺、拆装工具、车轮挡块、多媒体教学设备（含白板）等。

辅助材料：

翼子板布和前格栅布、三件套、抹布、手套、白板笔等。

3. 实施步骤

1) 将车辆停放在举升机位

要求：

将车辆停放在举升机位如图 5-1-2 所示。

请按设备安全操作及车辆防护规范操作（见学习情境一）。

2) 检查行车制动踏板应用状况

要求：

检查行车制动踏板应用状况如图 5-1-3 所示。

（1）不启动发动机，稍踩下行车制动踏板高位指示灯点亮，响应性良好。

（2）连续踩踏行车制动板踏不应完全踩到底，越踩越硬，无异常噪声，行车制动踏板无松旷。

问题：

启动发动机检查；检查不仔细。

图 5-1-2 车辆就位

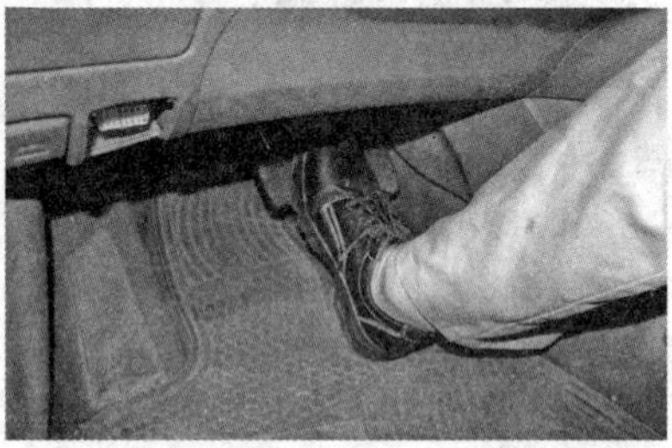

图 5-1-3 检查制动踏板应用状况

3) 测量行车制动踏板高度

要求：

测量行车制动踏板高度如图 5-1-4 所示。

其静态高度为 145.8~155.8 mm，地毯厚 20~30 mm，实际为 110~125 mm，测量时，直尺与行车制动踏板尽可能垂直。

注意：

直尺必须保持垂直测量。

4) 测量行车制动踏板自由行程

要求：

测量行车制动踏板自由行程如图 5-1-5 所示。

（1）启动发动机 30 s 后熄火。

（2）踩下行车制动踏板数次，消除真空。

（3）利用直尺测量，并用手轻轻按压直到行车制动踏板受力为止，自由行程 1~6 mm。

注意：

测量过程中行车制动踏板受力不要过大。

图 5-1-4 测量行车制动踏板高度

图 5-1-5 测量行车制动踏板自由行程

5) 测量行车制动踏板行程余量

要求：

测量行车制动踏板行程余量如图 5-1-6 所示。

（1）以 249 N 的踏力踩下，启动发动机并踩下行车制动踏板。

(2)测量行程余量不小于 85 mm。
(3)松开制动器。
注意:
未用 249 N 的踏力踩下,未松开制动器。

6) 检查制动助力器工作情况

要求:
检查制动助力器工作情况如图 5-1-7 所示。
(1)发动机熄火,连续踩行车制动踏板。
(2)当行车制动踏板很硬时踩住制动踏板。
(3)启动发动机,行车制动踏板应自动下沉。
注意:
(1)不要一开始就启动发动机,或在启动过程中检查。
(2)踩下行车制动踏板次数要少。

图 5-1-6　测量行车制动踏板行程余量

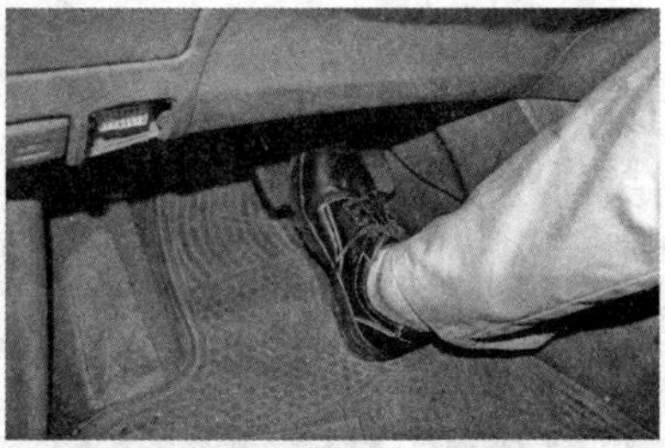
图 5-1-7　检查制动助力器工作情况

7) 检查制动助力器真空功能

要求:
检查制动助力器真空功能如图 5-1-8 所示。
(1)启动发动机 30 s 后熄火。
(2)踩下行车制动踏板,踏板高度无变化。
(3)数次踩下行车制动踏板,逐次高度增加,最后高度无变化,无下沉。
注意:
不要在启动过程中检查,踩下行车制动踏板次数要少。

8) 收起三件套并按 5S 规范操作

要求:
收起三件套如图 5-1-9 所示;整理车间如图 5-1-10 所示。

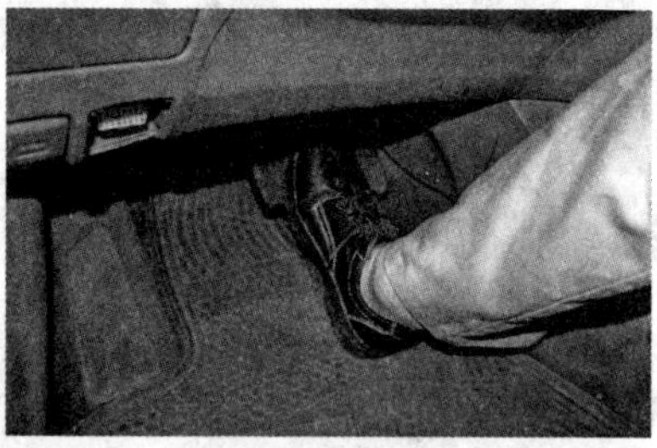
图 5-1-8 检查制动助力器真空功能

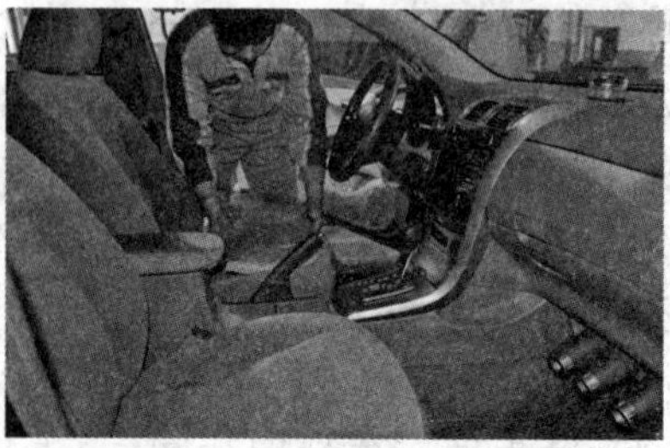
图 5-1-9 收起三件套

9) **填写工作单**

要求：

填写工作单如图 5-1-11 所示。

（1）在完成的项目后面签名或打钩确认。

（2）有数据记录的记录相关数据。

（3）有疑问或不正确的做好相关记录并立即上报。

问题：

（1）忘记填写，字迹潦草。

（2）有关问题没有记录，未上报。

图 5-1-10 整理车间

图 5-1-11 填写工作单

二、学习小结

1. 行车制动踏板自由行程：行车制动踏板自由行程是为保证不发生制动拖滞，彻底解除制动而设置的。

2. 行车制动踏板自由行程的检查。

三、自我评估

1. 填空题

（1）行车制动踏板自由行程是为保证不发生制动______，彻底解除制动而设置的。

（2）液压制动的踏板自由行程一般在________mm，在调整时应按车型规定的数值进行调整。

（3）制动器踏板响应性：稍踩踏板，_______点亮。

（4）制动器踏板完全踩下：踏板不能完全踩到底，越______越_______。

（5）检查助力器工作情况：发动机熄火后，继续踩制动踏板，踏板变硬且处于最高位置踩住踏板后启动发动机，踏板应_______。

（6）检查助力器真空功能：熄火后踏板高度无变化，数次踩下高度逐次增加无_______。

2. 判断题

(1)制动踏板自由行程测量应使用直尺测量。( )

(2)检查制动真空助力可以不用启动发动机。( )

(3)制动踏板间隙越小越好。( )

3. 选择题

(1)关于真空助力检查说法错误的是( )。

A. 发动机熄火,连续踩踏板

B. 当行车制动踏板很硬时踩住制动踏板

C. 启动发动机,行车制动踏板应自动下沉

D. 使用真空表检查其真空度

(2)关于行车制动踏板检查说法错误的是( )。

A. 不启动发动机稍踩下行车制动踏板高位指示灯点亮,响应性良好

B. 连续踩行车制动踏板踏板不应完全踩到底,越踩越软

C. 连续踩行车制动踏板踏板应无异常噪声,踏板无松动

学习单元 2 驻车制动器检查与调整

情境导入

情境：一辆丰田卡罗拉轿车，客户抱怨驻车制动器不起作用，你的主管将任务分配给你检修，你能完成吗？

提示：驻车制动器通常是指机动车辆上安装的手动刹车，简称手刹，在车辆停稳后用于稳定车辆，避免车辆在斜坡路面停车时由于溜车造成事故。

任务目标

一、知识目标

能描述驻车制动器的位置和功能。

二、技能目标

能进行驻车制动器的检查及维护。

知识准备

一、基本知识

1. 驻车制动器概述

驻车制动器通常是指机动车辆上安装的手动刹车，简称手刹，在车辆停稳后用于稳定车辆，避免车辆在斜坡路面停车时由于溜车造成事故。常见的手刹一般置于驾驶员右手下垂位置，便于使用。目前市场上的部分自动挡车型均在驾驶员左脚外侧设计了功能与手刹相同的脚刹，个别高端车型亦加装了电子驻车制动系统。

进行驻车制动时，向下踏住行车制动踏板，向上全部拉出驻车制动杆；欲松开驻车制动时，向下踏住行车制动踏板，将驻车制动杆向上稍微拉动，用拇指按下手柄端上的按钮，然后将驻车制动杆放低到原始的位置。对装备有自动变速器的汽车而言，一定要先施加驻车制动，再将排挡杆移动到“P”(停车)挡位置。在倾斜地面停车时，如果先换挡到“P”位置，然后才进行驻车制动，车身的重量将使您在准备开动汽车时难于从“P”(停车)挡换出来。在准备开动汽车时，应在松开驻车制动之前先将变速杆从“P”(停车)挡换出来，不得在开动汽车时拉紧驻车制动器，否则会因过热，使后刹车作用下降，制动器寿命缩短或产生永久性制动器损坏。

如果驻车制动器不能稳定地制动汽车或不能完全松开，则应立即到经销商或服务站进行检查。离开汽车之前，通常均应全部拉上驻车制动器，否则汽车会移动，引起伤害或损坏。驻车时，确保使手动变速器汽车的变速杆处于一挡或“R”(倒车挡)挡位置，使自动变速器汽车的变速杆处于“P”(停车挡)位置。请记住,即使变速器是挂着挡或在驻车位置同样必须拉紧驻车制动器。

2. 准备工作

主要设备:

教学车辆、工具车、直尺、拆装工具、车轮挡块、多媒体教学设备(含白板)等。

辅助材料:

翼子板布和前格栅布、三件套、抹布、手套、白板笔等。

3. 实施步骤

1)将车辆停放在举升机位

要求:

将车辆停放在举升机位如图 5-2-1 所示。

请按设备安全操作及车辆防护规范操作(见学习情境一)。

2)检查工作指示灯情况

要求:

检查工作指示灯情况如图 5-2-2 所示。

(1)拉起驻车制动器一格,观察仪表盘指示灯是否点亮。

(2)依次拉到底观察指示灯常亮。

警告:

禁止拉紧手柄时用力过猛,谨防损坏。

问题:

手指按下解锁钮。

图 5-2-1　车辆就位

图 5-2-2　检查工作指示灯情况

3)检查驻车制动器行程

要求:

检查驻车制动器行程如图 5-2-3 所示。

(1)拉起驻车制动器并按下解锁钮。

(2)放下驻车制动器。

(3)一次拉起驻车制动器到底(6~9 格)。

注意:

拉力不要过猛。

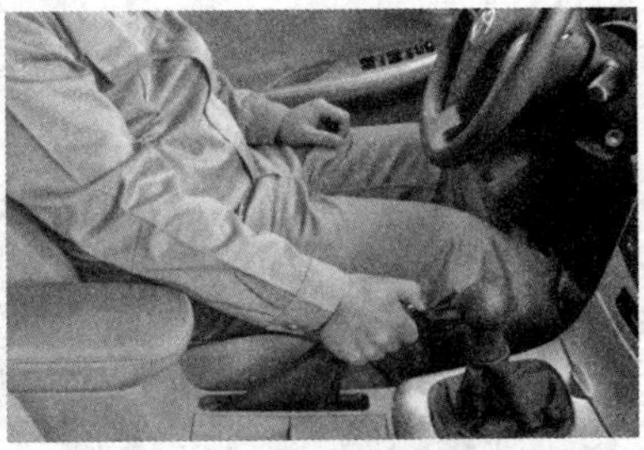

图 5-2-3　检查驻车制动器行程

问题：

拉起过程按下解锁钮。

4）调整驻车制动器

要求：

调整驻车制动器如图 5-2-4 至图 5-2-12 所示。

（1）当拉起驻车制动器手柄超过 6~9 格就需要调整。

（2）拆卸驻车制动手柄饰板露出调节螺帽。

（3）使用一把扳手卡住调整螺母，再用另外一把扳手拧松锁紧螺母。根据需要，转动调整螺母来伸长或缩短拉索的长度。

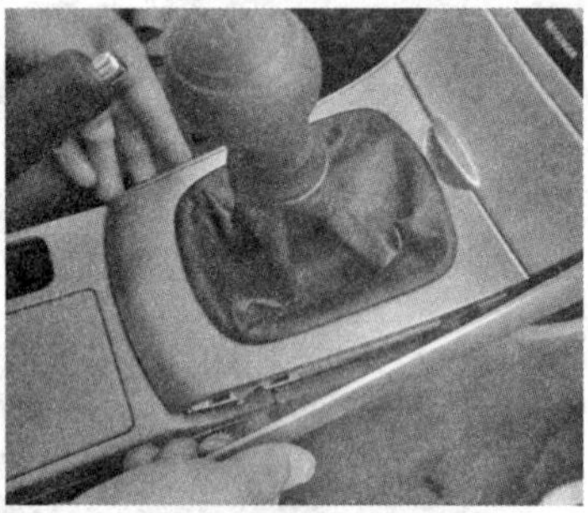

图 5-2-4　拆卸排挡盖饰条

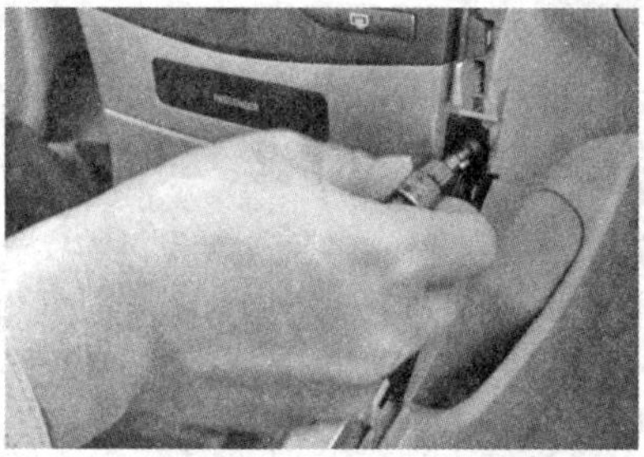

图 5-2-5　拆卸排挡盖固定螺钉

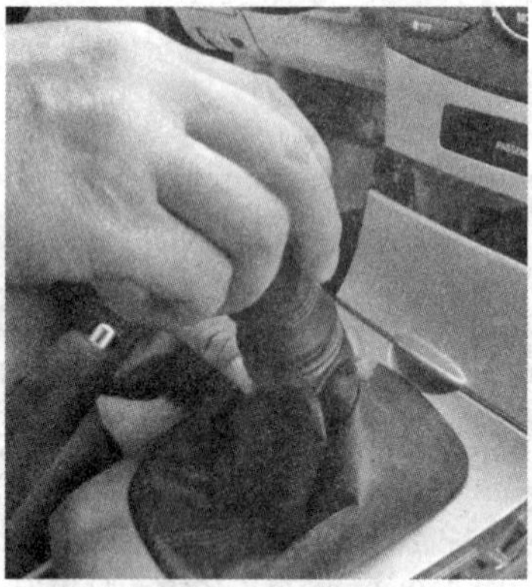

图 5-2-6　拆卸排挡头

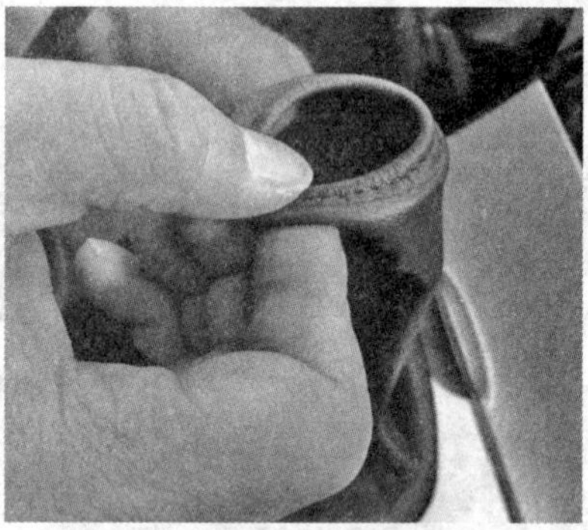

图 5-2-7　拆卸排挡防尘套

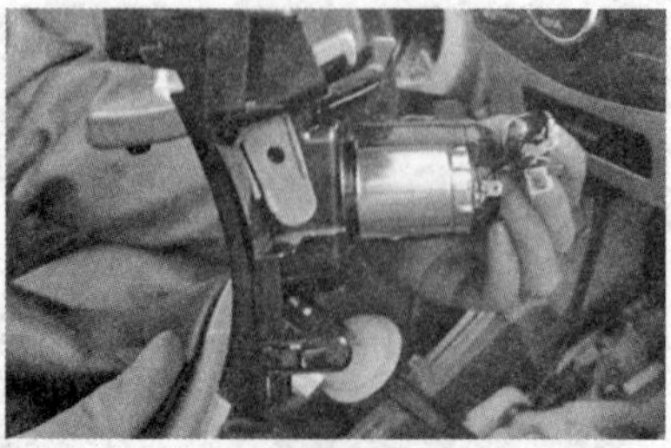

图 5-2-8　拆卸排挡盖

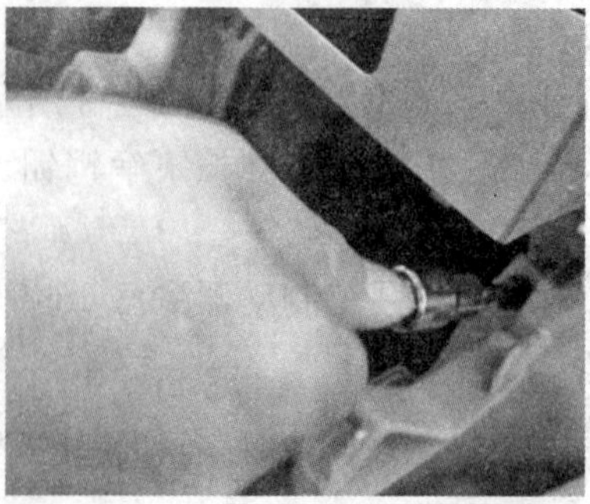

图 5-2-9　拆卸扶手固定螺钉

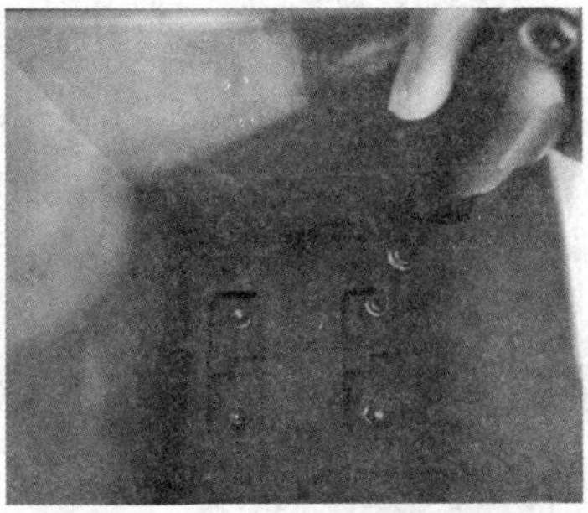

图 5-2-10　拆卸扶手固定螺栓

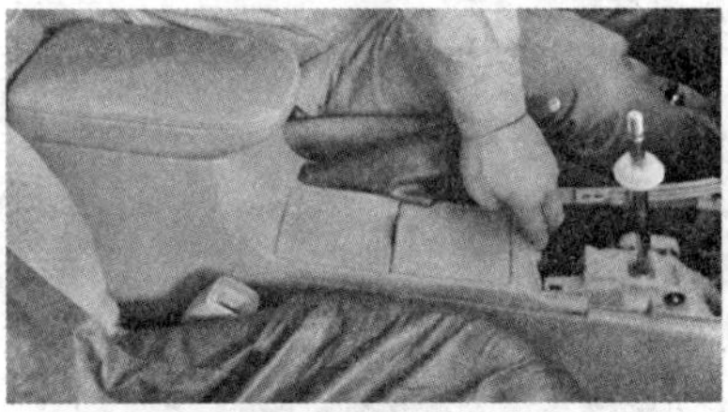

图 5-2-11　取下扶手

5)举升车辆

要求:

按照举升机操作规则举升车辆到合适高度。

6)检查调节结果

要求:

检查调节结果如图 5-2-13 所示。

转动车轮,经过适当调整后的驻车制动器只会在车轮上引起十分微弱的制动拖滞现象。

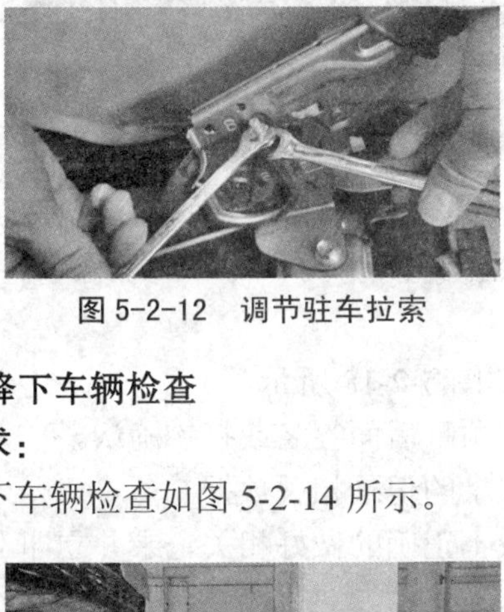

图 5-2-12　调节驻车拉索

图 5-2-13　检查调节结果

7)降下车辆检查

要求:

降下车辆检查如图 5-2-14 所示。

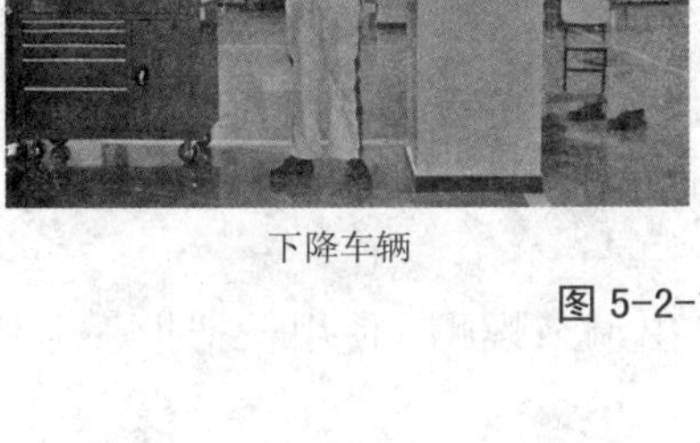

下降车辆

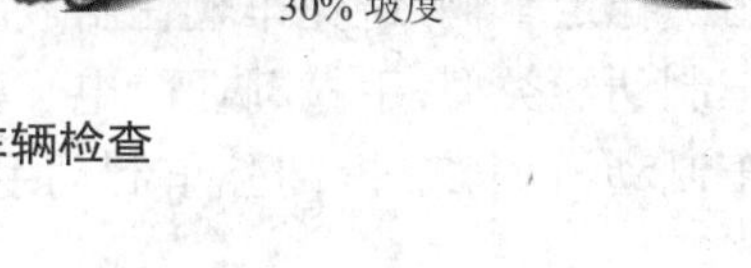

30% 坡度

图 5-2-14　降下车辆检查

(1)按照举升机操作规则降下车辆。

(2)最后在空挡情况下,检查驻车制动器是否能在30%坡度的上坡和下坡状态下使车辆保持5分钟的止动。

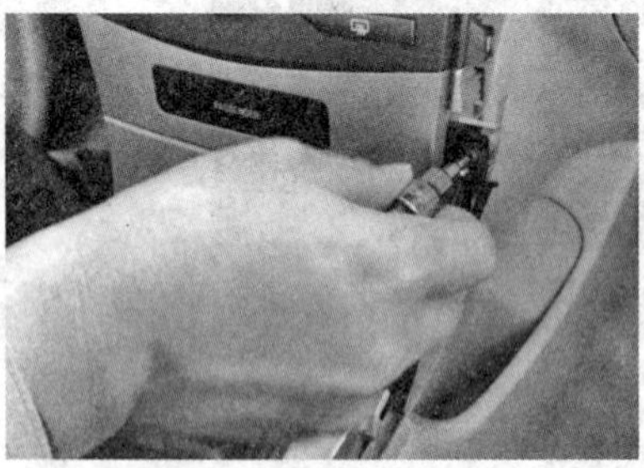

图5-2-15 装回饰板

8)装回饰板

要求:

装回饰板如图5-2-15所示。

(1)紧固驻车制动器调节锁紧螺帽。

(2)装回饰板。

注意:

锁紧螺母一定要锁紧。

问题:

忘记装回饰板和紧固锁紧螺帽。

9)步骤6~7同样在检查时可使用,前提是必须保证行车制动系统正常

10)收起三件套并按5S规范操作

要求:

收起三件套如图5-2-16所示;整理车间如图5-2-17所示。

图5-2-16 收起三件套

图5-2-17 整理车间

图5-2-18 填写工作单

11)填写工作单

要求:

填写工作单如图5-2-18所示。

(1)在完成的项目后面签名或打钩确认。

(2)有数据记录的记录相关数据。

(3)有疑问或不正确的做好相关记录并立即上报。

问题:

(1)忘记填写,字迹潦草。

(2)有关问题没有记录,未上报。

二、学习小结

1.驻车制动器定义:驻车制动器通常是指机动车辆上安装的手动刹车,简称手刹,在车辆停稳后用于稳定车辆,避免车辆在斜坡路面停车时由于溜车造成事故。

2.驻车制动器类型:手拉、脚踩、电子驻车。

3.驻车制动器调整:拆卸驻车制动手柄饰板露出调节螺帽;使用一把扳手卡住调整螺

母，再用另外一把扳手拧松锁紧螺母。根据需要，转动调整螺母来伸长或缩短拉索的长度。

三、自我评估

1. 填空题

（1）驻车制动器通常是指机动车辆安装的______刹车，在车辆停稳后用于稳定车辆，避免车辆在______停车时由于溜车造成事故。

（2）进行驻车制动时，向下踏住行车制动器踏板，向上全部拉出______，欲松开驻车制动时，向下踏住行车制动器踏板，将驻车制动杆稍微拉动，用拇指按下______，然后将驻车制动杆放低到原始的位置。

（3）对装备有自动变速器的汽车而言，一定要先______，再将排挡杆移动到“P”（停车）位置。

（4）当拉起驻车制动器手柄超过______格就需要调整。

（5）拆卸驻车制动______露出调节螺帽。

（6）使用一把扳手卡住______，再用另外一把扳手拧松______。根据需要，转动调整螺母来伸长或缩短拉索的长度。

2. 判断题

（1）在倾斜地面停车时，先换挡到“P”位置，然后才进行驻车制动。（　　）

（2）在准备开动汽车时，应在松开驻车制动之前先将变速杆从“P”（停车）挡换出来。（　　）

（3）驻车制动调整首先拆卸驻车制动手柄饰板露出调节螺帽。（　　）

（4）驻车制动调整所使用工具是活动扳手。（　　）

3. 选择题

（1）驻车制动器调整后的检查正确的是（　　）。

A. 转动轮胎应无拖滞　B. 转动轮胎有轻微拖滞

C. 当拉起驻车制动器手柄超过 9 格

（2）驻车制动试车检查正确的是（　　）。

A. 在空挡情况下，检查驻车制动器是否能在 30％坡度的上坡和下坡状态下使车辆保持 5 分钟的止动

B. 在驻车挡情况下，检查驻车制动器是否能在 30％坡度的上坡和下坡状态下使车辆保持 5 分钟的止动

学习单元3　鼓式制动器检查与制动蹄片更换

情境导入

情境：一辆桑塔纳3000轿车，客户描述制动时后轮有异响，你的主管将这个任务分配给你，你能完成吗？

提示：典型的鼓式制动器主要由底板、制动鼓、制动蹄、轮缸（制动分泵）、回位弹簧、定位销等零部件组成。制动如有异响多数情况是由制动片磨损不均或已到磨损极限所致。

任务目标

一、知识目标

1. 能够简述鼓式制动器的基本组成；
2. 能够简述鼓式制动器制动鼓与制动蹄片测量的基本方法；
3. 能够复述更换制动鼓与制动蹄片的操作步骤。

二、技能目标

1. 能够规范地进行鼓式制动器制动鼓与制动蹄片的测量；
2. 能够规范地更换制动鼓与制动蹄片。

知识准备

一、基本知识

1. 鼓式制动器概述

1）鼓式制动器作用和优缺点

鼓式制动器过去用于汽车的所有车轮，在现在的小型车辆上，鼓式制动器通常用于后轮，如图5-3-1所示。

鼓式制动器的优点：可以与简单的驻车制动机构结合在一起；比盘式制动器的噪音要小；可以实现自增力，当制动蹄一端与鼓接触后，就能像杠杆作用一样促使制动力的自动增加。

鼓式制动器的缺点：散热性能差；抗衰变能力较低；有很大的侧滑和制动咬死的倾向；需要有专门的连接杆件才能进行制动器间隙的自动调整。

2）鼓式制动器的部件组成及作用

鼓式制动器的主要零部件有制动蹄、制动鼓、制动分泵（轮缸）、制动器底板、调整器、复位弹簧和压紧弹簧等，如图5-3-2所示。

图 5-3-1 鼓式制动器内部构造

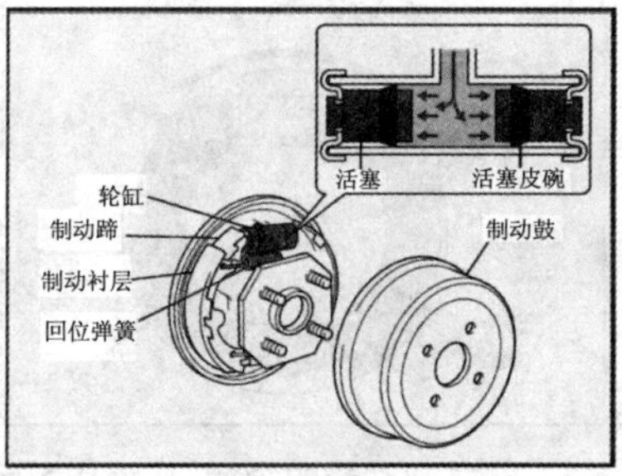

图 5-3-2 鼓式制动器的结构组成

制动蹄固定在制动器底板上，在实施制动之前，回位弹簧的拉紧张力使制动蹄脱离制动鼓。

制动时，总泵传送到分泵的制动液压力使制动蹄片张开顶压在旋转的制动鼓上，制动蹄片与制动鼓之间产生的摩擦力使制动鼓减速，安装在制动鼓上的车轮随着减速直至停止转动。

当解除制动时，分泵上的制动液压力消失，回位弹簧力拉动制动蹄片脱离制动鼓内表面返回原位。

由于制动蹄片被制动鼓包围，很难将产生的热量在较短的时间内散发掉，因此鼓式制动器抗热衰退性较差。

Ⅰ. 制动蹄

当把制动液压力施加到分泵（轮缸）上时，分泵活塞推动两侧的制动蹄片外张至制动鼓内圆表面，如图 5-3-3 所示。在左、右蹄片上产生不同的摩擦力。

摩擦力会使左制动蹄的蹄片沿旋转方向贴紧制动鼓；相反，右制动蹄的蹄片受到旋转制动鼓的排斥。

因贴紧制动鼓而增加制动蹄摩擦力作用称为增势作用，具有增势作用的制动蹄片叫做领蹄；因受制动鼓排斥而减小制动蹄摩擦力作用称为减势作用，具有减势作用的制动蹄片叫做从蹄。

Ⅱ. 制动鼓

制动鼓是鼓式制动器的旋转件，制动时它与制动蹄上的摩擦衬片相接触，产生摩擦力。制动鼓是由铸铁或者铸铁和钢的复合材料制成。由于制动过程中的磨损和发热等原因，摩擦面一定要是铁质的。

实心铸铁制动鼓是个一体式铁铸体，具有非常好的摩擦特性。这种制动鼓加工容易，吸热和散热效果很好，如图 5-3-4 所示。但实心式铸铁制动鼓质量大，且易碎，过热易导致制动鼓破裂。

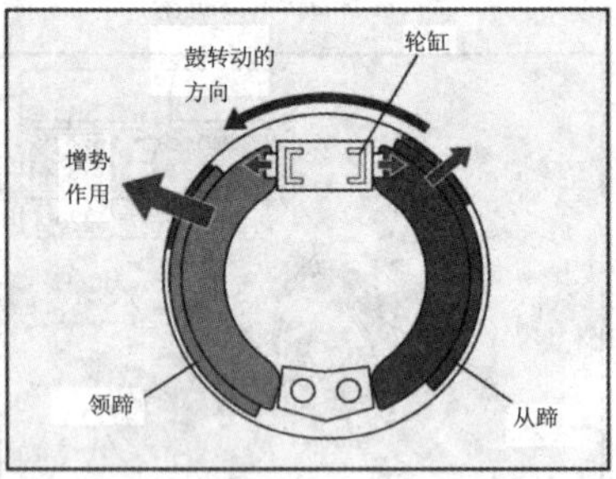

图 5-3-3　鼓式制动器的领蹄、从蹄作用示意图

图 5-3-4　铸铁制动鼓实物

钢与铁质制动鼓被称为复合制动鼓，制动鼓质量轻，而且制造价格便宜。然而，制动鼓吸热和散热的能力较弱，防制动衰变的能力较差，这种制动鼓常用于一些小型车的后轮制动器。

2. 准备工作

主要设备：

教学车辆、工具车、拆装工具、气动扳手、车轮挡块、多媒体教学设备（含白板）等。

辅助材料：

翼子板布和前格栅布、三件套、抹布、手套、白板笔等。

3. 实施步骤

1）将车辆停放在举升机位

要求：

请按举升机使用规范及车辆防护标准操作。

2）手动拧松车轮螺栓后举升车辆

要求：

旋松车轮螺栓后举升车辆，如图 5-3-5 所示。用轮胎扳手以逆时针方向依次旋松全部轮胎螺栓，举升车辆，升至方便于维修人员在侧边拆卸轮胎的操作为止。

注意：

车辆举升到位锁止举升支臂

3）取下车轮

要求：

取下车轮，如图 5-3-6 所示。手拿套筒逆时针方向旋动拆卸全部车轮螺栓，双手抱着左右两侧取下轮胎。

图 5-3-5　旋松车轮螺栓后举升车辆

图 5-3-6　取下车轮

4)拆下轮毂盖

要求：

左手托住专用工具支撑点，右手向下按压，拆卸轮毂盖，如图 5-3-7 所示。

5)拧下六角螺母

要求：

用 24 mm 套筒扳手逆时针选择，拆装六角螺母，如图 5-3-8 所示。

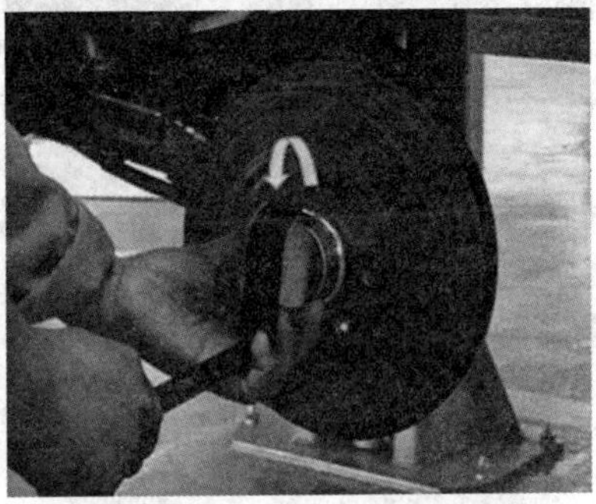

图 5-3-7　拆卸轮毂盖

图 5-3-8　拆卸六角螺母

6)调整制动蹄片位置

要求：

用一字螺丝刀通过制动鼓螺孔向上拨动楔形块，使制动蹄与制动鼓距离增大而放松，如图 5-3-9 所示。

7)拉出制动鼓

要求：

在制动鼓上面用记号笔做下拆装记号后，边旋转边拉出制动鼓，取出外轴承，如图 5-3-10 所示。

图 5-3-9　调整刹车片位置

图 5-3-10　拉出制动鼓

8)调整定位销位置

要求：

调整定位销的位置，如图 5-3-11 所示。调整方法：一手抵住定位销，用尖嘴钳夹住弹簧座，压缩弹簧，旋转弹簧座 90°，使定位销的扁头与弹簧座一字槽对齐。

9）**拆卸定位销**

要求：

左手指抵住定位销的背部端，右手用尖嘴钳依次取下弹簧座、弹簧、定位销，如图 5-3-12 所示。

图 5-3-11　调整定位销的位置

图 5-3-12　拆卸定位销

10）**拆下楔形块回位弹簧**

要求：

尖嘴钳向下拉动，拆卸回位弹簧，如图 5-3-13 所示。

11）**撬出制动蹄**

要求：

把后轮毂轴作为支点，用一字螺丝刀将制动蹄从下支架撬出，如图 5-3-14 所示。

图 5-3-13　拆卸回位弹簧

图 5-3-14　撬出制动蹄

12）**从底板上分离制动蹄**

要求：

将两个制动蹄从制动底板中拆出，如图 5-3-15 所示。

13）**拆卸回位弹簧及驻车拉索**

要求：

拆卸回位弹簧及驻车拉索，如图 5-3-16 所示。用尖嘴钳拆下制动调整弹簧，取下回位弹簧；再夹住驻车拉索端处，手指推动蹄片卡箍直至脱落。

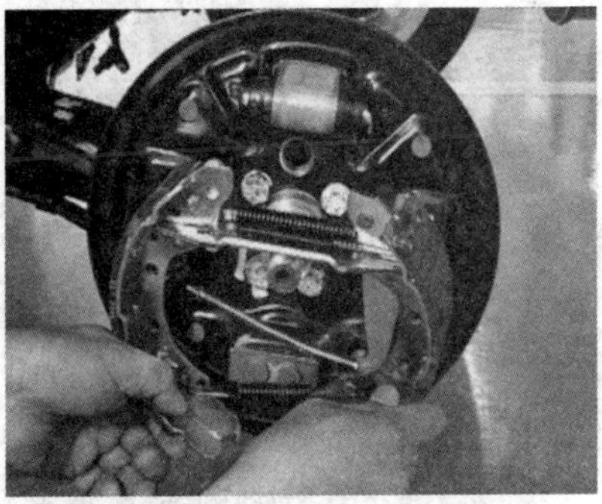

图 5-3-15 分离制动蹄与底板

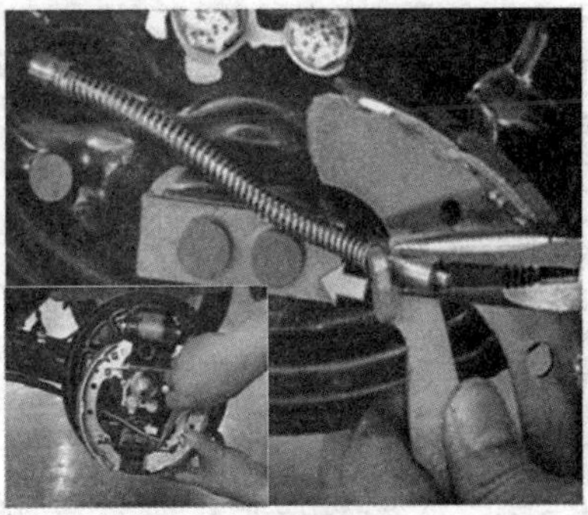

图 5-3-16 拆卸回位弹簧及驻车拉索

14)取下制动蹄片

要求:

将取下的制动蹄片总成放置在清洁的工作台上,如图 5-3-17 所示。

15)取出楔形块

要求:

用尖嘴钳拆卸制动蹄的回位弹簧,分离出左右制动蹄块,取出楔形块,如图 5-3-18 所示。

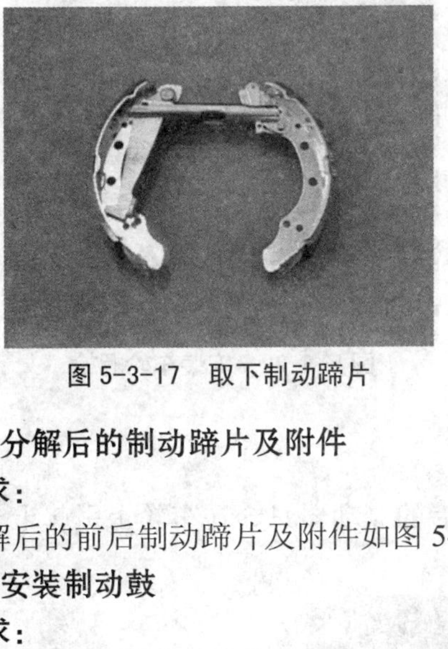

图 5-3-17 取下制动蹄片

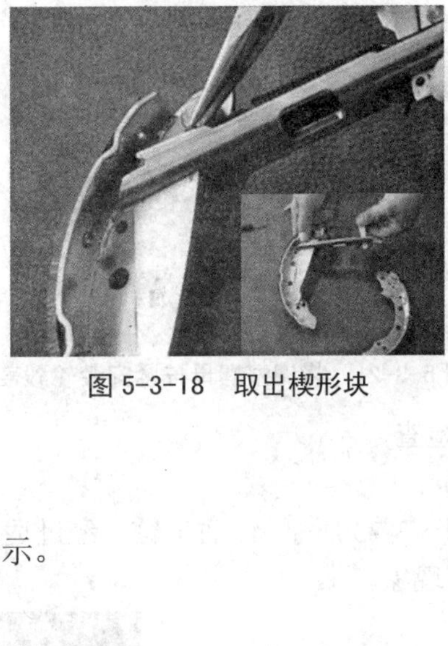

图 5-3-18 取出楔形块

16)分解后的制动蹄片及附件

要求:

分解后的前后制动蹄片及附件如图 5-3-19 所示。

17)安装制动鼓

要求:

将制动蹄片安装好后,按照拆卸时的记号位置安装制动鼓,如图 5-3-20 所示。

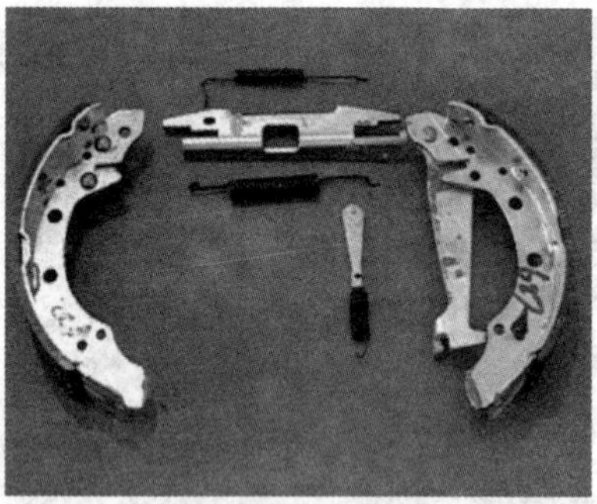

图 5-3-19　分解后的前后制动蹄片及附件

图 5-3-20　安装制动鼓

18）将调整螺母拧紧装上轮毂盖

要求：

扭紧调整螺母后，将护盖安装到轮毂上，如图 5-3-21 所示。用扭矩扳手以规定扭矩旋紧轴承，在轮毂盖内涂抹润滑脂后，将轮毂盖安装复位。

19）安装轮胎螺栓

要求：

紧固车轮螺栓，如图 5-3-22 所示。先用手依次将对角的轮胎螺栓旋紧入槽，将可调扭矩扳手力矩调整到 110 N·m，用调好的扭矩扳手对角拧紧车轮的固定螺栓。

图 5-3-21　将调整螺母拧紧安装轮毂盖

图 5-3-22　安装车轮螺栓

20）检查

要求：

如图 5-3-23 所示，转动车轮。经过适当调整后的制动器只会在车轮上引起十分微弱的制动拖滞现象。

图 5-3-23　安装车轮

21)降下车辆

要求:

降下车辆并按 5S 规范操作。

二、学习小结

1. 鼓式制动器的工作原理。

2. 鼓式制动器的拆装与检查。

三、自我评估

1. 填空题

(1)典型的鼓式制动器主要由________、________、________、轮缸(制动分泵)、回位弹簧、定位销等零部件组成。

(2)制动片磨损极限不能小于________mm。

2. 判断题

(1)在拆装鼓式制动器时,最好的方法是拆装一边,保留一边以做参考。( )

(2)制动鼓拆下后,可以踩下制动踏板检查轮缸情况。( )

(3)制动鼓内有粉尘,先使用压缩空气吹干净后再拆轮缸、蹄。( )

3. 选择题

(1)下列说法正确的是( )。

A. 鼓式制动器只有一个制动分泵　B. 鼓式制动器中制动蹄片分为领蹄和从蹄

C. 鼓式制动器中含有驻车制动机构　D. 现在普遍使用鼓式制动器

学习单元 4　盘式制动器检查与制动蹄片更换

情境导入

情境：一辆卡罗拉轿车保养时发现制动片需要更换，你的主管将这个任务分配给你，你能完成吗？

提示：制动钳上的两个摩擦片分别装在制动盘的两侧，分泵的活塞受油管输送来的液压作用，推动摩擦片压向制动盘发生摩擦制动，动作就好像用钳子钳住旋转中的盘子迫使它停下来一样，随着使用时间的延长，制动钳上的摩擦片会越来越薄，当达到极限时必须更换，否则会有安全隐患。

任务目标

一、知识目标

（1）能描述盘式制动器的结构。

（2）能描述盘式制动器的特点。

（3）能描述如何对盘式制动器进行维护。

二、技能目标

能正确进行盘式制动器的检查及维护。

知识准备

一、基本知识

1. 盘式制动器的概述

盘式制动器又称为碟式制动器（因其形状而得名），它由液压控制，主要零部件有制动盘、分泵、制动钳、油管等。制动盘是用合金钢制造并固定在车轮上的并随车轮转动。分泵固定在制动器的底板上。制动钳上的两个摩擦片分别装在制动盘的两侧，分泵的活塞受油管输送来的液压作用，推动摩擦片压向制动盘发生摩擦制动，动作就好像用钳子钳住旋转中的盘子迫使它停下来一样。盘式制动器的显著特点有散热快、重量轻、构造简单、调整方便。特别是高负载时耐高温性能好，制动效果稳定，而且不怕泥水侵袭。在冬季和恶劣路况下行车，盘式制动比鼓式制动更容易在较短的时间内令车停下。很多轿车采用的盘式制动器有平面式制动盘、打孔式制动盘以及画线式制动盘，其中画线式制动盘的制动效果和通风散热能力均比较好。盘式制动器沿制动盘方向施力，制动轴不受弯矩，径向尺寸小，制动性能稳定。盘式制动器已广泛应用于轿车，目前只有极少部分汽车还在使用前盘后鼓式制动。

盘式制动器检查维护内容如下：

（1）制动器摩擦片的厚度（内侧和外侧，用直尺垂直测量）；

（2）制动盘的磨损和损坏，用千分尺测量其厚度，用磁性表座测量其端面跳动；

（3）制动卡钳处，检查有无泄漏状况，活塞回位是否卡滞。

2. 准备工作

主要设备：

教学车辆、工具车、直尺、拆装工具、气动扳手、车轮挡块、S 形挂钩、百分表（带磁性表座）、0~25 mm 千分尺、多媒体教学设备（含白板）等。

辅助材料：

翼子板布和前格栅布、三件套、抹布、手套、粉笔、白板笔等。

3. 实施步骤

1）将车辆停放在举升机位

要求：

将车辆停放在举升机位如图 5-4-1 所示。

请按设备安全操作及车辆防护规范操作（见学习情境一）。

2）将车辆举升至合适高度

要求：

将车辆举升至合适高度如图 5-4-2 所示。

将车辆举升至便于操作的高度，一般在轮胎与手臂齐平位置。

图 5-4-1　车辆就位

图 5-4-2　举升至合适高度

3）举升机安全锁止

要求：

举升机安全锁止如图 5-4-3 所示。

（1）按下举升机控制柜上的锁定按钮，确认锁止机构已经锁止可靠。

（2）发出“举升机锁止安全，可以作业”的指令，然后开始相应作业项目的作业。

警告：

一定要安全锁止，经确认后才能作业。

问题：

忘记按锁止按钮，未检查是否安全锁止。

4）检查轮毂轴承

要求：

检查轮毂轴承如图 5-4-4 所示。

（1）晃动车轮检查轮毂轴承有无松动。

（2）转动车轮检查轮毂轴承有无异响。

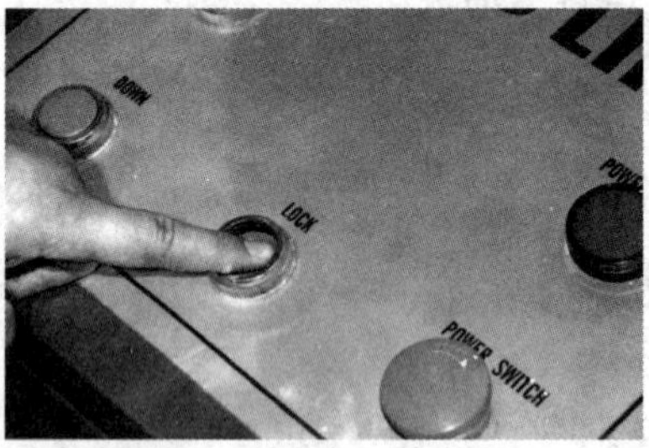

图 5-4-3　举升机安全锁止

图 5-4-4　检查轮毂轴承

5）拆卸轮胎螺栓

要求：

拆卸轮胎螺栓如图 5-4-5 所示。

（1）人蹲在车旁，用气动扳手拆卸轮胎螺栓，保留最后一个螺栓。

（2）左手稳住轮胎，右手用轮胎套筒旋松最后一颗轮胎螺栓直至脱落，双手抱着轮胎拆下。

注意：

（1）车辆的轮胎较重，拆下时注意双臂抱紧用力水平移动轮胎。

（2）轮胎、气动扳手脱落砸伤脚。

6）轮胎摆放

要求：

轮胎摆放如图 5-4-6 所示。

（1）使用标记在轮胎架上分别注明轮胎摆放顺序。

（2）使用同样方法拆卸其余 3 个轮胎，并放在轮胎架上对应的位置。

注意：

一定要将拆下的轮胎放在轮胎架上的对应位置，以免搞混。

图 5-4-5　拆卸轮胎螺栓

图 5-4-6　轮胎摆放

7）拆卸制动卡钳钳体螺栓

要求：

拆卸制动卡钳钳体螺栓如图 5-4-7 所示。

（1）右手拿 17 mm 扳手，左手拿 14 mm 扳手。

（2）两手配合使用，拆下制动卡钳钳体螺栓。

注意：

使用扳手时的旋转方向。

8）挂上制动分泵

要求：

挂上制动分泵如图 5-4-8 所示。

（1）取出分泵用 S 形钩把制动分泵挂在螺旋弹簧上。

（2）S 形钩挂牢，以防钳体掉落。

问题：

分泵忘记用挂钩挂住。

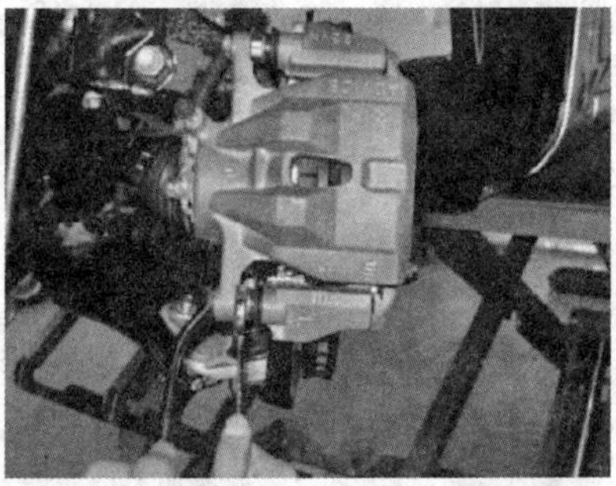

图 5-4-7　拆卸制动卡钳钳体螺栓

图 5-4-8　挂上制动分泵

9）卸下摩擦片

要求：

卸下摩擦片如图 5-4-9 所示。

（1）双手卸下两个摩擦片。

（2）卸下摩擦片时小心消音片掉落。

10）测量摩擦片厚度（内侧）

要求：

测量摩擦片厚度（内侧）如图 5-4-10 所示。

（1）清洁表面，目视摩擦片有无不均匀磨损。

（2）左手水平托住摩擦片，右手用直尺垂直测量。

（3）测量其内侧厚度 4 个位置（标准 10~12 mm）。磨损极限 1 mm。

问题：

测量位置不正确，消音片容易掉落。

图 5-4-9 卸下摩擦片

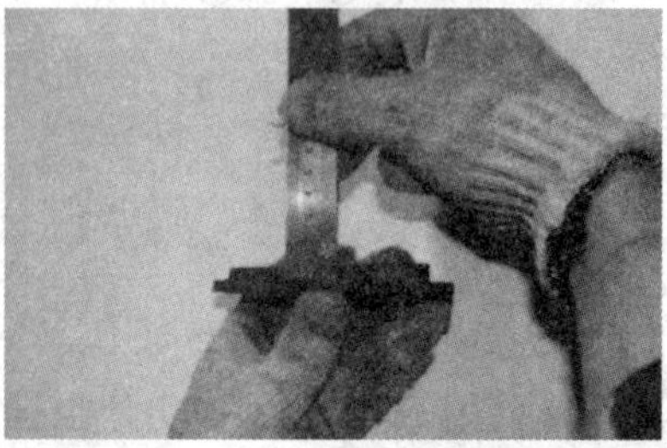

图 5-4-10 测量摩擦片厚度（内侧）

11）测量摩擦片厚度（外侧）

要求：

测量摩擦片厚度（外侧）如图 5-4-11 所示。

（1）清洁表面，目视摩擦片有无不均匀磨损。

（2）左手水平托住摩擦片，右手用直尺垂直测量。

（3）测量其外侧厚度 4 个位置（标准 10~12 mm）。磨损极限 1 mm。

问题：

测量位置不正确，消音片容易掉落。

12）检查消音片

要求：

检查消音片如图 5-4-12 所示。

（1）打开消音片，目视消音片。

（2）观察是否有损坏，支撑板有无裂纹。

问题：

消音片容易掉落，检查不仔细。

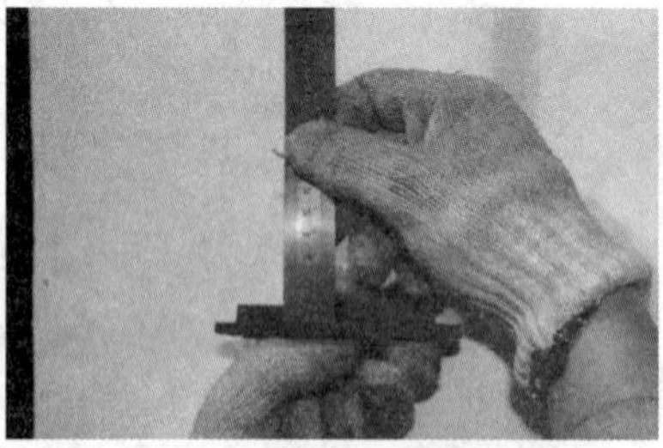

图 5-4-11 测量摩擦片（外侧）

图 5-4-12 检查消音片

13）拆卸制动卡钳支架螺栓

要求：

拆卸制动卡钳支架螺栓如图 5-4-13 所示。

（1）用指针式扭力扳手配上 17 mm 套筒旋松制动卡钳支架螺栓。

（2）用手卸下制动卡钳支架螺栓。

（3）把制动卡钳支架卸下。

问题：

使用指针式扭力扳手时旋向错误，操作不仔细。

14）旋紧车轮螺栓

要求：

旋紧车轮螺栓如图 5-4-14 所示。

（1）旋上车轮螺栓 3 个（对角）。

（2）使用扭力扳手，扭矩 104 N•m。

（3）偏转车轮，使车轮回到正位。

（4）用专用工具配合使用，旋紧车轮螺栓。

问题：

用力过猛造成冲击，操作不仔细。

图 5-4-13　拆卸制动卡钳支架螺栓

图 5-4-14　旋紧车轮螺栓

15）组装磁性表座

要求：

正确组装磁性表座，如图 5-4-15 所示。

16）测量转子盘跳动量（安装磁性表座）

要求：

测量转子盘跳动量（安装磁性表座）如图 5-4-16 所示。

图 5-4-15　组装磁性表座

图 5-4-16　测量转子盘跳动量（安装磁性表座）

（1）磁性表座安装位置要正确。

（2）百分表表头安装位置要正确，距离边缘 10 mm。

注意：

精密仪器使用过程中需仔细。

17）测量转子盘跳动量（调零）

要求：

测量转子盘跳动量（调零）如图 5-4-17 所示。

（1）百分表预压（1~2 格）。

（2）消除百分表间隙。

警告：

（1）百分表预压过大或过小。

（2）消除间隙，提拉幅度不易过大。

18）测量转子盘跳动量（测量）

要求：

测量转子盘跳动量（测量）如图 5-4-18 所示。

旋转车轮至少一周，同时观察其跳动量（小于 0.05 mm）。

问题：

（1）旋转车轮过快。

（2）百分表易偏离正确位置。

图 5-4-17 测量转子盘跳动量（调零）

图 5-4-18 测量转子盘跳动量（测量）

19）拆卸转子盘（卸下轮胎螺栓）

要求：

拆卸转子盘（卸下轮胎螺栓）如图 5-4-19 所示。

用粉笔做上装配标记，用气动扳手卸下轮胎螺栓（对角操作）。

问题：

未对角拆卸轮胎螺栓，戴手套使用气动扳手。

20）拆卸转子盘（取下转子盘）

要求：

拆卸转子盘（取下转子盘）如图 5-4-20 所示。

（1）双手把住水平移出，谨防碰撞螺栓及车身。
（2）将转子盘放到工作台上。

注意：

（1）不要撞击车身，谨防碰伤手指或车辆。
（2）转子盘平稳取下，以防损坏螺栓。

问题：

（1）取下时碰撞螺栓及车身。
（2）未放到工作台规定位置。

图 5-4-19　拆卸转子盘（卸下轮胎螺栓）

图 5-4-20　拆卸转子盘（取下转子盘）

21）测量转子盘厚度并目视其表面

要求：

测量转子盘厚度并目视其表面如图 5-4-21 所示。
清洁并目视转子盘表面，观察其有无不均匀磨损。

问题：

观察不仔细。

22）测量转子盘厚度（千分尺校零）

要求：

测量转子盘厚度（千分尺校零）如图 5-4-22 所示。

图 5-4-21　测量转子盘厚度并目视其表面

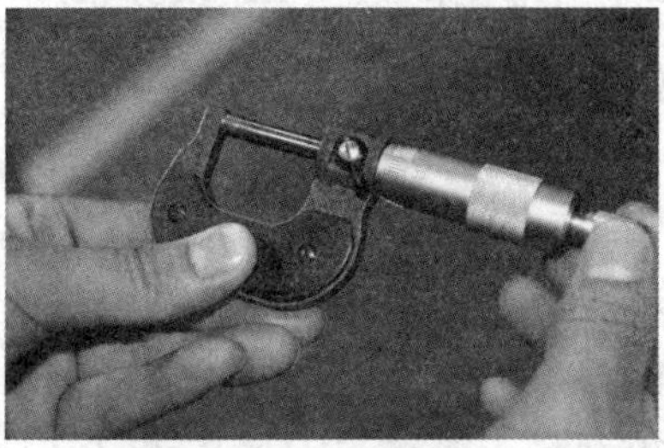

图 5-4-22　测量转子盘厚度（千分尺校零）

（1）选用量程 0~25 mm 的千分尺。
（2）正确校零。

问题：

校零不正确。

23）测量转子盘厚度（测量）

要求：

测量转子盘厚度（测量）如图 5-4-23 所示。

（1）测量其厚度，距离边缘 10 mm。

（2）每 120° 测量一次，共 3 次。

（3）标准值 22 mm，最低极限 19 mm。

注意：

精密仪器使用过程中需仔细。

问题：

千分尺使用方法错误。

24）安装转子盘

要求：

安装转子盘如图 5-4-24 所示。

（1）双手拿转子盘。

（2）对上标记安装转子盘。

（3）清除标记。

注意：

双手拿稳，转子盘不可碰撞。

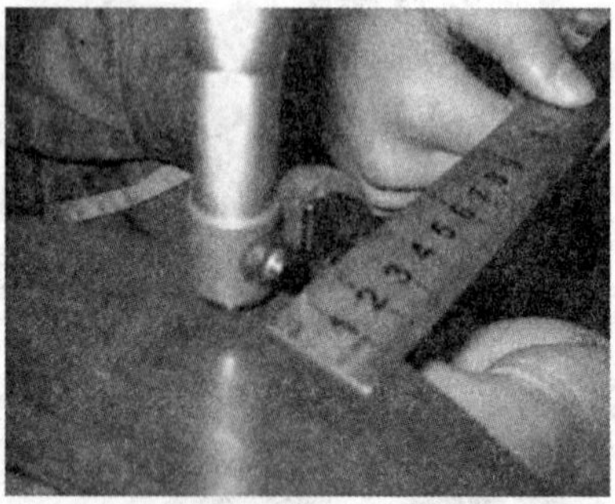

图 5-4-23　测量转子盘厚度（测量）

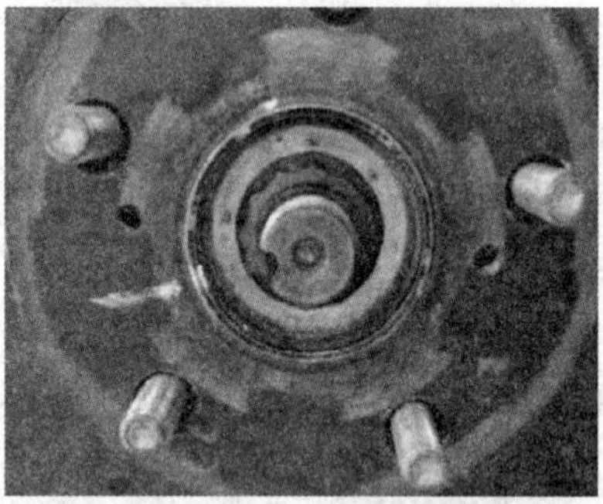

图 5-4-24　安装转子盘

25）安装车轮螺栓

要求：

安装车轮螺栓如图 5-4-25 所示。

偏转车轮，对角安装 3 个车轮螺栓。

问题：

未对角安装。

26）安装制动卡钳支架

要求：

安装制动卡钳支架如图 5-4-26 所示。

（1）安装制动卡钳支架。
（2）安装制动卡钳支架螺栓。
（3）用扭力扳手旋紧至 107 N•m。

注意：

扭力扳手旋向要正确，以防损坏螺栓。

图 5-4-25　安装车轮螺栓

图 5-4-26　安装制动卡钳支架

27）**安装摩擦片**

要求：

安装摩擦片如图 5-4-27 所示。

双手安装摩擦片。

问题：

摩擦片装反，摩擦片安装不到位。

28）**安装制动卡钳钳体**

要求：

安装制动卡钳钳体如图 5-4-28 所示。

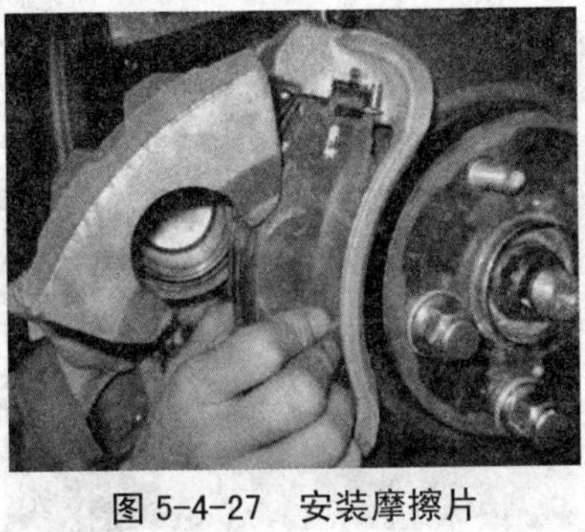

图 5-4-27　安装摩擦片

图 5-4-28　安装制动卡钳钳体

（1）安装制动卡钳钳体。
（2）将 14 mm 扳手与 17 mm 扳手配合使用旋紧。
（3）使用扭力扳手旋紧至 34 N•m。

（4）偏转车轮（正向）。

29）**安装轮胎**

要求：

安装轮胎如图 5-4-29 所示。

（1）按照轮胎拆卸时位置将轮胎装回原位。

（2）双手抱着轮胎举升，卡到安装位置后左手在下端稳定轮胎，右手旋上轮胎螺栓，如图所示。

（3）气动扳手选择好方向（顺时针）套上合适套筒后以顺时针方向旋紧螺栓。

图 5-4-29　安装轮胎

30）**紧固轮胎螺栓**

要求：

紧固轮胎螺栓如图 5-4-30 所示。

图 5-4-30　紧固轮胎螺栓

（1）降下车辆至轮胎接触地面。

（2）使用 21 mm 套筒和可调式扭矩扳手，以对角的顺序按规定扭矩旋紧轮胎螺栓，拧紧扭矩 103 N·m。

注意：

轮胎螺栓的紧固顺序，是以对称的方向紧固，所有螺栓扭矩都必须达到规定扭矩。

31）**收起三件套并按 5S 规范操作**

要求：

收起三件套如图 5-4-31 所示；整理车间如图 5-4-32 所示。

图 5-4-31　收起三件套

图 5-4-32　整理车间

32）**填写工作单**

要求：

填写工作单如图 5-4-33 所示。

图 5-4-33 填写工作单

（1）在完成的项目后面签名或打钩确认。

（2）有数据记录的记录相关数据。

（3）有疑问或不正确的做好相关记录并立即上报。

问题：

（1）忘记填写，字迹潦草。

（2）有关问题没有记录，未上报。

二、学习小结

1. 盘式制动器工作原理、组成。
2. 盘式制动器拆装步骤。
3. 盘式制动器检查，制动盘、制动片测量。

三、自我评估

1. 填空题

（1）制动片磨损极限不能小于________mm。

（2）制动盘的跳动必须小于________mm。制动盘与制动块接触的两个平面的平行度误差不能超________。

2. 判断题

（1）安装制动块和制动盘前，一定要对制动盘表面进行清洁。（　）

（2）在测量制动片时需要测量两个点。（　）

（3）制动盘只需测量厚度即可。（　）

3. 选择题

（1）（　　）把液压作用力变换为机械作用力，来将制动片压紧在制动盘上。

A. 制动管路　B. 制动卡钳　C. 制动主缸　D. 压紧弹簧

（2）制动片被磨损掉之后所发出的刺耳尖叫声，是由下列（　　）产生的。

A. 制动踏板开关　B. 电子磨损指示器　C. 机械磨损指示器

D. 液压警告开关

（3）关于制动盘的说法，以下不正确的是（　　）。

A. 制动盘的厚度极限可以从盘上得到

B. 制动盘厚度不需要检查，到规定的行驶公里后直接更换

C. 制动盘可以进行打磨处理，但完成后需进行测量

D. 制动盘安装时不能轻易改变安装位置

（4）在更换盘式制动系统的制动蹄片时，下列的操作步骤有错的是（　　）。

A. 在松开制动钳、拆卸蹄片前，必须将多余制动液从制动主缸内抽出

B. 在更换新的制动蹄片前，必须用活塞回位工具把活塞推回缸筒内

C. 从制动钳上取下活塞，清除活塞上的锈、腐蚀点和灰尘

D. 对滑销涂上少量的高温润滑脂

学习单元 5　制动管路的检查

情境导入

情境：客户描述在回家路上汽车底盘被擦挂，在车辆后部可以看见底盘下有东西在摇晃，你的主管将这个检查任务分配给你，你能完成吗？

提示：汽车制动管路大多沿底盘布置到两后轮，如底盘被擦挂很容易损伤制动管路。

任务目标

一、知识目标

能描述制动管路的位置和功能。

二、技能目标

能进行制动管路的检查及维护。

知识准备

一、基本知识

1. 制动管路的概述

行车制动器的作用是使运动中的车辆减速或停车，如果制动系统管路出现故障，会造成安全隐患，当紧急制动时，可能会造成管路爆裂、制动失灵，严重的会导致交通事故，因此对制动管路及软管的检查和维护非常重要。

检查制动管路的重要性：制动软管容易退化和损坏，例如裂纹和凸起，如不及时检查，会引起制动液泄漏，制动器不能工作。

制动管路检查、更换的间隔：制动软管应当定期（每行驶 20 000 km 或 1 年）进行检查。发现任何问题，立即更换软管。

2. 准备工作

主要设备：

教学车辆、工具车、手电筒、拆装工具、气动扳手、车轮挡块、多媒体教学设备（含白板）等。

辅助材料：

翼子板布和前格栅布、三件套、抹布、手套、白板笔等。

3. 实施步骤

1）将车辆停放在举升机位

要求：

将车辆停放在举升机位如图 5-5-1 所示。

请按设备安全操作及车辆防护规范操作（见学习情境一）。

2）将车辆举升至合适高度

要求：

将车辆举升至合适高度如图 5-5-2 所示。

将车辆举升至便于操作的高度，一般在轮胎与手臂齐平的位置。

图 5-5-1　车辆就位

图 5-5-2　举升至合适高度

3）举升机安全锁止

要求：

举升机安全锁止如图 5-5-3 所示。

（1）按下举升机控制柜上的锁定按钮，确认锁止机构已经锁止可靠。

（2）发出“举升机锁止安全，可以作业”的指令，然后开始相应作业项目的作业。

警告：

一定要安全锁止，经确认后才能作业。

问题：

忘记按锁止按钮，未检查是否安全锁止。

4）检查制动软管

要求：

检查制动软管如图 5-5-4 所示。

（1）用手摸并观察制动软管有无扭曲、裂纹、凸起。

（2）检查制动软管是否松动和摆动。

问题：

检查不仔细、不全面。

图 5-5-3　举升机安全锁止

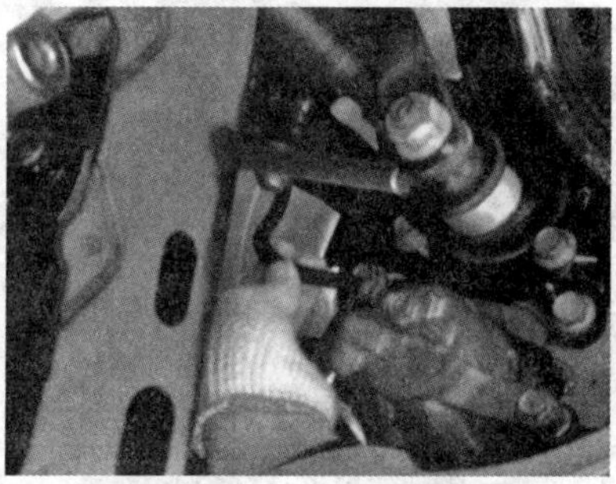

图 5-5-4　检查制动软管

5)检查制动管路接头处

要求：

检查制动管路接头处如图 5-5-5 所示。

用手摸并观察制动管路接头处有无泄漏、损坏。

6)检查制动管路

要求：

检查制动管路如图 5-5-6 所示。

(1)用手摸并观察制动管路。

(2)检查制动管路有无裂纹、损坏、压痕。

(3)检查制动管路安装是否牢固、有无干涉。

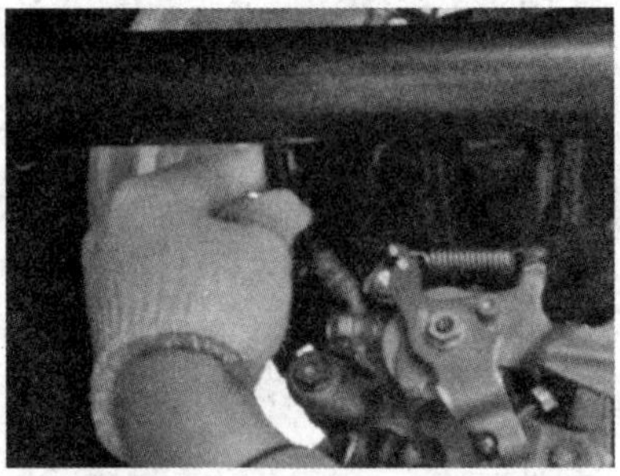

图 5-5-5　检查制动管路接头处

图 5-5-6　检查制动管路

7)降下车辆检查

图 5-5-7　下降车辆

要求：

降下车辆检查如图 5-5-7 所示。

(1)按照举升机操作规则降下车辆。

(2)最后在空挡情况下，检查驻车制动器是否能在 30% 坡度的上坡和下坡状态下使车辆保持 5 min 的止动。

8)收起三件套并按 5S 规范操作

要求：

收起三件套如图 5-5-8 所示；整理车间如图 5-5-9 所示。

图 5-5-8　收起三件套

图 5-5-9　整理车间

9)填写工作单

图 5-5-10 填写工作单

要求：

填写工作单如图 5-5-10 所示。

(1)在完成的项目后面签名或打钩确认。

(2)有数据记录的记录相关数据。

(3)有疑问或不正确的做好相关记录并立即上报。

问题：

(1)忘记填写，字迹潦草。

(2)有关问题没有记录，未上报。

二、学习小结

1. 制动管路的重要性。
2. 制动管路的检查步骤。
3. 制动管路接头、安装位置、固定情况检查。

三、自我评估

1. 填空题

(1)制动软管应当定期检查，发现任何问题，立即______。

(2)制动管路每行驶______km 或______年要进行检查。

(3)制动软管检查主要用手摸并观察有无______、______、______，检查其是否松动和______。

2. 判断题

(1)制动管路都是刚性连接不会移动的。(　　)

(2)汽车底盘上你能看到一根较长的制动管路连接到两后轮。(　　)

(3)连接制动卡钳的是制动软管。(　　)

3. 选择题

(1)下列关于制动管路检查说法正确的是(　　)。

A. 检查管路接头　B. 检查安装位置　C. 检查有无扭曲变形

D. 检查有无松动和干涉现象

学习情境六　汽车电器检查与更换

学习单元 1　蓄电池的检查、充电与更换

情境导入

情境：一辆丰田卡罗拉轿车的客户反映，昨天还是好好的，今天早晨就不能启动了，只听见“嗒嗒”声，你的主管把这个处理任务分配给你，你能完成吗？

提示：蓄电池是车辆在运转之前的电力来源，如蓄电池电量不足，车辆将无法启动，其他系统也不能正常工作。

任务目标

一、知识目标

(1)能描述蓄电池的检查方法。

(2)能描述蓄电池的安装位置。

(3)知道蓄电池的充电方法及步骤。

二、技能目标

(1)能够在车上给蓄电池充电。

(2)能够独立完成蓄电池的更换。

知识准备

一、基本知识

1. 蓄电池的概述

1) 蓄电池的作用

蓄电池的作用主要有以下几方面。

(1)在未启动发动机时蓄电池向汽车用电设备供电。

(2)启动发动机时，蓄电池瞬间提供大电流电。

(3)由于蓄电池储存的电量有限，需要发电机给蓄电池充电。

(4)吸收汽车上大功率设备瞬间断开时产生的高压电。

2)蓄电池检查、充电、更换的注意事项

蓄电池的检查、充电、更换主要有以下几个注意事项。

(1)检查蓄电池时，应进行蓄电池的外观检查。

(2)用万用表检查蓄电池时，应开一会儿大功率设备，以去掉蓄电池极桩的表面电荷。

(3)使用蓄电池测试仪时，应保证正负极正确连接。

(4)在充电时要正确连接线路，防止先开电源后连接的错误。

(5)更换蓄电池时应该正确拆装蓄电池极桩。

2. 准备工作

主要设备：

教学车辆、工具车、多层零件车、工作台、拆装工具、多媒体教学设备（含白板）、万用表、蓄电池测试仪等。

辅助材料：

翼子板布和前格栅布、三件套、抹布、手套、白板笔等。

3. 实施步骤

1）将车辆停放在举升机位

要求：

将车辆停放在举升机位如图 6-1-1 所示。

请按设备安全操作及车辆防护规范操作（见学习情境一）。

2）打开发动机舱罩，放置翼子板布和前格栅布

要求：

打开发动机舱罩，放置翼子板布和前格栅布，如图 6-1-2 所示。

（1）翼子板布和前格栅布要有效遮挡车身部位，上边缘与翼子板和前格栅上部边缘平齐。

（2）用内部的磁铁牢牢吸住金属部分。

（3）放置时禁止在车身上面滑动，以防擦伤涂层。

（4）有标记或文字的一面朝外且朝上。

问题：

（1）安装位置不正确或掉落，磁铁没有吸住金属。

（2）安装时有明显的滑动或有明显的磁铁撞击声。

图 6-1-1 将车辆停放在举升机位

图 6-1-2 放置翼子板布和前格栅布

3）外观检查蓄电池

要求：

外观检查蓄电池如图 6-1-3 所示。

（1）检查蓄电池极桩处有无腐蚀。

（2）检查蓄电池有无电解液渗漏。

（3）摇晃蓄电池，观察其有无松动。

警告：

在检查过程中，避免手接触到极桩的腐蚀物和渗漏的电解液。

问题：

（1）检查不仔细。
（2）摇晃时用力过猛，划伤手。
（3）手接触到腐蚀物。

4）万用表检查蓄电池

要求：

万用表检查蓄电池如图 6-1-4 所示。
（1）打开点火钥匙。
（2）打开大灯或者调大鼓风机风速，最大工作 30 s 左右。
（3）关闭点火钥匙，关闭汽车上所有的用电设备。
（4）检查万用表，然后调置直流电压至 20 V。
（5）万用表红色表笔连接至蓄电池正极，黑色表笔连接至蓄电池负极，然后观察万用表的读数和记录。

警告：

万用表调至较小挡位或者选错。

问题：

（1）忘记开大功率设备或者开的时间过长。
（2）不检查万用表。
（3）万用表挡位选择错误。

图 6-1-3　外观检查蓄电池

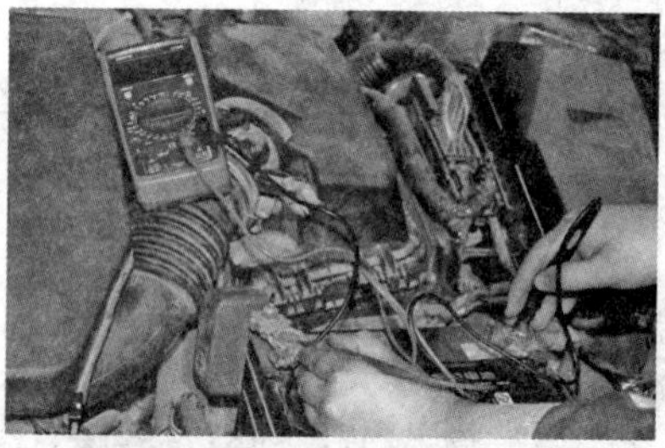

图 6-1-4　万用表检查蓄电池

5）蓄电池测试仪检查蓄电池

要求：

蓄电池测试仪检查蓄电池如图 6-1-5 所示。
（1）关闭汽车所有用电设备。
（2）读取蓄电池的相关信息，记录蓄电池上的额定容量、冷启动电流值。
（3）蓄电池测试仪红色夹子连接至蓄电池正极，黑色夹子连接至蓄电池负极。
（4）测试内容选择“蓄电池”，按“ENTER”选择“标准选择”，选择蓄电池测试标准范围。
（5）按“ENTER”选择“冷启动电流选择”，调节至蓄电池上的参考值。
（6）按“ENTER”选择“蓄电池测试”，再按“ENTER”进行测试，屏幕会显示测试结果。

警告：

防止蓄电池测试仪正负端子连接错误。

问题：

（1）忘记关闭汽车用电设备。

（2）蓄电池测试仪连接错误。

（3）蓄电池信息无法正确读取。

测试仪连接蓄电池极桩

选择蓄电池测试

选择蓄电池测试内容

选择蓄电池测试标准

调节冷启动电流值

测试结果

图 6-1-5 蓄电池测试仪检查蓄电池

6）蓄电池的充电

要求：

蓄电池的充电如图 6-1-6 所示。

（1）检查充电启动机设备并把充电机的开关至在关闭挡。

（2）正确连接充电电缆至充电机上（一般红色连充电机的“+”输出端子，黑色连充电机的“-”输出端子）。将连接至蓄电池正输出端子的电缆连接至蓄电池正极，将连接至蓄电池负输出端子的电缆连接至车身搭铁处（不能连接至油路或控制模块旁）。

（3）插上充电机电源线，选择充电电压 12 V，打开充电机电源开关，调节充电电流（长时间充电，电流应不大于 5 A）。

警告：

（1）防止充电电缆连错，否则将烧损汽车用电设备。

（2）防止充电夹子在充电过程中脱落，否则将烧损汽车用电设备。

（3）防止在充电过程中起火或者控制模块烧损，充电电缆负极夹子不能夹在油路和控制模块旁。

问题：

（1）充电电缆接错。

（2）充电电缆负极夹子安装位置不对。

（3）充电完成时，忘记关闭充电机电源而直接取下充电电缆。

图 6-1-6 蓄电池的充电

7）蓄电池的更换

要求：

蓄电池的更换如图 6-1-7 所示。

（1）拆卸蓄电池负极接线柱。

（2）拆卸蓄电池正极接线柱。

(3)拆卸蓄电池固定夹螺栓。

(4)取下蓄电池固定夹。

(5)用蓄电池取出器或者带上手套取出废旧的蓄电池。

(6)取出新的蓄电池,核对蓄电池的尺寸、容量是否符合相应车型。

(7)把新的蓄电池放进蓄电池的安装位置。

(8)安装蓄电池的固定夹,拧紧螺栓。

(9)安装蓄电池的正极电缆。

(10)安装蓄电池的负极电缆。

(11)启动发动机,检查蓄电池的安装情况。

警告:

(1)防止在拆装时发生短路,应遵循先拆负极接线柱和先装正极接线柱的规则。

(2)防止过度拧紧蓄电池固定架螺栓,避免损坏蓄电池外壳。

问题:

(1)蓄电池接线柱拆错顺序。

(2)蓄电池接线柱安装顺序出错。

(3)安装后忘记启动发动机检查蓄电池的安装情况。

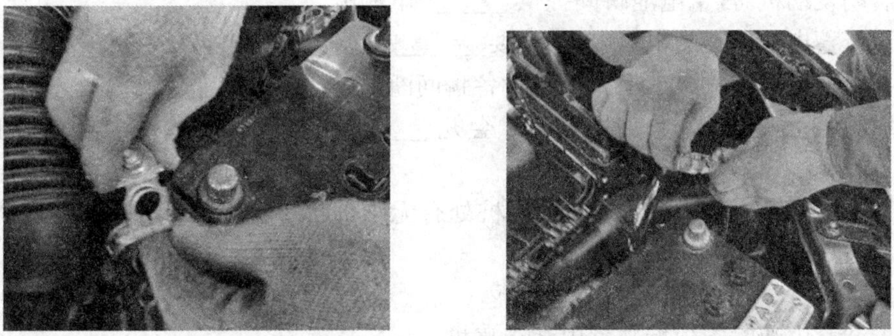

图 6-1-7　蓄电池的更换

8)收起三件套并按 5S 规范操作

要求:

收起三件套如图 6-1-8 所示;整理车间如图 6-1-9 所示。

图 6-1-8　收起三件套

图 6-1-9　整理车间

9)填写工作单

要求：

填写工作单如图 6-1-10 所示。

(1)在完成的项目后面签名或打钩确认。

(2)有数据记录的记录相关数据。

(3)有疑问或不正确的做好相关记录并立即上报。

图 6-1-10 填写工作单

问题：

(1)忘记填写，字迹潦草。

(2)有关问题没有记录，未上报。

二、学习小结

1. 蓄电池的作用。

2. 蓄电池检查、充电、更换的注意事项。

3. 蓄电池的检测、充电步骤。

三、自我评估

1. 填空题

(1)在未启动发动机时_______向汽车用电设备供电。

(2)启动发动机时，蓄电池瞬间提供_______电流电。

(3)由于蓄电池储存的电量有限，需要_______给蓄电池充电。

(4)蓄电池可以吸收汽车上大功率设备瞬间断开时产生的_______。

(5)用万用表检查蓄电池时，应开一会儿________设备，以去掉蓄电池极桩的表面电荷。

(6)蓄电池外观主要检查：蓄电池极桩处有无_______；有无_______；摇晃蓄电池有无_______。

2. 判断题

(1)拆卸蓄电池时应先拆装蓄电池正极桩。(　　)

(2)安装蓄电池时应先安装蓄电池正极桩。(　　)

(3)检查蓄电池电压时万用表应调至 20 A 直流电流挡。(　　)

(4)对蓄电池长时充电时电流应不得大于 10 A。(　　)

3. 选择题

(1)关于蓄电池的检查下列说法不正确的是(　　)。

A. 需测量启动电流　B. 可用万用表检查　C. 可用电瓶测试仪检查

D. 听启动机转动声音进行判断

(2)用万用表检查蓄电池说法错误的是(　　)。

A. 打开大灯或者调大鼓风机风速，最大工作 30 s 左右

B. 关闭点火钥匙，关闭汽车上所有的用电设备

C. 检查万用表，然后直流电压调至 20 V 挡位

D. 万用表红色表笔连接至蓄电池正极，黑色表笔连接至蓄电池负极

学习单元2　火花塞检查与更换

情境导入

情境：一辆卡罗拉轿车发动机怠速时发抖，技术诊断认为是火花塞问题，你的主管将检修任务分配给你，你能完成吗？

提示：火花塞的作用是点燃可燃混合气。火花塞工作的好坏，对汽车的动力有着非常直接的影响。当发动机抖动、加速不良时，都要对火花塞进行检查。

任务目标

一、知识目标

（1）能描述火花塞的安装位置。

（2）能描述火花塞的作用。

（3）能描述火花塞的更换周期。

二、技能目标

（1）能够检查火花塞的间隙。

（2）能够对火花塞的外观进行检查。

（3）能够独立完成火花塞的更换。

知识准备

一、基本知识

1. 火花塞的概述

1）火花塞的作用

将点火线圈产生的脉冲高压电引入到燃烧室，并在其两个电极之间产生电火花，以点燃可燃混合气。火花塞工作的好坏，对汽车的动力有着非常直接的影响。

2）火花塞检查与更换的注意事项

火花塞检查与更换的注意事项主要有以下几方面。

（1）忘记关闭点火钥匙。

（2）未清洁火花塞周围就开始拆卸火花塞。

（3）不能正确选用塞尺检查火花塞间隙。

（4）不能正确判断火花塞的常见现象。

（5）安装时，直接将火花塞放进汽缸盖里面。

（6）安装火花塞时拧得过紧。

2. 准备工作

主要设备:

教学车辆、工具车、多层零件车、工作台、拆装工具、塞尺、多媒体教学设备(含白板)等。

辅助材料:

翼子板布和前格栅布、三件套、抹布、手套、白板笔等。

3. 实施步骤

1)将车辆停放在举升机位

要求:

将车辆停放在举升机位如图6-2-1所示。

请按设备安全操作及车辆防护规范操作(见学习情境一)。

2)打开发动机舱罩,放置翼子板布和前格栅布

要求:

打开发动机舱罩,放置翼子板布和前格栅布,如图6-2-2所示。

图6-2-1 将车辆停放在举升机位

图6-2-2 放置翼子板布和前格栅布

3)取下发动机盖罩

要求:

取下发动机盖罩如图6-2-3所示。

双手握在发动机盖罩,稍微用力往上提,直至发动机盖罩橡胶钉都松脱时,取下发动机盖罩并把发动机盖罩放在指定位置。

警告:

防止用力过猛而造成发动机盖罩打在发动机室盖上或者手打在发动机室盖上。

问题:

(1)用力不均匀。

(2)用力过猛。

4)清洁气缸罩的灰尘

要求:

(1)把吹尘枪连接至气压管上。

(2)按压吹尘枪开关,清洁气缸盖上的灰尘。

问题:

(1)连接吹尘枪方法不对。

(2)取下吹尘枪方法不对。

5)取下点火线圈连接器

要求:

取下点火线圈连接器如图 6-2-4 所示。

(1)用右手捏住点火线圈连接器卡子。

(2)用拇指按压点火线圈连接器锁扣。

(3)按压的同时拉出点火线圈连接器。

(4)依次取下其他点火线圈连接器。

警告:

防止没有按压点火线圈连接器锁扣就直接拉出点火线圈连接器。

问题:

按压点火线圈连接器锁扣的位置不对。

图 6-2-3　取下发动机盖罩

图 6-2-4　取下点火线圈连接器

6)拆卸点火线圈

要求:

拆卸点火线圈如图 6-2-5 所示。

图 6-2-5　拆卸点火线圈

(1)用 10 mm 套筒和匹配的接杆组合在一起。

(2)逆时针转动接杆,拆下火花塞固定螺栓。

（3）取出点火线圈。

（4）依次拆卸其他点火线圈。

（5）按顺序摆放点火线圈。

问题：

（1）拆装工具没有选对。

（2）拆卸点火线圈固定螺栓时螺栓脱落。

7）拆卸火花塞

要求：

拆卸火花塞如图 6-2-6 所示。

（1）选用 14 mm 火花塞专用套筒、中号接杆和中号棘轮扳手组合在一起（火花塞套筒一般为 16 mm 和 21 mm，视情况可以选择其他工具组合）。

（2）逆时针拆卸火花塞。

（3）旋松火花塞后取出火花塞（由于空间等原因不能取出火花塞，请用吸棒吸出火花塞）。

（4）依次拆卸其他火花塞。

警告：

拆卸时，防止拆装工具过度倾斜，损坏火花塞螺纹丝扣。

问题：

（1）工具选用不对。

（2）拆卸火花塞时接杆过度倾斜。

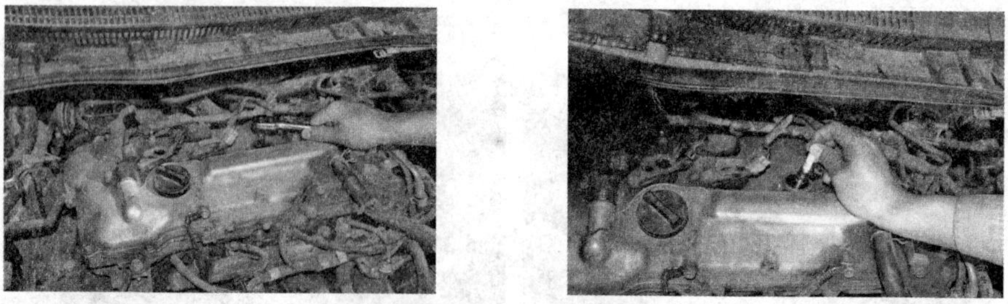

图 6-2-6　拆卸火花塞

8）检查火花间隙

要求：

检查火花间隙如图 6-2-7 所示。

（1）查找《维修手册》，记录火花塞间隙的标准值和最大最小间隙尺寸。

（2）选择火花塞间隙最大尺寸的塞尺检查火花塞间隙。

（3）选择火花塞间隙最小尺寸的塞尺检查火花塞间隙。

问题：

塞尺未选用正确。

9）火花塞的外观检查

要求：

火花塞的外观检查如图 6-2-8 所示。

（1）检查火花塞有无积碳。

（2）检查火花塞有无烧蚀。

（3）检查火花塞壳体有无裂纹等异常现象。

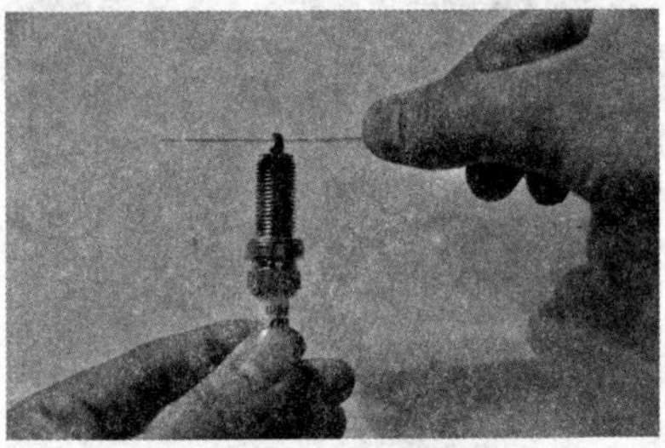
图 6-2-7　检查火花塞间隙

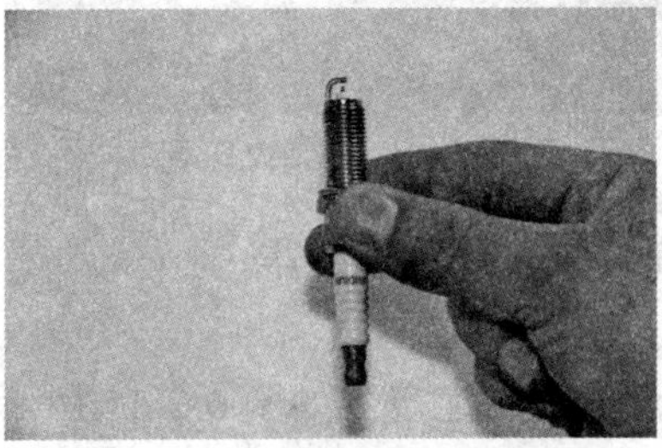
图 6-2-8　火花塞的外观检查

10）安装火花塞

要求：

安装火花塞如图 6-2-9 所示。

（1）更换新火花塞时，应确认火花塞型号是否符合相应车型。

（2）用火花塞套筒或者组合工具将火花塞旋进气缸盖（由于空间等原因可以用吸棒辅助将火花塞放进气缸盖中）中。

（3）扭力扳手拧紧火花塞，扭矩一般为 20~30 N•m。

（4）依次安装其他火花塞。

警告：

不能直接将火花塞丢进气缸盖中。

问题：

（1）将火花塞直接丢进气缸盖中。

（2）不按规定力矩拧紧火花塞，拧得过紧。

11）安装点火线圈

要求：

安装点火线圈如图 6-2-10 所示。

（1）将点火线圈安装到气缸盖中，并对准固定螺栓孔。

（2）用组合工具拧紧点火线圈固定螺栓。

（3）依次安装其他点火线圈。

问题：

点火线圈固定螺栓拧得太紧。

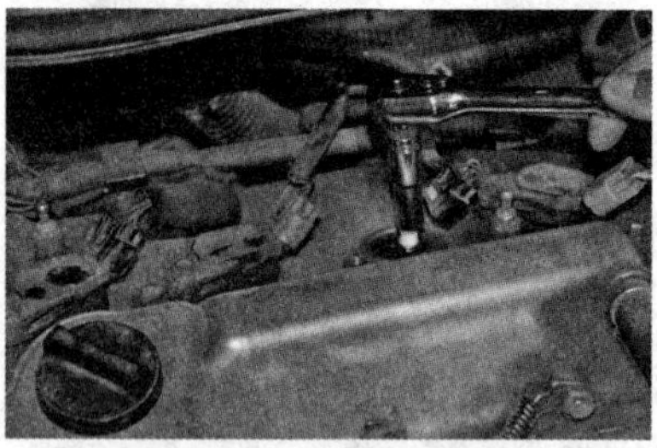

图 6-2-9 安装火花塞

图 6-2-10 安装点火线圈

12)安装点火线圈连接器

要求:

安装点火线圈连接器如图 6-2-11 所示。

将点火线圈连接器安装到点火线圈上。

问题:

安装时连接器孔未对好,容易导致针脚弯折。

13)启动发动机,检查火花塞的工作情况

要求:

启动发动机,检查火花塞的工作情况,如图 6-2-12 所示。

(1)检查驻车制动、挡位情况。

(2)启动发动机。

(3)观察仪表上有无报警灯闪烁,发动机应无明显抖动等现象。

(4)熄灭发动机。

警告:

要检查驻车制动和挡位情况。

问题:

(1)忘记检查驻车制动和挡位。

(2)启动后不能及时松开点火开关。

(3)忘记检查仪表报警灯。

图 6-2-11 安装点火线圈连接器

图 6-2-12 启动发动机,检查火花塞的工作情况

14)安装发动机盖罩

要求:

安装发动机盖罩如图 6-2-13 所示。

(1)将发动机盖罩的橡胶孔对准固定发动机盖罩的橡胶钉。

(2)稍微用力按压发动机盖罩。

问题：

(1)不能对准发动机盖罩固定橡胶钉。

(2)按压力度过大。

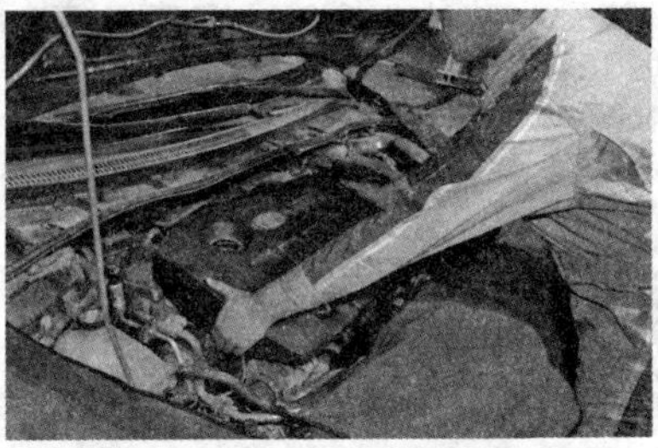

图 6-2-13　安装发动机盖罩

15)关闭发动机舱罩

要求：

关闭发动机舱罩如图 6-2-14 所示。

(1)右手把发动机舱罩稍微向上抬起，左手取下发动机舱罩支撑杆放在指定位置。

(2)双手抬住发动机舱罩往下放。

(3)双手平按发动机舱罩。

问题：

直接把发动机舱罩“啪”一下搭在发动机室上。

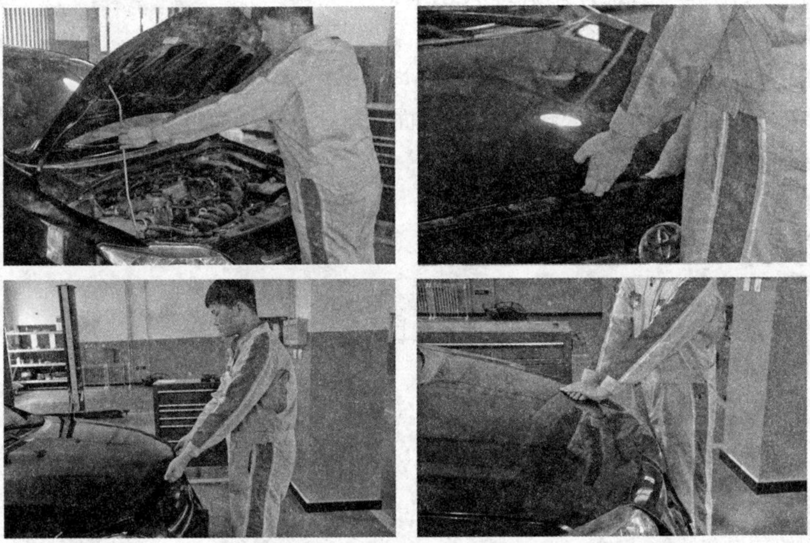

图 6-2-14　关闭发动机舱罩

16)收起三件套并按 5S 规范操作

要求：

收起三件套如图 6-2-15 所示；按 5S 规范整理车间如图 6-2-16 所示。

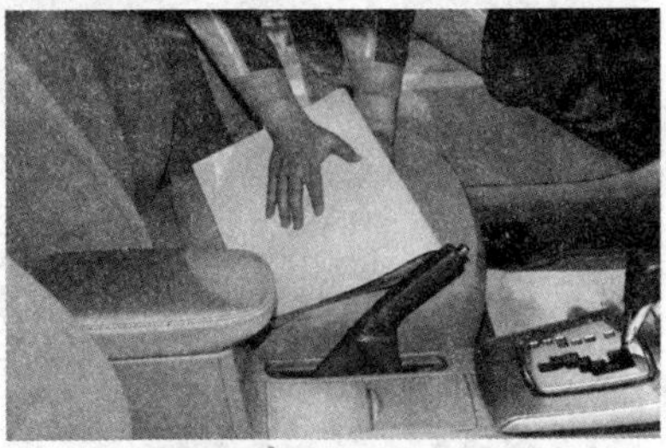

图 6-2-15　收起三件套

图 6-2-16　整理车间

图 6-2-17 填写工作单

17) 填写工作单

要求：

填写工作单如图 6-2-17 所示。

（1）在完成的项目后面签名或打钩确认。

（2）有数据记录的记录相关数据。

（3）有疑问或不正确的做好相关记录并立即上报。

问题：

（1）忘记填写，字迹潦草。

（2）有关问题没有记录，未上报。

二、学习小结

1. 火花塞的作用。

2. 拆装火花塞的注意事项：

（1）忘记关闭点火钥匙；

（2）未清洁火花塞周围就开始拆卸火花塞；

（3）不能正确选用塞尺检查火花塞间隙；

（4）不能正确判断火花塞的常见现象；

（5）安装时，直接将火花塞放进汽缸盖里面；

（6）安装火花塞拧得过紧。

3. 火花塞的拆装步骤及检查。

三、自我评估

1. 填空题

（1）拆卸火花塞前先用吹枪，清洁气缸盖上的______。

（2）卡罗拉选用______火花塞专用套筒。

（3）旋松火花塞后取出火花塞（由于空间等原因不能取出火花塞，请用______吸出火花塞）。

（4）检查火花塞间隙使用______工具。

2. 判断题

（1）火花塞螺纹是反丝的。（ ）

（2）卡罗拉轿车没有点火高压线。（ ）

（3）卡罗拉轿车每缸一个点火线圈。（ ）

（4）扭力扳手拧紧火花塞，扭矩一般为 20~30 N•m。（ ）

3. 选择题

（1）火花塞外观检查说法错误的是（ ）。

A. 检查火花塞有无积碳

B. 检查火花塞有无烧蚀

C. 检查火花塞壳体有无裂纹等异常现象

D. 检查火花塞电阻

学习单元3　起动机检查与更换

情境导入

情境：一辆卡罗拉轿车启动时没有任何动作，你的主管把这个检修任务分配给你，你能完成吗？

提示：汽车启动系统的作用是将蓄电池的电能转化为机械能，驱动发动机飞轮旋转，实现发动机在自身动力作用下继续运转。在启动时，如果起动机不运转可能是因为蓄电池亏电或者起动机本身及线路有故障。

任务目标

一、知识目标

(1)能描述汽车起动机的安装位置。

(2)能描述起动机的作用。

(3)能描述检查起动机的方法。

二、技能目标

(1)能够不解体检查起动机。

(2)能够独立完成起动机的更换。

知识准备

一、基本知识

1. 起动机的概述

1)起动机的作用

汽车启动系统的作用是将蓄电池的电能转化为机械能，驱动发动机飞轮旋转，实现发动机在自身动力作用下继续运转。

2)起动机的检查和更换的注意事项

起动机的检查和更换的注意事项主要有以下几方面。

(1)拆卸起动机之前必须断开蓄电池负极。

(2)拆卸起动机时应带上手套，防止手刮伤。

(3)在取下起动机最后一颗固定螺栓时应用手扶住起动机，防止起动机掉落。

(4)检查起动机时应该注意线路的连接，防止短路发生。

2. 准备工作

主要设备：

教学车辆、工具车、多层零件车、工作台、充足电的蓄电池、铜芯带夹子的短接线 3~4 根、拆装工具、多媒体教学设备(含白板)等。

辅助材料:

翼子板布和前格栅布、三件套、抹布、手套、白板笔等。

3. 实施步骤

1)将车辆停放在举升机位

要求:

将车辆停放在举升机位如图 6-3-1 所示。

请按设备安全操作及车辆防护规范操作(见学习情境一)。

2)打开发动机舱罩,放置翼子板布和前格栅布

要求:

打开发动机舱罩,放置翼子板布和前格栅布,如图 6-3-2 所示。

图 6-3-1 将车辆停放在举升机位

图 6-3-2 放置翼子板布和前格栅布

3)拆卸蓄电池负极

要求:

拆卸蓄电池负极如图 6-3-3 所示。

(1)10 mm 套筒和小棘轮扳手组合在一起。

(2)松开蓄电池负极接线柱。

(3)将负极接线柱取下放在不易回弹的位置。

警告:

防止负极接线柱回弹到蓄电池负极上。

问题:

(1)工具选择错误。

(2)负极接线柱没有放好。

4)举升车辆至工作位置

要求:

举升车辆至工作位置如图 6-3-4 所示。

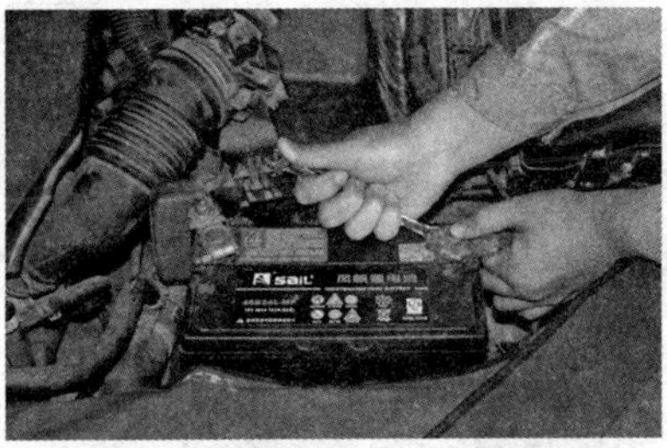

图 6-3-3　拆卸蓄电池负极

图 6-3-4　举升车辆至工作位置

5)举升机安全锁止

要求:

举升机安全锁止如图 6-3-5 所示。

(1)按下举升机控制柜上的锁定按钮,确认锁止机构已经锁止可靠。

(2)发出“举升机锁止安全,可以作业”的指令,然后开始相应作业项目的作业。

警告:

一定要安全锁止,经确认后才能作业。

问题:

忘记按锁止按钮,未检查是否安全锁止。

6)拆卸起动机线束

要求:

拆卸起动机线束如图 6-3-6 所示。

(1)取下起动机启动端子线束。

(2)用平口起子撬开启动电源端子防护盖。

(3)用组合工具拆下启动电源端子螺栓。

(4)取下起动机电源端子。

问题:

(1)用平口起子不能熟练地撬开起动机电源端子防护盖。

(2)组合工具选用不正确。

(3)由于空间狭小,不能顺利取下起动机电源端子。

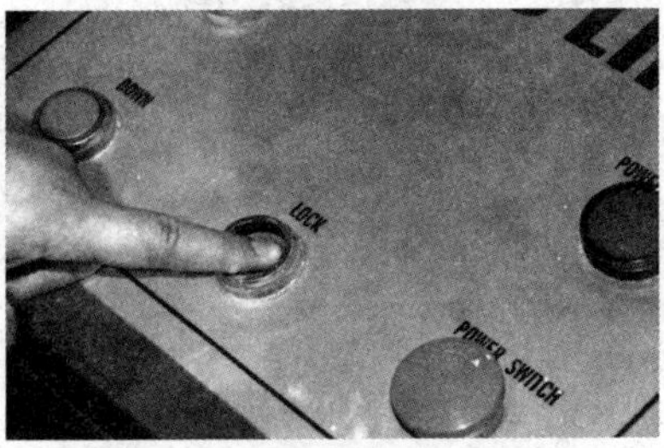

图 6-3-5　举升机安全锁止

图 6-3-6　拆卸起动机线束

7)拆卸起动机固定螺栓

要求:

拆卸起动机固定螺栓如图 6-3-7 所示。

图 6-3-7　拆卸起动机固定螺栓

(1)观察起动机的固定螺栓,选择合适的组合工具。

(2)分次拧松起动机所有的固定螺栓。

(3)取出起动机的固定螺栓。

(4)取下起动机总成。

警告:

防止一次拧松一根螺栓并取下。

问题:

(1)一次性拧松螺栓。

(2)取下最后一根固定螺栓时,忘记用手托住起动机。

8)起动机不解体测试

要求:

起动机不解体测试如图 6-3-8 所示。

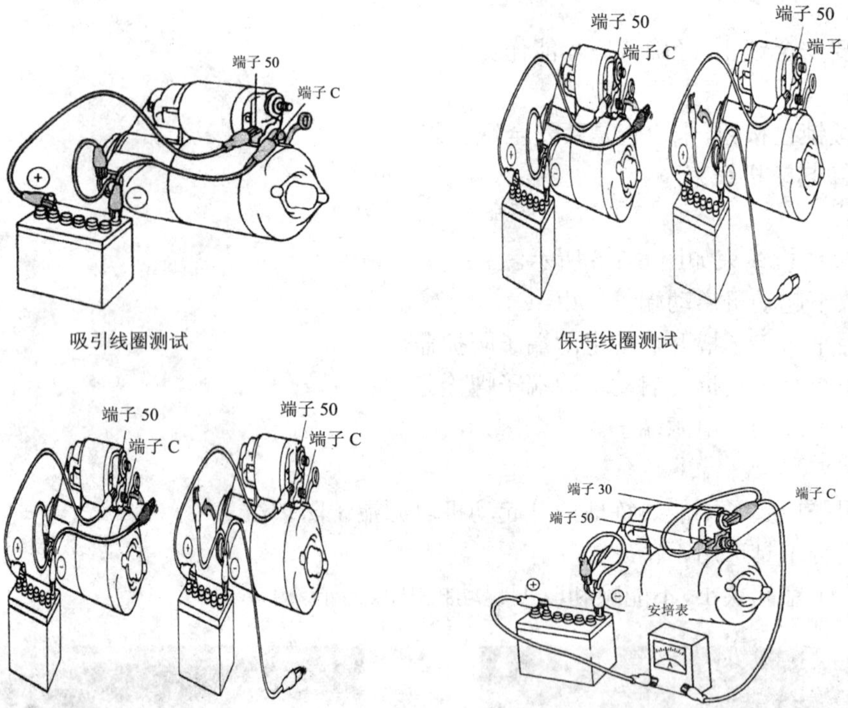

图 6-3-8　不解体测试

Ⅰ. 吸引线圈的性能测试

(1)将电磁开关上与起动机连接的端子 C 断开,与蓄电池负极连接。

(2)电磁开关壳体与蓄电池负极连接。

(3)将电磁开关上与点火开关连接的端子 50 与蓄电池正极连接,起动机驱动齿轮应向外移出,否则说明电磁开关有故障,应更换起动机。

Ⅱ. 保持线圈测试

在吸引线圈性能测试的基础上，拆下电磁开关C端子上的线，此时，驱动齿轮应保持在伸出位置不动。否则，说明保持线圈损坏或搭铁不正常，应更换起动机。

Ⅲ.驱动齿轮回位测试

在保持线圈测试的基础上，再拆下壳体上的连接线，此时驱动齿轮应迅速复位。如不能复位，说明复位弹簧失效，应更换起动机。

Ⅳ.空载测试

(1)固定起动机，用空载测试图所示的方法连接导线。

(2)检查起动机应平稳运转，同时驱动齿轮应移出。

(3)读取安培表的数值，应符合标准值。

(4)断开端子后，起动机应立即停止转动，同时驱动齿轮缩回。

警告：

严格按照图示连接线路，防止短路。

问题：

(1)操作过程中不按照图示连接线路。

(2)做空载测试未固定起动机。

9)安装起动机

要求：

安装起动机如图6-3-9所示。

(1)在更换新的起动机时，应注意起动机功率是否满足相关车型。

(2)清洁起动机与发动机接触面。

(3)将起动机安装到发动机固定位置。

(4)将起动机固定螺栓分次拧紧，尽量用扭力扳手按规定拧紧。

警告：

防止一次性拧紧起动机固定螺栓。

问题：

(1)未清洁起动机与发动机的接触面。

(2)未带手套，划伤身体。

10)连接起动机线束

要求：

(1)将起动机电源线连接到起动机电源端子上。

(2)固定起动机电源端子螺母并盖上防尘罩。

(3)安装起动机启起线束。

问题：

(1)起动机电源端子螺母拧得过紧。

(2)忘记盖住起动机电源端子防尘罩。

11)下降车辆

要求：

下降车辆如图6-3-10所示。

(1)先短暂按下举升机控制柜上的“上升”按钮，使锁止机构解锁。

（2）再按住“下降”按钮，将车辆降到适宜的工作位置或完全降下。

（3）如果是作业完毕需要将车辆完全降下，一定要使举升机板条回到最低位置，车轮完全着地。

警告：

（1）注意力集中，遇到异常情况应及时停止下降作业。

（2）下降过程中，不允许在车辆周围或下部进行任何其他作业。

图 6-3-9　安装起动机

图 6-3-10　下降车辆

12）安装蓄电池负极

要求：

安装蓄电池负极如图 6-3-11 所示。

（1）将蓄电池负极安装到蓄电池负极桩上。

（2）固定蓄电池负极。

13）启动发动机检查起动机的工作情况

要求：

启动发动机检查起动机的工作情况如图 6-3-12 所示。

（1）检查驻车制动和挡位情况。

（2）踩下离合器踏板，启动发动机。

（3）听并感觉起动机的工作情况。

警告：

禁止在挡位上启动发动机。

问题：

（1）忘记检查驻车制动和挡位。

（2）忘记踩下离合器踏板。

图 6-3-11　安装蓄电池负极

图 6-3-12　启动发动机检查起动机的工作情况

14)关闭发动机舱罩并按5S规范操作

要求:

关闭发动机舱罩如图6-3-13所示;按5S规范整理车间如图6-3-14所示。

图6-3-13　关闭发动机盖

15)填写工作单

要求:

填写工作单如图6-3-15所示。

(1)在完成的项目后面签名或打钩确认。

(2)有数据记录的记录相关数据。

(3)有疑问或不正确的做好相关记录并立即上报。

问题:

(1)忘记填写,字迹潦草。

(2)有关问题没有记录,未上报。

图6-3-14　整理车间

图6-3-15　填写工作单

二、学习小结

1. 起动机的作用。

2. 拆装起动机的注意事项。

3. 拆卸起动机的步骤和起动机检查方法。

三、自我评估

1. 填空题

(1)汽车启动系统将蓄电池的电能转化为______,驱动发动机飞轮旋转。

(2)拆卸起动机之前必须断开______负极。

(3)吸引线圈的性能测试首先将电磁开关上与起动机连接的端子________,与蓄电池连接。电磁开关壳体与蓄电池_______连接。

2. 判断题

(1)只要起动机不转动就一定是起动机故障。(　　)

(2)起动机一般安装在发动机前部。(　　)

(3)起动机上的电源线是用螺帽固定的。(　　)

3. 选择题

(1)对保持线圈测试说法正确的是(　　)。

A. 在吸引线圈性能测试的基础上,拆下电磁开关端子上的线,此时驱动齿轮应保持在伸出位置不动;否则说明保持线圈损坏或搭铁不正常,应更换起动机

B. 在吸引线圈性能测试的基础上,拆下电磁开关端子上的线,此时驱动齿轮应保持在原位不动;否则说明保持线圈损坏或搭铁不正常,应更换起动机

C. 在吸引线圈性能测试的基础上,拆下电磁开关端子上的线并与蓄电池正极相连接,此时驱动齿轮应保持在伸出位置不动;否则说明保持线圈损坏或搭铁不正常,应更换起动机

D. 在吸引线圈性能测试的基础上,拆下电磁开关端子上的线并与蓄电池负极相连接,此时驱动齿轮应保持在伸出位置不动。否则说明保持线圈损坏或搭铁不正常,应更换起动机

(2)对驱动齿轮回位测试说法正确的是(　　)。

A. 在保持线圈测试的基础上,再拆下壳体上的连接线,此时驱动齿轮应迅速复位,如不能复位,说明复位弹簧失效,应更换起动机

B. 在保持线圈测试的基础上,再拆下壳体上的连接线,此时驱动齿轮应保持在伸出位置。如不能伸出,说明复位弹簧失效,应更换起动机

C. 在保持线圈测试的基础上,再拆下壳体上的连接线,此时驱动齿轮应来回跳动,如不能跳动,说明复位弹簧失效,应更换起动机

学习单元4　发电机检查与更换

情境导入

情境:一辆卡罗拉轿车在行驶途中充电指示灯点亮,你的主管分配你对该车发电机进行检测,你能完成吗?

提示:在启动发动机后,发电机向汽车除启动系统以外的所有用电器供电和向蓄电池充电的同时仪表上的充电指示灯熄灭。如果充电指示灯不熄灭,说明发电机可能没有发电。

任务目标

一、知识目标

(1)能描述发电机的安装位置。

(2)能描述对发电机进行发电量检查的方法。

二、技能目标

(1)能够对发电机进行不解体检查。

(2)能够独立更换发电机。

知识准备

一、基本知识

1. 发电机的概述

1)发电机的作用

在启动发动机后,发电机向汽车除启动系统以外的所有用电器供电和向蓄电池充电。

2)发电机的检查与更换的注意事项

发电机的检查与更换的注意事项主要有以下几方面。

(1)拆卸发电机之前必须断开蓄电池负极。

(2)拆卸发电机时应带上手套,防止手被划伤。

(3)在取下起动机最后一颗固定螺栓时应用手扶住起动机,防止起动机掉落。

(4)检查发电机时防止人和测试仪等与发动机室旋转部件接触。

2. 准备工作

主要设备:

教学车辆、工具车、多层零件车、轮胎架、工作台、拆装工具、多媒体教学设备(含白板)等。

辅助材料:

翼子板布和前格栅布、三件套、抹布、手套、白板笔等。

3. 实施步骤

1)将车辆停放在举升机位

要求:

将车辆停放在举升机位如图 6-4-1 所示。

请按设备安全操作及车辆防护规范操作(见学习情境一)。

2)打开发动机舱罩,放置翼子板布和前格栅布

要求:

打开发动机舱罩,放置翼子板布和前格栅布,如图 6-4-2 所示。

图 6-4-1 将车辆停放在举升机位

图 6-4-2 放置翼子板布和前格栅布

3)取下发动机盖罩

要求:

取下发动机盖罩如图 6-4-3 所示。

双手握在发动机盖罩,稍微用力往上提,直至发动机盖罩橡胶钉都松脱时,取下发动机盖罩,并把发动机盖罩放在指定位置。

警告:

防止用力过猛而造成发动机盖罩打在发动机室盖上或者手打在发动机室盖上。

问题:

(1)用力不均匀。

(2)用力过猛。

4)启动发动机

要求:

启动发动机如图 6-4-4 所示。

(1)发动机启动前,要再次确认挡杆置于“P”挡(自动挡)或者空挡(手动挡),拉起驻车制动器。

(2)启动发动机。

警告:

启动发动机前一定要大声提醒周围人注意,并确认发动机舱处无人在做其他操作。

问题:

(1)不提醒直接启动发动机。

(2)第一次发动机未能启动,随后间隔时间很短再次启动发动机。

（3）启动发动机时间过长。

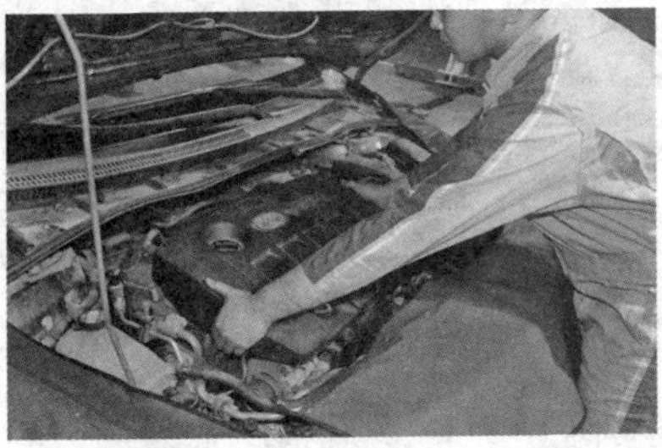

图 6-4-3　取下发动机盖罩

图 6-4-4　启动发动机

5）进行发电机动态检查

要求：

进行发电机动态检查如图 6-4-5 所示。

（1）发电机的输出电压测试：

A. 选择万用表直流电压挡位 20 V；

B. 将万用表表笔正确连接至蓄电池两极，读取数据（大致范围在 14.5 V 左右）；

C. 在测试过程中，可以加大油门，观察数据的变化，正常情况变化不大。

（2）发电机的整流器测试：

A. 选择万用表交流电压挡位 2 V；

B. 将万用表表笔正确连接至蓄电池的两极，读取数据（一般不会超过 0.1 V）。

警告：

避免表笔线掉进发动机舱旋转部件中。

6）关闭发动机

要求：

关闭发动机如图 6-4-6 所示。

将点火钥匙退回到“OFF”挡位。

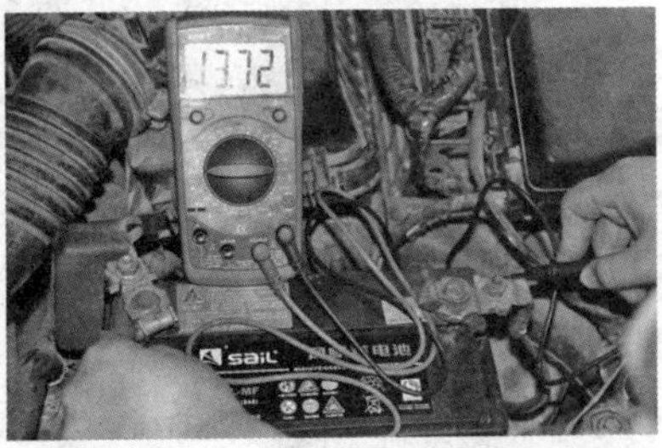

图 6-4-5　进行发电机动态检查

图 6-4-6　关闭发动机

7）拆卸蓄电池负极

要求：

拆卸蓄电池负极如图 6-4-7 所示。

（1）用 10 mm 套筒扳手松开蓄电池负极接线柱。

（2）将负极接线柱拆下，放在不易回弹的位置。

警告：

防止负极接线柱回弹到蓄电池负极上。

问题：

(1)工具选择错误。

(2)负极接线柱没有放好。

8)拆卸发电机上的线束

要求：

拆卸发电机上的线束如图 6-4-8 所示。

(1)将发电机的监测连接器取下。

(2)用平口起子拆下发电机输出端子防尘罩。

(3)用组合工具拆卸发电机输出端子固定螺母。

问题：

(1)连接器锁扣按压位置不对。

(2)组合工具选用不对。

图 6-4-7　拆卸蓄电池负极

图 6-4-8　拆卸发电机上的线束

9)拆卸发电机张紧机构螺栓

要求：

拆卸发电机张紧机构螺栓如图 6-4-9 所示。

选择组合工具拧松发电机的张紧机构螺栓。

问题：

拆装工具选用不对。

10)取下发电机皮带

要求：

取下发电机皮带如图 6-4-10 所示。

(1)观察发电机皮带的缠绕方式和方向。

(2)取下发电机皮带。

问题：

忘记观察发电机皮带的缠绕方式和方向。

图 6-4-9　拆卸发电机张紧机构螺栓

图 6-4-10　取下发电机皮带

11)拆卸发电机的固定螺栓

要求:

拆卸发电机的固定螺栓如图 6-4-11 所示。

(1)选择合适的拆装工具。

(2)分次拧松发电机的固定螺栓。

(3)取下发电机。

问题:

(1)拆装工具选用不对。

(2)一次性旋松固定螺栓。

12)安装发电机

要求:

安装发电机如图 6-4-12 所示。

图 6-4-11　拆卸发电机的固定螺栓

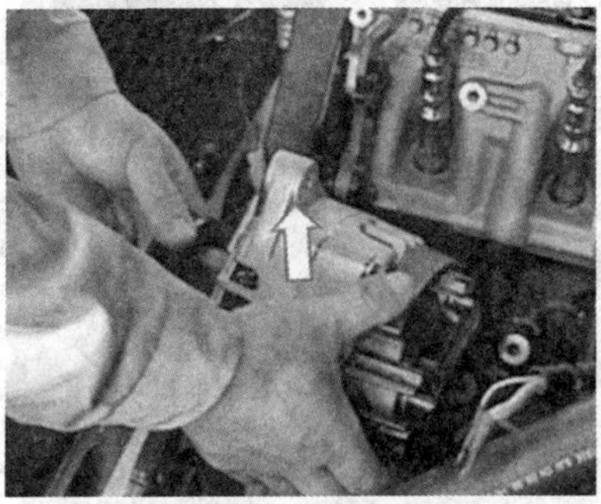

图 6-4-12　安装发电机

(1)将发电机放在安装支架上。

(2)将固定螺栓插进螺栓孔中,并用手或工具拧进去,但不能拧紧。

问题:

一次性把发电机固定螺栓拧紧。

13)调节发电机皮带张紧度

要求:

调节发电机皮带张紧度如图 6-4-13 所示。

(1)用拆装工具把张紧机构固定好,但不能拧紧。

(2)将发电机皮带按照原来缠绕方式和方向安装皮带。

(3)慢慢拧紧张紧机构螺栓,同时感受或者测量发电机皮带的张紧度,直至达到规定力度为止。

(4)分次拧紧发电机固定螺栓。

问题:

(1)一次性拧紧张紧机构螺栓。

(2)一次性拧紧发电机固定螺栓。

14)安装发电机线束

要求:

安装发电机线束如图 6-4-14 所示。

(1)将发电机输出端子安装到发电机接线柱上。

(2)用组合工具拧紧发电机输出端子固定螺母并盖防尘罩。

(3)将发电机监测线束连接器安装到发电机上。

问题:

(1)发电机输出端子螺母拧得过紧。

(2)忘记盖住发电机输出端子防尘罩。

图 6-4-13 调节发电机皮带张紧度

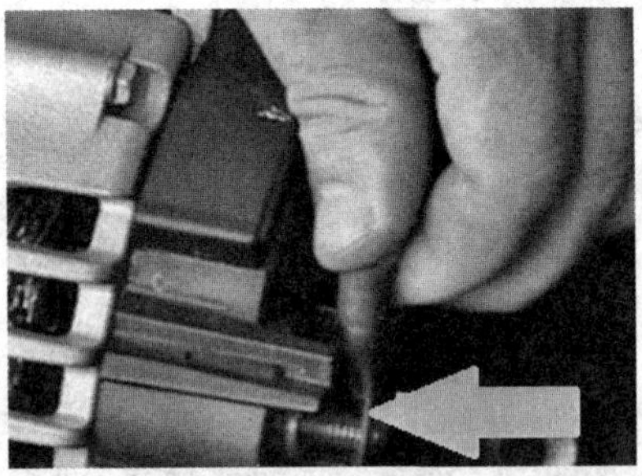

图 6-4-14 安装发电机线束

15)安装蓄电池负极

要求:

安装蓄电池负极如图 6-4-15 所示。

(1)将蓄电池负极安装到蓄电池负极桩上。

(2)固定蓄电池负极。

问题:

负极接线柱螺栓拧得过紧。

16)启动发动机检查发电机的工作情况

要求:

启动发动机检查发电机的工作情况如图 6-4-16 所示。

(1)检查驻车制动和挡位情况。

(2)踩下离合器踏板,启动发动机。

(3)观察仪表充电指示灯,应该熄灭,说明发电机工作正常。

警告:

禁止在挡位上启动发动机。

问题:

(1)忘记检查驻车制动和挡位。

(2)忘记踩离合器。

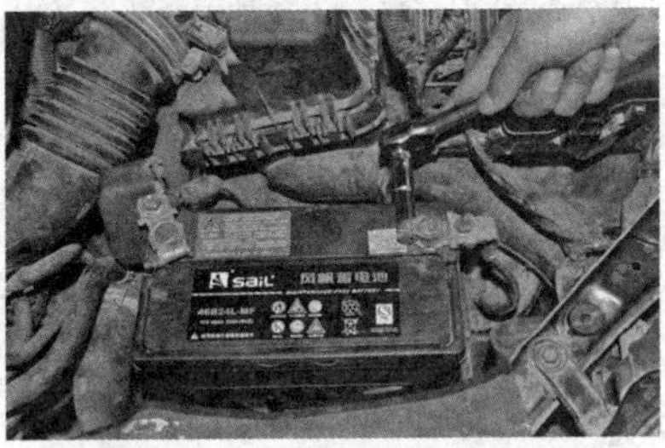

图 6-4-15　安装蓄电池负极

图 6-4-16　启动发动机检查发电机的工作情况

17)关闭发动机舱罩

要求:

关闭发动机舱罩如图 6-4-17 所示。

(1)右手把发动机舱罩稍微向上抬起,取下发动机室盖支撑杆放在指定位置。

(2)双手抬住发动机舱罩往下放。

(3)双手平按发动机舱罩。

图 6-4-17　关闭发动机舱罩

问题:

直接把发动机舱罩"啪"一下搭在发动机室上。

18)收起三件套并按 5S 规范操作

要求:

收起三件套如图 6-4-18 所示,按 5S 规范整理车间如图 6-4-19 所示。

图 6-4-18　收起三件套

图 6-4-19　整理车间

19)填写工作单

要求:

填写工作单如图 6-4-20 所示。

(1)在完成的项目后面签名或打钩确认。

图 6-4-20　填写工作单

(2)有数据记录的记录相关数据。
(4)有疑问或不正确的做好相关记录并立即上报。

问题：

(1)忘记填写，字迹潦草。
(2)有关问题没有记录，未上报。

二、学习小结

1. 发电机拆装的注意事项。
2. 发电机检查：空载检查和带负荷检查。
3. 发电机的拆装步骤。

三、自我评价

1. 填空题

(1)拆卸发电机时必须关闭点火开关，断开______。
(2)选择万用表直流电压挡位______V 测量发电电压。
(3)将万用表表笔正确连接至蓄电池两极，读取发电数据大致范围在______V 左右。

2. 判断题

(1)发电机的发电量检查必须带负荷时检查。(　　)
(2)可以用万用表的电流挡测量发电机的发电电压。(　　)
(3)测量发电机发电量时万用表是和发电机并联的。(　　)

3. 选择题

(1)关于发电机发电量检测的说法不正确的是(　　)。
A. 在怠速下检测　B. 在急加速下检测　C. 在启动发动机时检测
D. 既要空载检测也要带负荷检测
(2)关于发电机拆装的说法不正确的是(　　)。
A. 必须断开蓄电池正极　B. 必须断开蓄电池负极　C. 要拆卸发动机传动皮带

学习单元 5　风窗洗涤系统的检查与雨刮片的更换

情境导入

情境：一辆卡罗拉轿车，雨刮工作有异响且刮不干净，你的主管将这个检修任务分配给你，你能完成吗？

提示：雨刮片是橡胶制品，很容易老化变硬，这会导致工作时发抖并刮不干净，只要更换雨刮片就能解决此故障。

任务目标

一、知识目标

（1）能描述风窗玻璃喷水器及刮水器开关的操作方法。

（2）能描述风窗玻璃喷水器喷射区域的调整方法。

二、技能目标

能够规范进行雨刮片的更换。

知识准备

一、基本知识

1. 刮水器与喷水器的概述

1）刮水器与喷水器的作用

一般情况下在汽车组合开关手柄上有刮水器控制旋钮，手柄顶端是喷水器按键开关，按下开关有洗涤水喷出，配合刮水器洗涤风窗玻璃。喷水器系统是目前汽车上很普通的装置，它由储水箱、水泵、输水管、喷水嘴组成，其中储水箱一般是 1.5~2 L 的塑料罐。水泵是一种微型电动离心泵，将储水箱的洗涤水输向喷水嘴。经 2~4 个喷水嘴的挤压作用将洗涤水分成细小的射流喷向风窗玻璃，配合刮水器起到清洁风窗玻璃的作用。

2）刮水器的挡位

INT：间歇挡。刮水器间歇性的刮水。

LO：低速挡。刮水器一直保持刮水状态，速度较慢。

HI：高速挡。一般用于雨量较大的情况下，刮水器一直保持刮水状态，速度较快。

OFF：关闭刮水器。

3)使用喷水器和刮水器的注意事项

使用喷水器和刮水器的注意事项主要有以下几方面。

(1)刮水器只有在点火开关处在“ACC”位置或“ON”位置时才工作。

(2)刮水器开关在间歇位置时,转动旋钮来调节刮水器的操作间隔时间。

(3)喷水器不要连续开 10 s 以上,喷水器储水箱是空的时也不要操作,否则容易引起喷水器电机过热,要经常检查喷水器液位。

(4)不要在风窗玻璃干燥时操作刮水器,这会划伤风窗玻璃、损坏雨刮片和造成刮水器电机烧坏,应先喷水。

(5)在冰冻天气下,在开刮水器前先确定雨刮片没有冻结在玻璃上,如有冻结,应先用除霜器除冰。

(6)如果刮水器操作过程中因有障碍物阻挡而停住,应及时关闭刮水器开关,否则刮水器电机会烧坏,把车停在安全位置,将点火开关打到“LOCK”位置,清洁车窗玻璃,以便刮水器能够正常工作。

(7)如果没有风窗玻璃清洗液,要及时补充规定牌号的清洗液。

(8)不要用汽油或溶剂清洗刮水器刮片,这样容易使刮水器刮片老化。

2. 准备工作

主要设备:

教学车辆、工具车、多层零件车、拆装工具、多媒体设备(含白板)等。

辅助材料:

翼子板布和前格栅布、三件套、抹布、手套、白板笔等。

3. 实施步骤

1)将车辆停放在举升机位

要求:

将车辆停放在举升机位如图 6-5-1 所示。

请按设备安全操作及车辆防护规范操作(见学习情境一)。

2)启动发动机

要求:

启动发动机如图 6-5-2 所示。

(1)发动机启动前,要再次确认挡杆置于“P”挡(自动挡)或者空挡(手动挡),拉起驻车制动器。

(2)踩下离合器踏板启动发动机。

图 6-5-1 将车辆停放在举升机位

图 6-5-2 启动发动机

警告:

启动发动机前一定要大声提醒周围人注意,并确认发动机舱处无人在进行其他操作。

问题:

(1)不提醒直接启动发动机。

(2)第一次发动机未能启动,随后间隔时间很短再次启动发动机。

(3)启动发动机时间过长。

3)将雨刮组合开关向上方提一次

要求:

将雨刮组合开关向上方提一次,如图 6-5-3 所示。

警告:

上提力度要适中,避免用力过猛损坏雨刮组合开关。

4)检查风窗玻璃喷水器喷射压力是否足够

要求:

检查风窗玻璃喷水器喷射压力是否足够如图 6-5-4 所示。

(1)风窗玻璃喷水器喷射应有力。

(2)如果刮水器开动时无清洗液喷出,则刮水器电动机有可能被烧坏。

警告:

如果发现刮水器开动时无清洗液喷出,应立即停止作业,以免刮水器电动机被烧坏。

问题:

发现刮水器开动时无清洗液喷出,未立即停止作业导致刮水器电动机被烧坏。

图 6-5-3　将雨刮组合开关向上方提一次

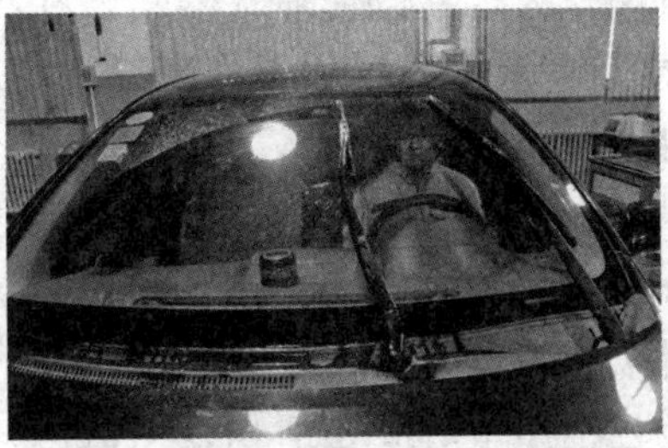

图 6-5-4　检查喷水器喷射压力是否足够

5)检查刮水器是否联动

要求:

检查刮水器是否联动如图 6-5-5 所示。

喷水时刮水器应联动停止在最低位置。

问题:

组合开关操作方法不正确。

警告:

检查刮水器时发动机应处于怠速状态。

6)检查喷水器喷射位置是否正确

要求:

检查喷水器喷射位置是否正确如图 6-5-6 所示。

喷水器喷射位置应集中在刮水器刮水范围内。

警告:

喷水器喷射位置若不正确,必须进行调整。

问题:

未检查喷水器喷射位置或喷水器喷射位置检查不仔细。

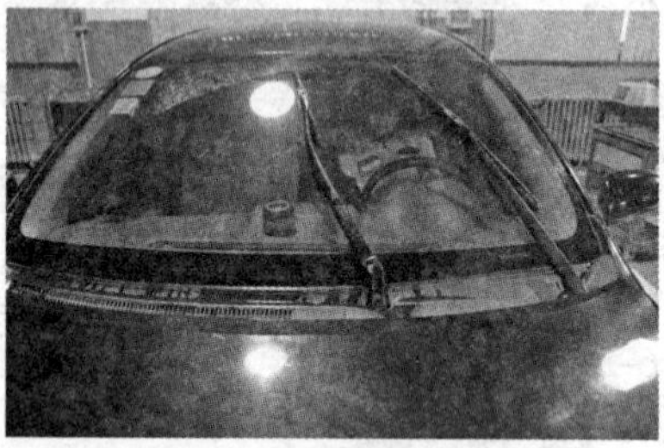

图 6-5-5 检查刮水器是否联动

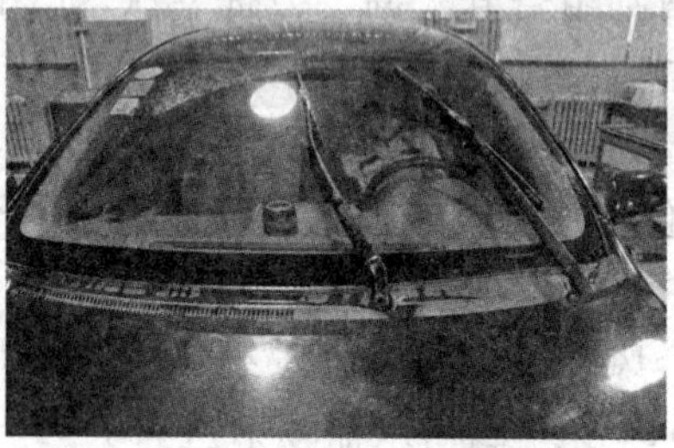

图 6-5-6 检查喷水器喷射位置是否正确

7)调节喷射方向

要求:

调节喷射方向如图 6-5-7 所示。

(1)在喷水嘴内插入一根与风窗玻璃喷水器喷水嘴的孔相匹配的钢丝。

(2)调整喷水嘴以使喷水器喷射在刮水器刮水范围的中间位置。

8)检查刮水器各挡位工作情况

要求:

检查刮水器各挡位工作情况如图 6-5-8 所示。

(1)在发动机怠速运转情况下,操纵刮水器开关,分别打到间歇、低速、高速挡位,检查每只刮水器工作情况。

(2)各挡停留时间要适当,不宜过短。

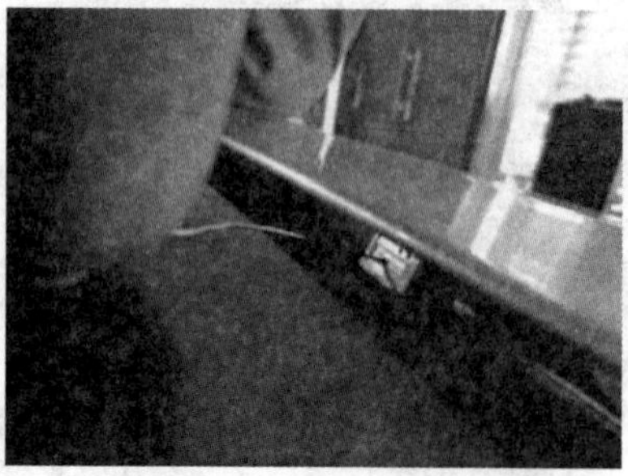

图 6-5-7 调节喷射方向

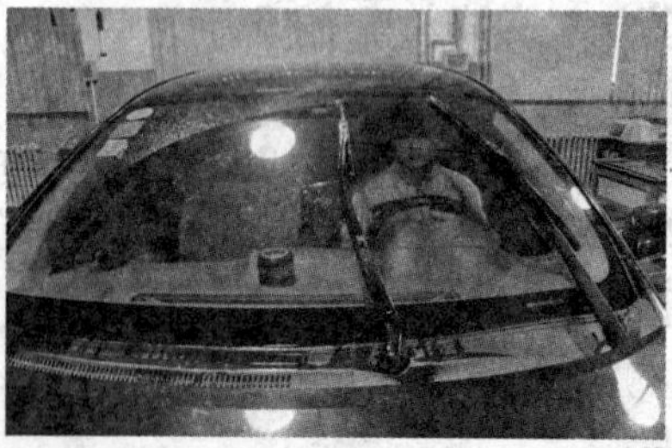

图 6-5-8 检查刮水器各挡位工作情况

警告:

为防止划破风窗玻璃,在使用刮水器前要喷射风窗玻璃清洗液。

问题：

各挡位停留时间过短。

9）关闭刮水器开关，检查刮水器自动停止位置

要求：

关闭刮水器开关，检查刮水器自动停止位置，如图 6-5-9 所示。

当刮水器开关关闭时，刮水器应自动停止在最低位置。

警告：

关闭开关时在每个挡位要稍有停顿，禁止快速关闭。

10）检查刮水器刮水状况

要求：

检查刮水器刮水状况如图 6-5-10 所示。

（1）检查刮水器会不会产生以下问题：

A. 条纹式的刮水痕迹；

B. 刮水效果不好。

（2）检查完毕后应关闭发动机。

警告：

检查完毕后，应及时熄灭发动机。

问题：

（1）刮水状况检查不仔细。

（2）检查完毕未熄灭发动机。

图 6-5-9　关闭刮水器开关

图 6-5-10　检查刮水器刮水状况

11）熄灭发动机

要求：

熄灭发动机如图 6-5-11 所示。

将点火钥匙旋到“OFF”挡，熄灭发动机。

问题：

（1）钥匙拧错方向，应向左旋。

（2）取出钥匙的时候应先往里摁再拔出。

12）检查雨刮片是否损坏

要求：

检查雨刮片是否损坏如图 6-5-12 所示。

检查雨刮片是否磨损严重、老化、损坏等，如果是，则更换；检查是否黏附砂砾、昆虫等杂物，如果是，应清洁。

警告：

如果雨刮片损坏，将导致雨天车辆不能安全行驶，容易发生交通事故。

问题：

（1）雨刮片检查项目不全。

（2）检查不仔细。

图 6-5-11 熄灭发动机

图 6-5-12 检查雨刮片是否损坏

13）更换雨刮片

要求：

更换雨刮片如图 6-5-13 所示。

（1）卸下旧的雨刮片。

（2）安装新的雨刮片。

（3）安装新雨刮片后要再次检查刮水器的刮拭效果。

警告：

（1）在更换雨刮片时应将刮水器轻轻放下，以防击坏风窗玻璃。

（2）更换新雨刮片后要再次检查刮水器的刮拭效果，确保刮水效果良好。

图 6-5-13 更换雨刮片

问题：

放下时击坏风窗玻璃。

14）收起三件套并按 5S 规范操作

要求：

收起三件套如图 6-5-14 所示；按 5S 规范整理车间如图 6-5-15 所示。

15）填写工作单

要求：

填写工作单如图 6-5-16 所示。

（1）在完成的项目后面签名或打钩确认。

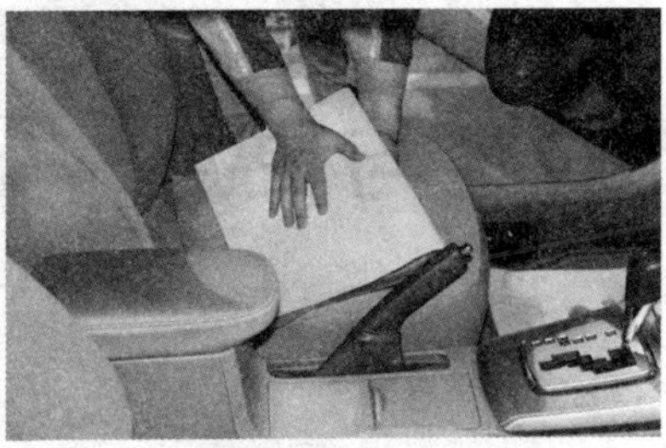
图 6-5-14　收起三件套

图 6-5-15　整理车间

（2）有数据记录的记录相关数据。

（3）有疑问或不正确的做好相关记录并立即上报。

问题：

（1）忘记填写，字迹潦草。

（2）有关问题没有记录，未上报。

图 6-5-16　填写工作单

二、学习小结

1. 刮水器概述

（1）刮水器与喷水器的作用。

（2）刮水器的挡位。

（3）使用喷水器和刮水器的注意事项。

2. 刮水器喷水检查，雨刮片检查，更换步骤。

三、自我评估

1. 填空题

（1）刮水器只有在点火开关处于________位置或________位置时才工作。

（2）刮水器开关在________位置时，转动旋钮来调节刮水器的操作间隔时间。

（3）喷水器不要连续开__________s 以上，喷水器储水箱是空的时也不要操作，否则容易引起喷水器电机过热，要经常检查喷水器液位。

2. 判断题

（1）更换雨刮片时最好使用棉布垫在挡风玻璃上，以免损伤风窗玻璃。（　）

（2）雨刮片最好成对更换。（　）

（3）雨刮清洗液没有了可以用洗衣粉兑水代替。（　）

（4）不要在风窗玻璃干燥时操作刮水器，这会划伤风窗玻璃并损坏雨刮片或造成刮水器电机烧坏，应先喷水。（　）

（5）在冰冻天气下，在开刮水器前先确定雨刮片没有冻结在玻璃上，如有冻结，应先用除霜器除冰。（　）

3. 选择题

（1）下列关于雨刮片的清洗说法正确的是（　）。

A. 可以使用汽油清洗　B. 可以使用肥皂水清洗

C. 可以使用机油润滑　D. 可以使用清水清洁

学习单元6　喇叭检查与更换

情境导入

情境：一辆卡罗拉轿车的客户抱怨喇叭音量偏小，你的主管把检修任务分配给你，你能完成吗？

提示：现在汽车大多是双喇叭，一个高音、一个低音。当一个损坏时就会出现音量变小现象。只要喇叭工作，用手可以感触得到有振动现象。

任务目标

一、知识目标

（1）能描述喇叭的安装位置。

（2）能描述喇叭的作用。

（3）能描述更换喇叭的方法。

二、技能目标

（1）能够独立完成喇叭的检查。

（2）能够独立完成喇叭的更换。

知识准备

一、基本知识

1. 喇叭的概述

1）喇叭的作用

扬声器（俗称喇叭）是汽车的音响信号装置。在汽车的行驶过程中，驾驶员可根据需要和规定发出必需的音响信号，警告行人和引起其他车辆注意，保证交通安全。同时它还用于传递信号（如催行等）。

2）喇叭的维护

（1）在操作喇叭时，应注意倾听喇叭发出的声音是否有异常（如沙哑、不响等）现象。

（2）保持喇叭外表清洁且各接线要牢靠。

（3）喇叭的固定方法对其发音影响较大，为了使喇叭的声音正常，喇叭不能做刚性安装，因而固定在缓冲支架上，即在喇叭与固定支架之间要装有片状弹簧或橡皮垫。

（4）洗车时，不能用水直接冲洗喇叭筒，以免水进入喇叭筒而使喇叭不响。

（5）在检修喇叭时，应注意各金属垫和绝缘垫的位置，不可装错。

（6）喇叭连续发音不得超过 10 s，以免损坏喇叭。

2. 准备工作

主要设备：

教学车辆、工具车、多层零件车、轮胎架、工作台、拆装工具、多媒体教学设备（含白板）等。

辅助材料：

翼子板布和前格栅布、三件套、抹布、手套、白板笔等。

3. 实施步骤

1）将车辆停放在举升机位

要求：

将车辆停放在举升机位如图 6-6-1 所示。

请按设备安全操作及车辆防护规范操作（见学习情境一）。

2）启动发动机

要求：

启动发动机如图 6-6-2 所示。

（1）发动机启动前，要再次确认挡杆置于“P”挡（自动挡）或者空挡（手动挡），拉起驻车制动器。

（2）启动发动机。

警告：

启动发动机前一定要大声提醒周围人注意，并确认发动机舱处无人在进行其他操作。

问题：

（1）不提醒直接启动发动机。

（2）第一次发动机未能启动，随后间隔时间很短再次启动发动机。

（3）启动发动机时间过长。

图 6-6-1　将车辆停放在举升机位

图 6-6-2　启动发动机

3）检查喇叭

要求：

检查喇叭如图 6-6-3 所示。

（1）转向盘正中位置按下喇叭按钮，检查喇叭是否正常响起。

（2）转向盘向左转 90° 按下喇叭按钮，检查喇叭是否正常响起。

（3）转向盘向右转 90° 按下喇叭按钮，检查喇叭是否正常响起。

问题：

（1）按的位置不正确。

（2）只在转向盘正中位置检查。

（3）转向盘旋到某一位置检查，而不是边转边检查。

图 6-6-3　检查喇叭

4）拔下喇叭的线束连接器

要求：

拔下喇叭的线束连接器如图 6-6-4 所示。

将喇叭线束连接器拔下。

警告：

连接器比较紧，需捏住卡子用力往外拔，同时需要注意安全。

5）拧下喇叭的固定螺栓

要求：

拧下喇叭的固定螺栓如图 6-6-5 所示。

（1）用梅花扳手将喇叭的固定螺栓拧下。

（2）小心将喇叭取出。

警告：

空间比较狭窄，操作时容易弄伤手。

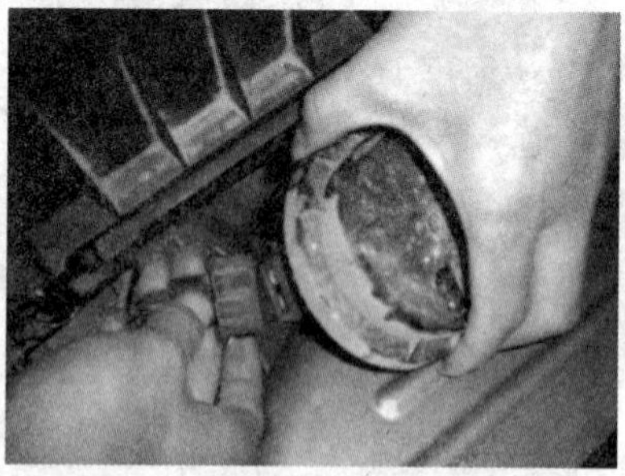

图 6-6-4　拔下喇叭的线束连接器

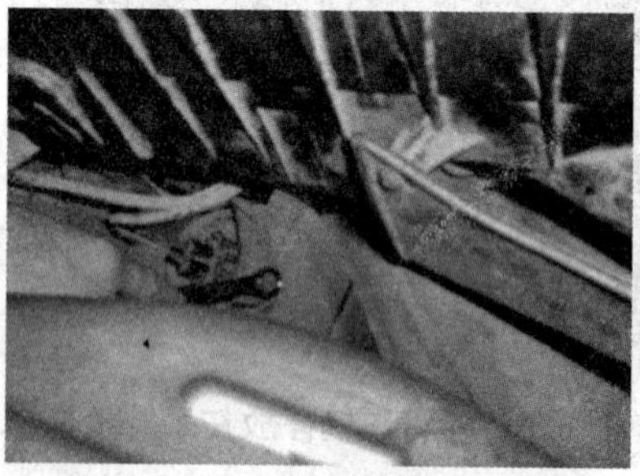

图 6-6-5　拧下喇叭的固定螺栓

6）安装新喇叭

要求：

安装新喇叭如图 6-6-6 所示。

（1）核对新喇叭是否与原车匹配。

（2）区分喇叭的高音和低音。

(3)先用螺栓固定新喇叭。

(4)连接喇叭连接器。

(5)安装后检查喇叭的工作情况。

图 6-6-6 安装新喇叭

警告:

空间比较狭窄,操作时容易弄伤手。

问题:

(1)不检查喇叭的外观。

(2)喇叭不匹配。

(3)低音高音装反。

(4)安装后忘记检查喇叭的工作情况。

7)收起三件套并按 5S 规范操作

要求:

收起三件套如图 6-6-7 所示;按 5S 规范整理车间如图 6-6-8 所示。

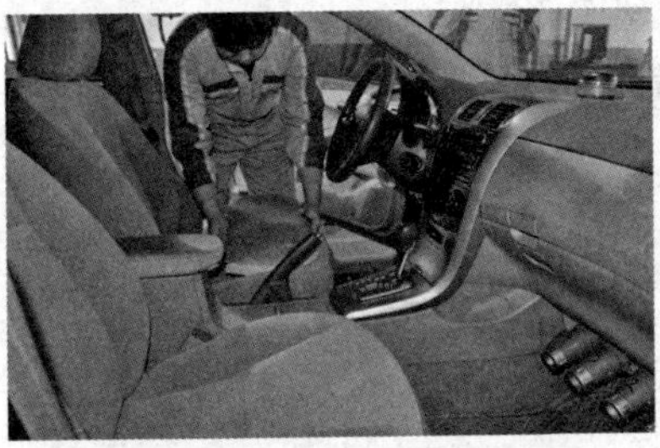

图 6-6-7 收起三件套

图 6-6-8 整理车间

8)填写工作单

要求:

填写工作单如图 6-6-9 所示。

(1)在完成的项目后面签名或打钩确认。

(2)有数据记录的记录相关数据。

(3)有疑问或不正确的做好相关记录并立即上报。

图 6-6-9 填写工作单

问题:

(1)忘记填写,字迹潦草。

(2)有关问题没有记录,未上报。

二、学习小结

1. 喇叭的作用。
2. 喇叭的维护。
3. 喇叭的检查。
4. 喇叭的拆装步骤。

三、自我评估

1. 填空题

(1)喇叭的作用:________行人和引起________注意,保证交通安全。

(2)在操作喇叭时,应注意倾听喇叭发出的声音是否有异常如________、________等现象。

(3)洗车时,不能用水________喇叭筒,以免水进入喇叭筒而使喇叭不响。

(4)喇叭连续发音不得超过________s,以免损坏喇叭。

2. 判断题

(1)汽车上喇叭一般情况下只有一个。(　　)

(2)喇叭安装在车辆前后各一个。(　　)

(3)喇叭只有一根电源线连接。(　　)

(4)汽车喇叭分高音和低音。(　　)

3. 选择题

(1)关于喇叭的更换说法正确的是(　　)。

A. 必须成对更换　B. 可以单独更换一个　C. 可以用水进行清洗

D. 可以使用压缩空气清洁

(2)关于喇叭的检查说法错误的是(　　)。

A. 转向盘向左转 90° 检查　B. 转向盘向右转 90° 检查

C. 检查喇叭是否单音　D. 长按喇叭按钮检查音量是否可持续

学习情境七　汽车其他项目检查

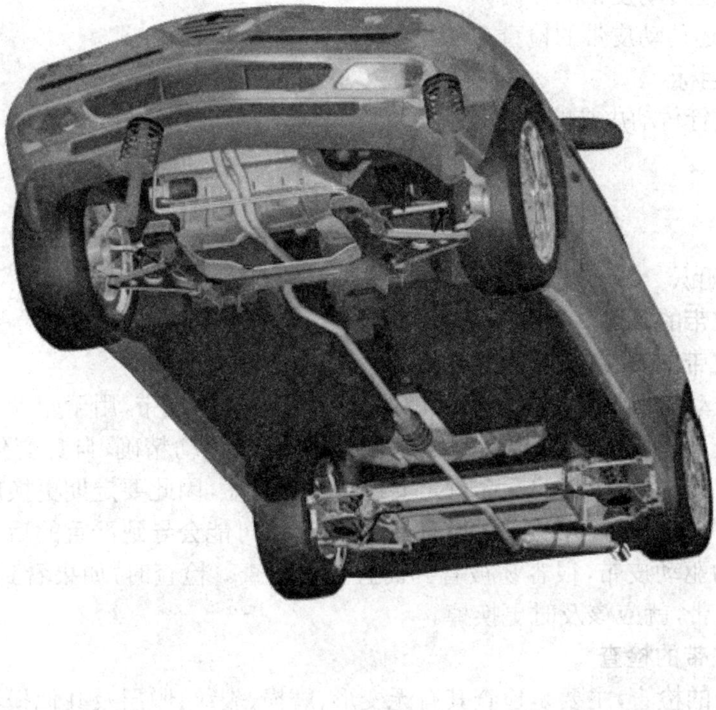

学习单元 1　传动皮带检查

情境导入

情境：一辆卡罗拉轿车在怠速时发动机出现异响，经检查确认是发动机传动皮带异响，你的主管安排你对传动皮带进行检查，你能完成吗?

提示：传动皮带长期使用后会出现变形、磨损、裂纹、脱层及其他损坏，工作时可能产生异响甚至断裂。

任务目标

一、知识目标

（1）能描述传动皮带的安装位置。

（2）能描述传动皮带的作用。

（3）能描述传动皮带的检查方法。

二、技能目标

能规范进行传动皮带的检查。

知识准备

一、基本知识

1. 传动皮带的概述

1）传动皮带的安装位置和作用

发动机传动皮带主要指发动机外围的皮带，即发电机皮带，用于驱动发电机等旋转的部件。使用皮带而不是齿轮来传动是因为皮带噪音小、传动精确、自身变化量小而且易于补偿。因为材质的原因，皮带的寿命肯定要比金属齿轮短，因此要定期更换皮带。汽车使用过程中，如果没有定期检查并及时更换有故障的皮带，可能会导致严重的后果。传动皮带不同于附属装置的驱动皮带，很容易被看到而且易于检查。检查时，如果看到的不是保养良好、张紧适度的皮带，就应该及时更换掉。

2）传动皮带的检查

传动皮带的检查，主要是检查其有无变形、磨损、裂纹、脱层及其他损坏等。传动皮带更换周期一般为 3 年或 70 000 km。

2. 准备工作

主要设备：

教学车辆、工具车、拆装工具、车轮挡块、多媒体教学设备（含白板）等。

辅助材料：

翼子板布和前格栅布、三件套、抹布、手套、白板笔等。

3. 实施步骤

1）将车辆停放在举升机位

要求：

将车辆停放在举升机位如图 7-1-1 所示。

请按设备安全操作及车辆防护规范操作（见学习情境一）。

2）举升车辆

要求：

举升车辆如图 7-1-2 所示。

（1）将车辆举升至合适高度。

（2）举升过程中，两人大声呼应。

（3）检查车身支撑情况。

（4）检查举升机是否安全锁止。

警告：

禁止未安全锁止就进行底盘作业。

图 7-1-1　车辆就位

图 7-1-2　举升车辆

3）检查传动皮带（目视）

要求：

检查传动皮带（目视）如图 7-1-3 所示。

（1）用手去摸并观察传动皮带外观。

（2）检查传动皮带有无损坏、变形、裂纹、脱层等。

警告：

传动皮带检查一定是在发动机关闭的情况下进行。

4）检查传动皮带的张紧力

要求：

检查传动皮带的张紧力如图 7-1-4 所示。

用手指压 98 N•m，测偏移量。偏移量标准为 8~10 mm。

问题：

用力过猛，检查不仔细。

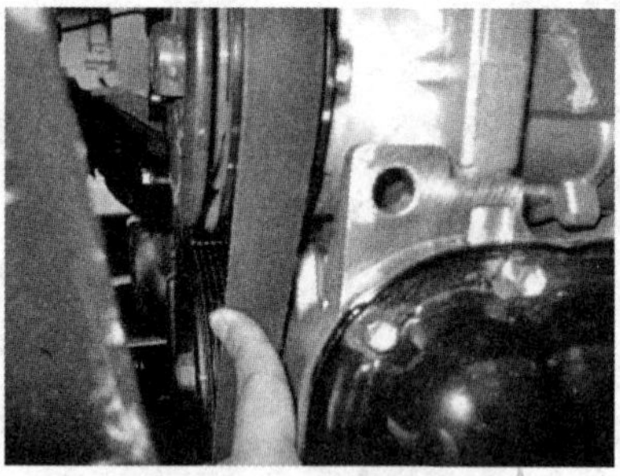

图 7-1-3 检查传动皮带

图 7-1-4 检查传动皮带张紧力

5)按 5S 规范要求整理车间

要求:

按 5S 规范要求整理车间,如图 7-1-5 所示。

6)填写工作单

要求:

填写工作单如图 7-1-6 所示。

(1)在完成的项目后面签名或打钩确认。

(2)有数据记录的记录相关数据。

(3)有疑问或不正确的做好相关记录并立即上报。

问题:

(1)忘记填写,字迹潦草。

(2)有关问题没有记录,未上报。

图 7-1-5 整理车间

图 7-1-6 填写工作单

二、学习小结

1. 发动机传动皮带主要指发动机外围的皮带,即发电机皮带,用于驱动发电机等旋转的部件。

2. 传动皮带的检查,主要是检查其有无变形、磨损、裂纹、脱层及其他损坏等。

3. 采用眼观、手摸等方法检测传动皮带。

三、自我评估

1. 填空题

(1)发动机传动皮带主要指发动机外围的皮带,即________皮带。

(2)传动皮带的检查,主要是检查其有无________、________、__________、脱层及其他损坏等，传动皮带更换周期一般为________年或________km。

2. 判断题

（1）传动皮带只需检查有无损伤不需检查张紧力。（　　）

（2）传动皮带检查一定要在发动机关闭情况下检查。（　　）

3. 选择题

（1）关于传动皮带检查的说法不正确的是（　　）。

A. 外观检查有无破损、开裂　B. 用手压，测偏移量

C. 可以向皮带加机油检查异响

学习单元 2　排气管检查

情境导入

情境：一辆卡罗拉轿车的底盘有排气异响声，你的主管将这个检查任务分配给你，你能完成吗？

提示：汽车排气管安装于发动机排气歧管与消声器之间，主要起排气作用，当密封不严或排气管锈蚀破裂时就会发出刺耳的异响声。

任务目标

一、知识目标

能描述排气管的位置和功能。

二、技能目标

能进行排气管的检查。

知识准备

一、基本知识

1. 排气管的概述

1）排气管的作用

汽车排气管安装于发动机排气歧管与消声器之间，使整个排气系统呈挠性联结，从而起到减振、降噪的作用。

2）排气管的检查

排气管需检查的项目有：安装及吊挂的情况，消声器、密封垫片有无泄漏、异响和内部松动等。

2. 准备工作

主要设备：

教学车辆、工具车、拆装工具、橡胶榔头、车轮挡块、多媒体教学设备（含白板）等。

辅助材料：

翼子板布和前格栅布、三件套、抹布、手套、白板笔等。

3. 实施步骤

1）将车辆停放在举升机位

要求：

将车辆停放在举升机位如图 7-2-1 所示。

请按设备安全操作及车辆防护规范操作（见学习情境一）。

2)举升车辆

要求:

举升车辆如图 7-2-2 所示。

(1)将车辆举升至合适高度。

(2)举升过程中,两人大声呼应。

(3)检查车身支撑情况。

(4)检查举升机是否安全锁止。

警告:

禁止未安全锁止就进行底盘作业。

图 7-2-1　车辆就位

图 7-2-2　举升车辆

3)检查密封垫

要求:

检查密封垫如图 7-2-3 所示。

(1)用手电筒配合,目视检查前部、中部、后部密封垫。

(2)检查密封垫是否有损坏、泄漏,有无炭黑痕迹及水渍。

警告:

必须戴手套检查,谨防烫伤。

4)检查吊挂

要求:

检查吊挂如图 7-2-4 所示。

(1)用手电筒配合,目视并用手捏检查所有橡胶吊挂。

(2)检查吊挂是否损坏、老化和脱落。

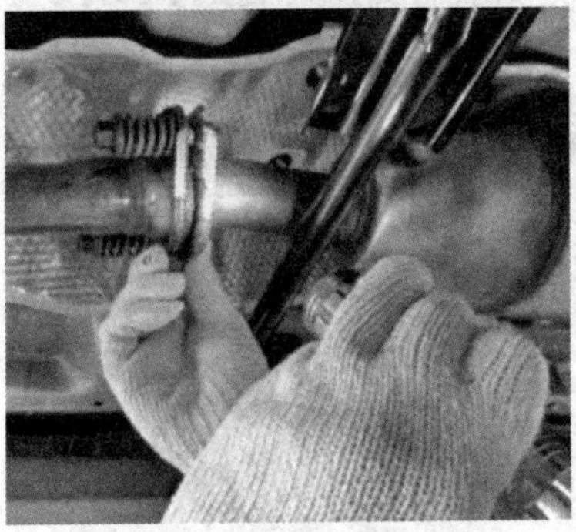

图 7-2-3　检查密封垫

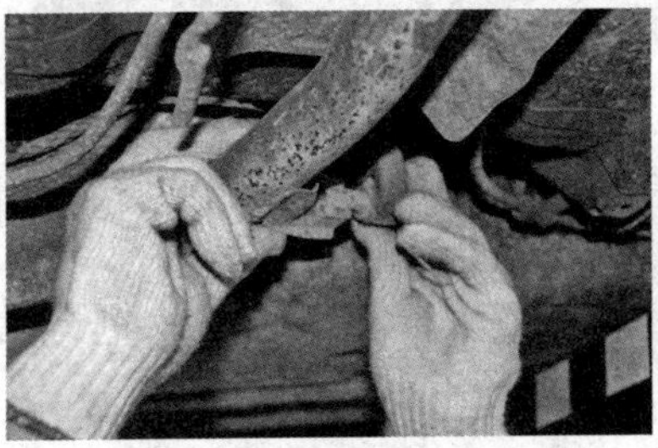

图 7-2-4　检查吊挂

5)检查消声器和排气管

要求:

检查消声器和排气管如图 7-2-5 所示。

(1)用手电筒配合,目视检查。

(2)检查消声器和排气管是否损坏、泄漏,有无炭黑痕迹及水渍。

警告:

必须戴手套检查,谨防烫伤。

6)排气管内部松动检查

要求:

排气管内部松动检查如图 7-2-6 所示。

使用橡胶榔头敲击排气管消声器,倾听有无松动及异响。

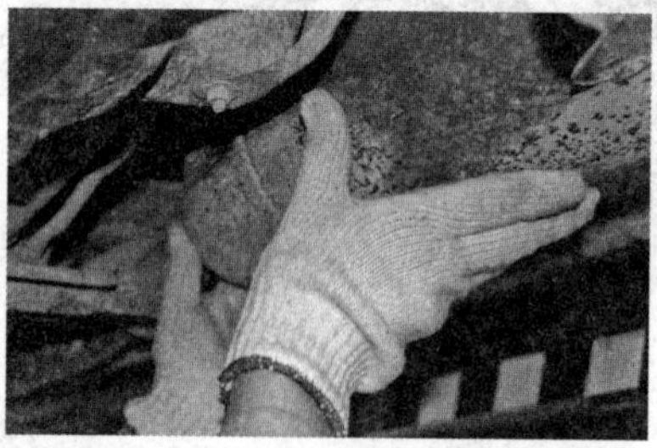

图 7-2-5 检查消声器和排气管

图 7-2-6 排气管内部松动检查

7)按 5S 规范要求整理车间

要求:

按 5S 规范要求整理车间,如图 7-2-7 所示。

8)填写工作单

要求:

填写工作单如图 7-2-8 所示。

图 7-2-7 整理车间

图 7-2-8 填写工作单

(1)在完成的项目后面签名或打钩确认。

(2)有数据记录的记录相关数据。

(3)有疑问或不正确的做好相关记录并立即上报。

问题:

(1)忘记填写,字迹潦草。

（2）有关问题没有记录，未上报。

二、学习小结

1. 汽车排气管安装于发动机排气歧管与消声器之间，起减振、降噪的作用。

2. 排气管需检查的项目有：安装及吊挂的情况，消声器、密封垫片有无泄漏、异响、内部松动等。

三、自我评估

1. 填空题

（1）汽车排气管安装于发动机的________与________之间。

（2）排气管靠________与车身连接。

2. 判断题

（1）排气管有水滴出是正常现象。（　　）

（2）检查排气管必须戴手套，以防烫伤。（　　）

3. 选择题

（1）关于排气管检查的说法正确的是（　　）。

A. 使用橡胶榔头敲击排气管消声器，倾听有无松动及异响

B. 检查是否损坏、泄漏，有无炭黑痕迹及水渍

C. 检查橡胶吊挂是否损坏、老化和脱落

D. 检查排气管是否变色

学习单元3　底盘螺栓检查和紧固

情境导入

情境：一辆卡罗拉轿车在行经不良路面时底盘有“嘎吱”声，你的主管分配你对底盘进行检查，你能完成吗？

提示：汽车底盘上安装有较多部件，如悬架、副车架、油箱等。在车辆保养时需要对底盘部件进行检查，对重要螺栓进行紧固。

任务目标

一、知识目标

（1）能描述车辆底盘螺栓的作用。

（3）能描述车辆保养时哪些底盘螺栓需要检查和紧固。

二、技能目标

能进行底盘螺栓的检查和紧固。

知识准备

一、基本知识

1. 底盘螺栓的概述

底盘螺栓紧固着汽车上各种运动件和承受大应力的连接件，底盘各部件的工作状况对汽车行驶过程中的安全性也尤为重要，因此，对于底盘螺栓松动和底盘部件密封状况检查十分重要。

底盘检查时，除检查底盘各机构有无变形、松动等其他损坏外，还必须紧固前横梁与车身支撑螺栓以及后横梁与车身支撑螺栓。

2. 准备工作

主要设备：

教学车辆、工具车、拆装工具、橡胶榔头、车轮挡块、多媒体教学设备（含白板）以及预制式扭力扳手 5~25 N•m、10~100 N•m、40~340 N•m 等。

辅助材料：

翼子板布和前格栅布、三件套、抹布、手套、白板笔等。

3. 实施步骤

1）将车辆停放在举升机位

要求：

将车辆停放在举升机位如图 7-3-1 所示。

请按设备安全操作及车辆防护规范操作(见学习情境一)。

2)举升车辆

要求:

举升车辆如图 7-3-2 所示。

(1)将车辆举升至合适高度。

(2)举升过程中,两人大声呼应。

(3)检查车身支撑情况。

(4)检查举升机是否安全锁止。

警告:

禁止未安全锁止就进行底盘作业。

图 7-3-1 车辆就位

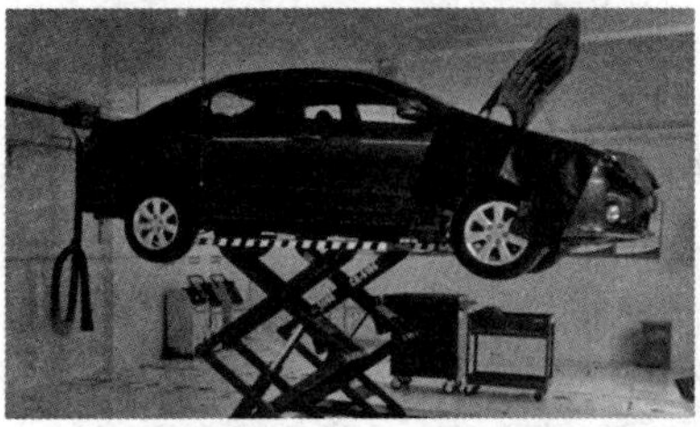

图 7-3-2 举升车辆

3)紧固前横梁与车身支撑螺栓

要求:

紧固前横梁与车身支撑螺栓如图 7-3-3 所示。

(1)使用扭力扳手扭矩应为 146 N•m。

(2)紧固左侧螺栓时右手托住扭力扳手,左手拉。

注意:

在用力时要用拉的方式。

问题:

扭力调节不正确,螺栓未紧固完毕,有遗漏。

4)紧固后横梁与车身支撑螺栓

要求:

紧固后横梁与车身支撑螺栓如图 7-3-4 所示。

(1)使用扭力扳手扭矩应为 136 N•m。

(2)紧固左侧螺栓时右手托住扭力扳手,左手拉。

注意:

在用力时要用拉的方式。

问题:

扭力调节不正确,螺栓未紧固完毕,有遗漏。

图 7-3-3 紧固前横梁与车身螺栓

图 7-3-4 紧固后横梁与车身螺栓

5)按 5S 规范要求整理车间

要求:

按 5S 规范要求整理车间,如图 7-3-5 所示。

6)填写工作单

要求:

填写工作单如图 7-3-6 所示。

(1)在完成的项目后面签名或打钩确认。

(2)有数据记录的记录相关数据。

(3)有疑问或不正确的做好相关记录并立即上报。

问题:

(1)忘记填写,字迹潦草。

(2)有关问题没有记录,未上报。

图 7-3-5 整理车间

图 7-3-6 填写工作单

二、学习小结

1. 底盘螺栓的重要性。

2. 底盘检查时,除检查底盘各机构有无变形、松动等其他损坏外,还必须紧固前横梁与车身支撑螺栓以及后横梁与车身支撑螺栓。

三、自我评估

1. 填空题

(1)紧固底盘螺栓需使用________工具。

(2)底盘螺栓紧固主要是指________和________螺栓。

2. 判断题

(1)底盘螺栓紧固中所使用的扭力扳手和套筒规格只有一种。(　　)

(2)底盘所有螺栓都需要紧固。(　　)

（3）使用扭力扳手加力最好使用推的方式加力。（　　）

3. 选择题

（1）关于底盘螺栓紧固的说法正确的是（　　）。

A. 底盘螺栓越紧越好　B. 底盘上的大螺栓在紧固加力时直到拧不动为止

C. 必须按照《维修手册》规定对底盘螺栓进行紧固　D. 底盘螺栓包括轮胎螺栓

（2）紧固底盘螺栓正确的是（　　）。

A. 从后向前依次紧固所有螺栓

B. 不方便紧固的螺栓是不用紧固的

C. 紧固工具优先选用扳手

D. 紧固时要使用扭力扳手

学习情境八　整车维护

学习单元1 顶起位置一维护

情境导入

情境：一辆科鲁兹轿车进店保养，你的主管分配你和组员必须按照双人快保的标准步骤来操作，你能完成吗？

提示：双人快保是目前各个4S店都在推行的一种快保模式，如严格按照这个标准操作将非常快捷、全面。双人快保一共分为6个步骤完成，本学习单元只介绍步骤一。步骤一主要是对灯光、油水、门锁等进行检查。

任务目标

一、知识目标

（1）能描述车辆定期维护的目的。

（2）能描述双人快保的好处。

（3）能描述在顶起位置一的具体车辆维护内容。

二、技能目标

（1）能进行发动机冷却液、润滑油、燃油供给和燃油蒸发的泄漏、损坏、安装检查。

（2）能进行灯光、仪表、刮水器、喷水器、蓄电池电压检查。

（3）能进行转向柱倾斜检查。

（4）能进行制动踏板行程检查、制动助力器性能检查。

（5）能进行发动机舱罩、油箱盖、行李箱盖、车门检查。

（6）能进行驾驶员座椅、安全带以及备用轮胎检查。

知识准备

一、基本知识

1.定期维护的概述

1）定期维护的目的

汽车在使用中，由于受各种因素的影响，各系统零部件必然会产生不同程度的磨损，其技术状况也会逐渐变差，造成使用性能降低。为了降低汽车各系统零部件的磨损速度，保持汽车技术状况良好，延长汽车的使用寿命，防止事故发生，减少燃油的消耗，需要及时对车辆进行定期预防性保养，通过调整和更换零部件来保持其性能。通过实施定期维护，可以确保车辆的长期、有效、正常运转，以及增加顾客的满意度。

2）双人快保的好处

传统的操作法是一人一个工位，在保养过程中，也按照《保修手册》规定的项目进行检查。因为没有标准的流程和有效的监督机制，往往有些项目的检查流于形式，尤其是在车辆较多的情况下，更容易发生这种现象。这样的直接后果是用户有一种不信任感，检查项目到底做了还是没做，用户有疑问。要想改变这一状况，就必须有一种全新的模式和方法，改变用户的固有印象，这样才能使用户从根本上信任我们。

实行双人工位后，效率提高了，检查项目多了，检查规范了，用户放心了，相对效率也提高了。用户观看后，看到的是实实在在的检查。从调查单的反馈看，都对这种方法认可，用户的满意度随之提高。只要看到现场操作的用户下次保养或维修肯定还会再来，这是留住客户和稳定客户群的有效手段。

2. 实施步骤

双人快保中，两个技师同时工作，因此对技师 A 和技师 B 的操作步骤分别进行介绍。

技师 A 操作步骤

1）安装三件套

要求：

安装三件套如图 8-1-1 所示。

依次转向盘套、座椅套、铺上脚垫。

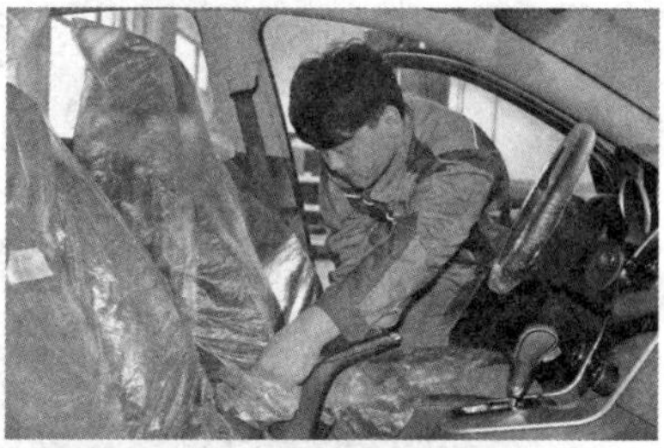

图 8-1-1　安装三件套

2）换挡杆置于“P”挡（自动挡）或空挡（手动挡），拉紧驻车制动杆

要求：

换挡杆置于“P”挡（自动挡）或空挡（手动挡）位置，拉紧驻车制动杆，如图 8-1-2 所示。

（1）踩住制动踏板，按压排挡锁，将挡位移到“P”挡（自动挡）或空挡（手动挡）位置。

（2）拉紧驻车制动杆。

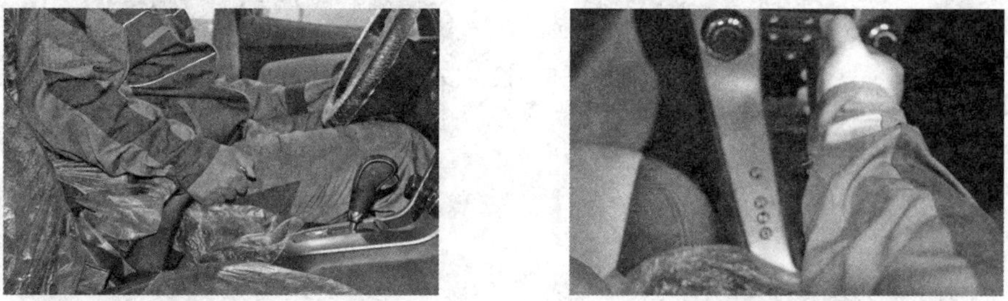

图 8-1-2　换挡杆置于“P”挡（自动挡）或空挡（手动挡）位置，拉紧驻车制动杆

3) 拉起发动机舱罩释放杆

要求：

拉起发动机舱罩释放杆如图 8-1-3 所示。

（1）用左手向外拉动发动机舱罩释放拉手，用力适中。

（2）当听到发动机舱罩锁扣弹开的声音，停止拉动。

4) 检查中部阅读灯

要求：

检查中部阅读灯如图 8-1-4 所示。

（1）检查中部阅读灯位于左右位置时是否点亮。

（2）检查完毕后将开关置于“DOOR”位置。

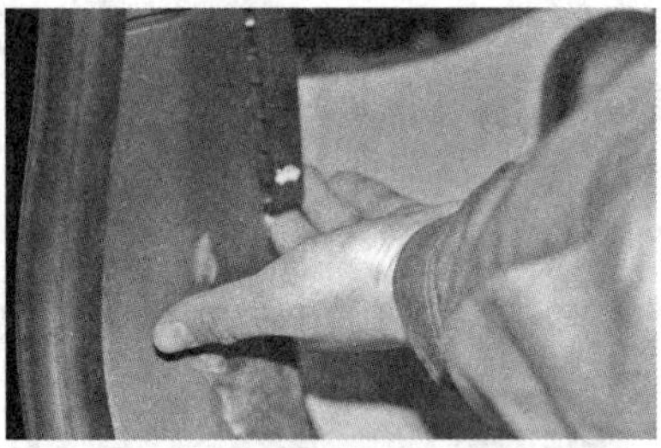

图 8-1-3 拉起发动机舱盖释放杆

图 8-1-4 检查中部阅读灯

5) 检查安全带

要求：

检查安全带如图 8-1-5 所示。

(1)检查驾驶员座椅安全带的拉伸和卷收情况以及安全带有无撕裂或磨损，注意安全带应拉伸自如 。

(2)检查驾驶员座椅安全带惯性开关和安全带扣锁止开关的工作情况 。

(3)检查锁止开关，检查安全带插入座后是否牢固以及仪表指示灯工作情况 。

(4)安全带返回时双手放开，应自由回到原位，无卡滞现象。

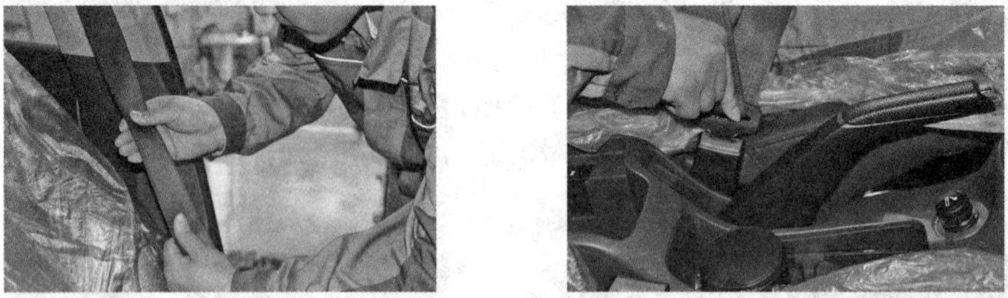

图 8-1-5 检查安全带

6) 检查车门门锁

Ⅰ. 检查左前车门锁

要求：

检查车门门锁如图 8-1-6 所示。

(1)检查左前车门锁从内、外打开是否正常。

(2)检查微开开关，门微关时门指示灯应点亮。

Ⅱ. 检查左后车门锁

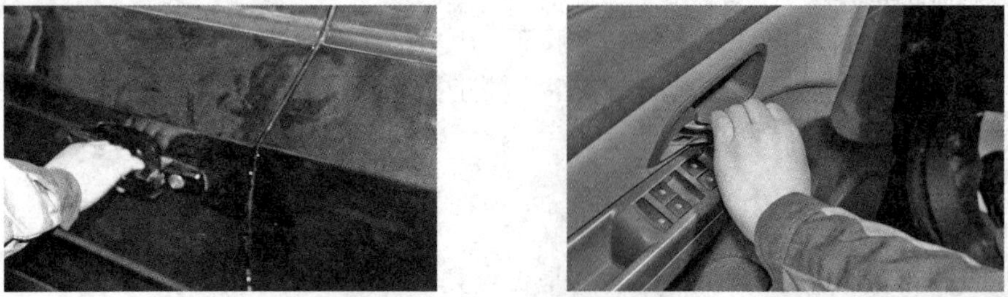

图 8-1-6 检查左前车门锁

要求：

检查左后车门锁如图 8-1-7 所示。

（1）检查左后车门锁从内外打开是否正常。

（2）检查儿童锁，儿童锁转至水平时，从门内侧车门应不能打开。

（3）检查微开开关，门微关时门指示灯应点亮 。

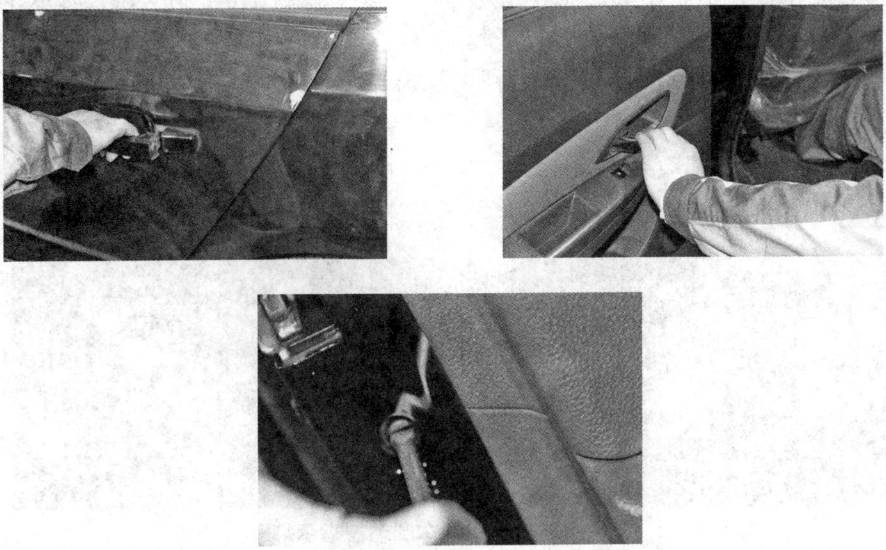

图 8-1-7　检查左后车门锁

Ⅲ. 检查右后车门锁

要求：

检查右后车门锁如图 8-1-8 所示。

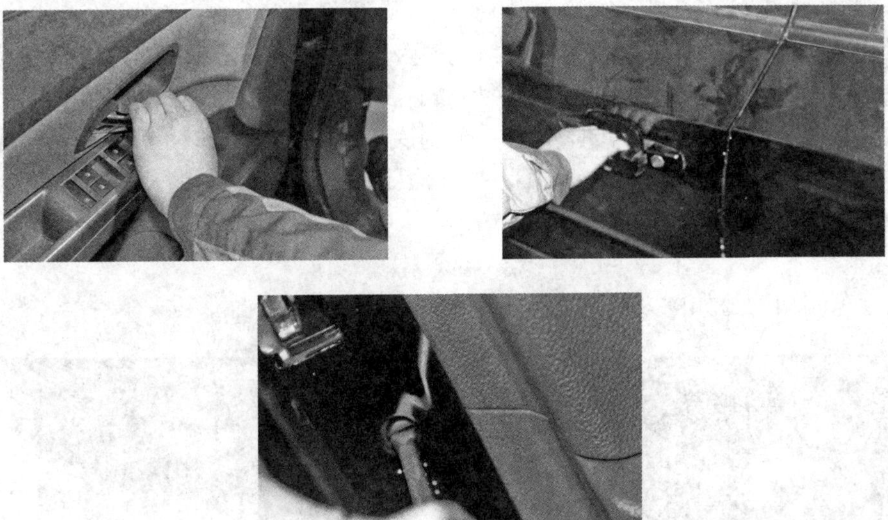

图 8-1-8　检查右后车门锁

（1）检查右后车门锁从内外打开是否正常。

（2）检查儿童锁，儿童锁转至水平时，从门内侧车门应不能打开。

（3）检查微开开关，门微关时门指示灯应点亮 。

7) 检查驻车制动器指示灯

要求：

检查驻车制动器指示灯如图 8-1-9 所示。

（1）检查驻车制动器指示灯的工作情况，注意指示灯应在驻车制动器拉杆放下时熄灭，驻车制动器拉杆拉到第一个棘齿位置时亮起 。

（2）检查并记录驻车制动器拉杆的行程，注意驻车制动器拉杆行程应小于整个可活动范围的四分之三。

注意：

在操作中不要用力太猛。

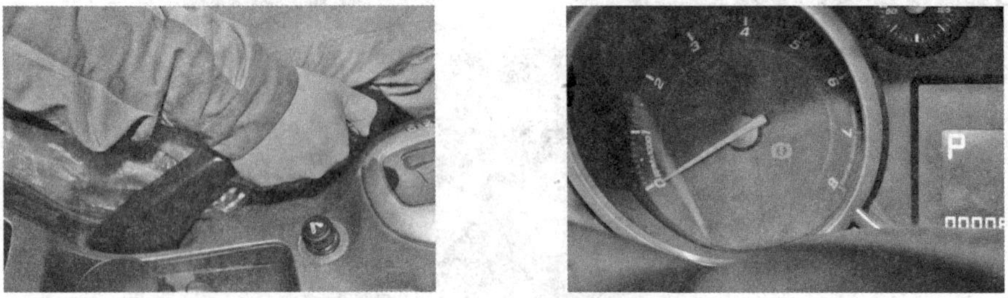

图 8-1-9　检查驻车制动器指示灯

8) 检查行车制动器

Ⅰ. 检查行车制动器踏板

要求：

检查行车制动器踏板如图 8-1-10 所示。

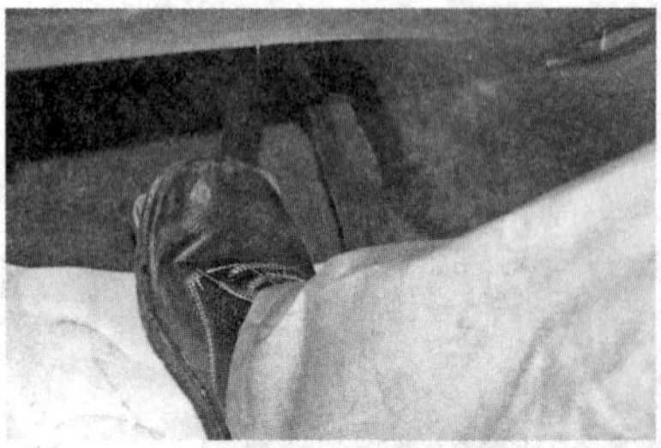

图 8-1-10　检查行车制动器踏板

（1）关闭点火开关 。

（2）检查行车制动器踏板工作时有无松旷和异响。

（3）检查行车制动器踏板踩下时的行程和感觉，踏下时不应完全到底，反映应灵敏；多次踩下行车制动踏板，每次踩下后踏板返回距离应越来越大。

Ⅱ. 检查行车制动助力

要求：

检查行车制动助力如图 8-1-11 所示。

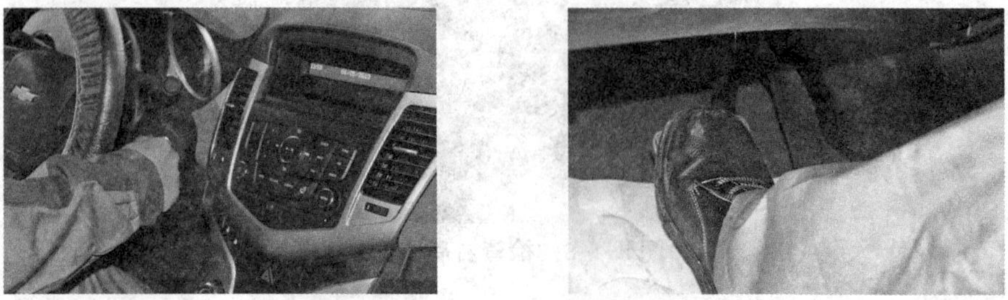

图 8-1-11　检查行车制动助力

（1）发动机启动前踩下行车制动踏板数次，踩住行车制动踏板。

（2）打开点火开关，可以听到助力泵的工作响声，启动车辆，行车制动踏板应向下沉。

9) 检查发动机舱罩锁和微开开关的工作情况

要求：

检查发动机舱罩锁和微开开关的工作情况，如图 8-1-12 所示。

A、B 两位技师合作检查发动机舱盖锁和微开开关的工作情况。发动机舱罩锁上第一道锁时，仪表显示上的“CODE”指示灯不会熄灭；发动机舱罩锁上第二道锁时，“CODE”指示灯才会熄灭。

图 8-1-12　机盖打开指示灯点亮

10) 检查仪表指示灯

要求：

检查仪表指示灯如图 8-1-13 所示。

（1）启动发动机。

（2）仪表上的发动机故障指示灯、安全气囊灯、ABS 灯、充电及防盗指示灯熄灭。

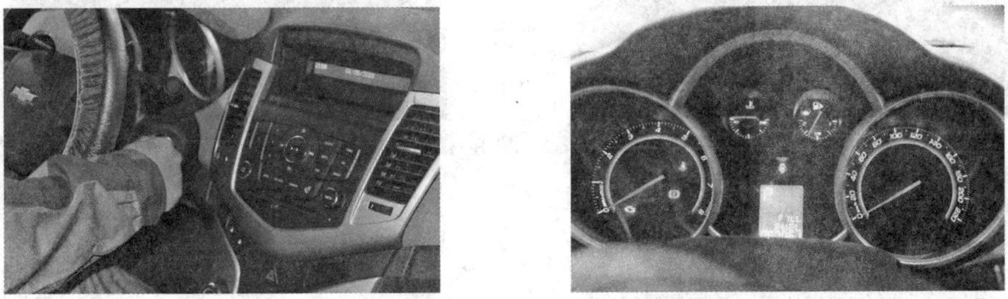

图 8-1-13　检查仪表指示灯

11) 检查车辆前部灯光

要求：

检查车辆前部灯光如图 8-1-14 所示。

图 8-1-14　检查车辆前部灯光

（1）启动发动机。

（2）A、B 两位技师合作检查前部示宽灯、近光灯、远光灯、前部转向灯、前部危险警告灯的工作情况。

12) 检查转向灯开关回位

要求：

检查转向灯开关回位如图 8-1-15 所示。

注意转向灯开关，应跟随转向盘自动回位。

13) 检查组合仪表背景灯的亮度调节功能

要求：

检查组合仪表背景灯的亮度调节功能，如图 8-1-16 所示。

检查组合仪表背景灯的亮度调节功能应是渐进式的，亮度无突变。

图 8-1-15　检查转向灯开关回位

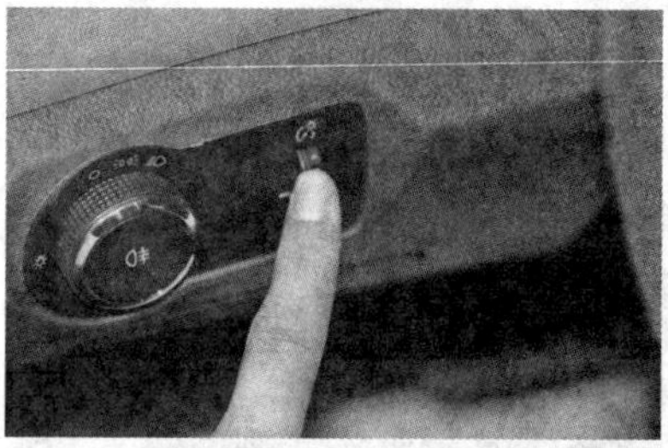

图 8-1-16　检查组合仪表背景灯的亮度调节功能

14) 检查车辆后部灯光

要求：

检查车辆后部灯光如图 8-1-17 所示。

A、B 两位技师合作检查后部示宽灯、牌照灯、制动灯、后部转向灯、后部危险警告灯、倒车灯的工作情况。

15) 检查行车制动助力器的密封性

要求：

检查行车制动助力器的密封性如图 8-1-18 所示。

检查行车制动助力器的密封性，多次踩下行车制动踏板，每次踩下后行车制动踏板返回距离应越来越大。

图 8-1-17　检查车辆后部灯光

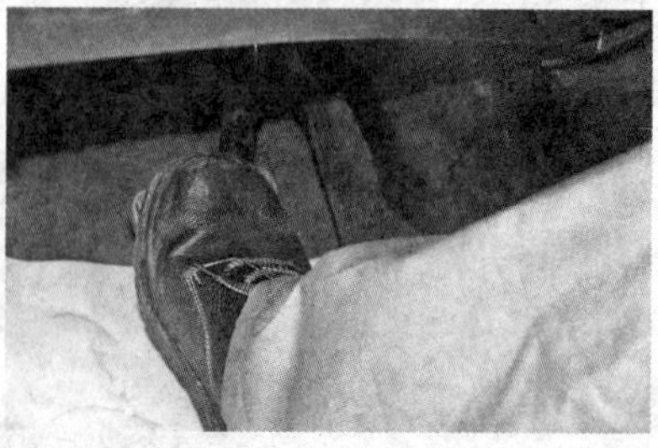

图 8-1-18　检查行车制动助力器的密封性

16) **检查喇叭按钮及喇叭和转向柱的工作情况**

要求：

检查喇叭按钮及喇叭和转向柱的工作情况如图 8-1-19 所示。

(1)转动转向盘的过程中，应能在不同的位置按响喇叭且无单音、沙哑、破响。

(2)检查转向盘和转向柱有无松动，转动时有无摆动及异响。

图 8-1-19　检查喇叭按钮及喇叭和转向柱的工作情况

17) **检查刮水器**

要求：

检查刮水器如图 8-1-20 所示。

(1)检查风窗玻璃喷水器喷射时，刮水器的联动情况。

(2)检查风窗玻璃喷水器喷射位置是否合适，刮拭是否干净。

(3)检查风窗玻璃刮水器的低速、高速工作是否正常，工作中有无异响。

(4)关闭风窗玻璃刮水器后，能否自动回位。

18) **检查转向柱**

要求：

检查转向柱如图 8-1-21 所示。

检查转向柱的倾斜调整及锁止情况，转向柱在任意位置应锁止正常。

图 8-1-20　检查刮水器

图 8-1-21　检查转向柱

19) **检查换挡杆及挡位指示灯**

要求：

检查换挡杆及挡位指示灯如图 8-1-22 所示。

(1)检查换挡杆及挡位指示灯的工作情况。

(2)检查完毕后将换挡杆置于“N”位置 。

(3)释放驻车制动杆。

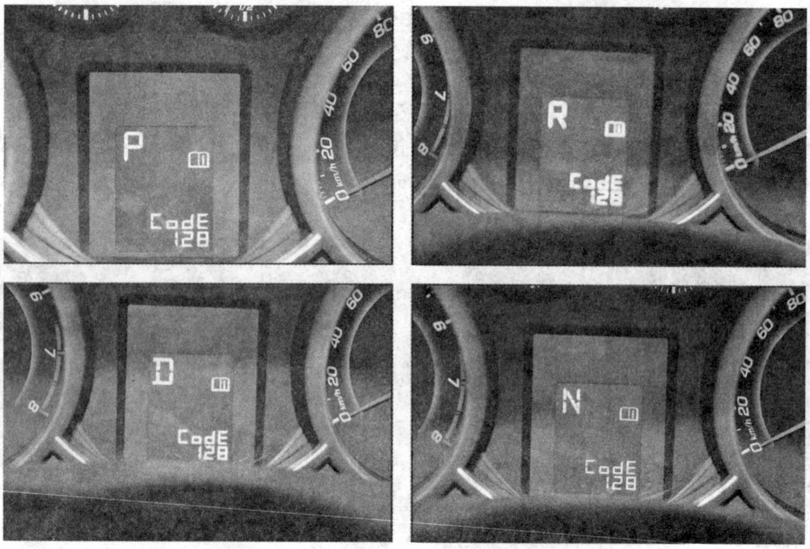

图 8-1-22　检查换挡杆及挡位指示灯

20) 检查并记录行车制动踏板的行程

要求：

检查并记录行车制动踏板的行程如图 8-1-23 所示。

（1）关闭点火开关，行车制动助力器完全泄放真空后，以转向盘为参考位置，按照紧急制动方式踩行车制动踏板（脚离开制动踏板，迅速踩下）。

（2）测量行车制动踏板与转向盘之间的距离，再测量行车制动踏板初始位置与转向盘之间的距离，两次测量值之差为行车制动踏板的行程，多次测量取平均值为最后结果，行车制动踏板行程应为 40~55 mm。

（3）检查并记录行车制动踏板的自由行程，以转向盘为参考位置，测量行车制动踏板初始位置与转向盘之间的距离，再测量轻踩行车制动踏板后，行车制动踏板与转向盘之间的距离，两次测量值之差为行车制动踏板的自由行程，多次测量取平均值为最后结果，行车制动踏板自由行程标准值应为 1~8 mm。

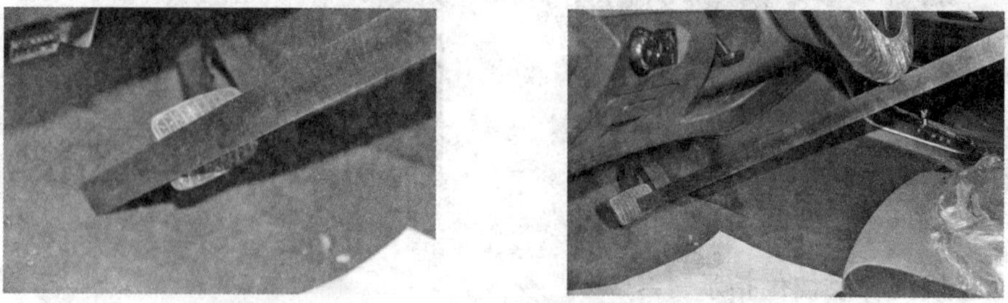

图 8-1-23　检查并记录行车制动踏板的行程

21) 检查汽油加注口门

要求：

检查汽油加注口门如图 8-1-24 所示。

（1）检查汽油加注口门的安装情况及有无变形、损坏。

（2）检查汽油加注口门的打开和关闭是否正常。

（3）检查汽油加注口盖的橡胶连接线是否完好、旋紧时扭矩限制是否正常。

（4）检查油箱盖是否可以正常拧紧，进一步拧紧油箱盖应听到“咔咔”声。

22) 组装故障诊断仪

要求：

组装故障诊断仪如图 8-1-25 所示。

组装故障诊断仪，使用 OBD Ⅱ接头或 GM 专用接头。

图 8-1-24 检查汽油加注口门

图 8-1-25 组装故障诊断仪

23) 检查右前大灯

要求：

检查右前大灯如图 8-1-26 所示。

检查右前大灯的安装、污染和损坏情况，检查时发动机舱罩处于打开状态。

24) 检查左前减震器

要求：

检查左前减震器如图 8-1-27 所示。

检查左前减震器的阻尼状态。

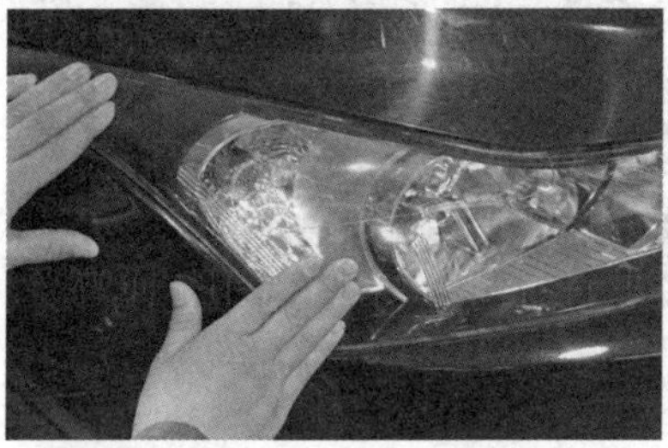

图 8-1-26 检查右前大灯

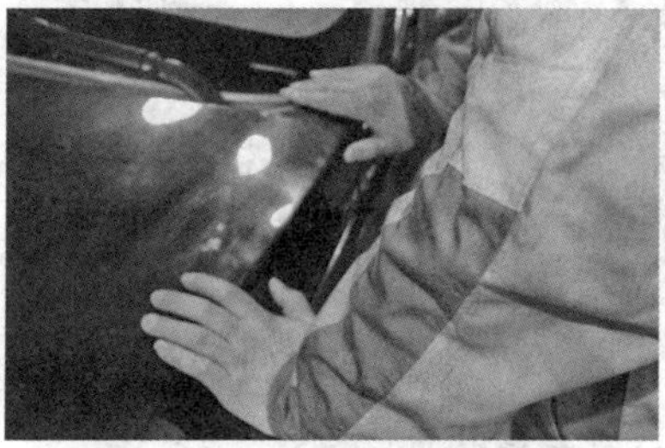

图 8-1-27 检查左前减震器

25) 检查左前大灯

要求：

检查左前大灯如图 8-1-28 所示。

检查左前大灯的安装、污染及损坏情况。

26) 检测并记录发动机系统故障码

要求：

检测并记录发动机系统故障码如图 8-1-29 所示。

（1）正确选择车型信息。

（2）读取故障码，记录历史故障码，清除故障码。

（3）启动车辆，读取当前故障码。

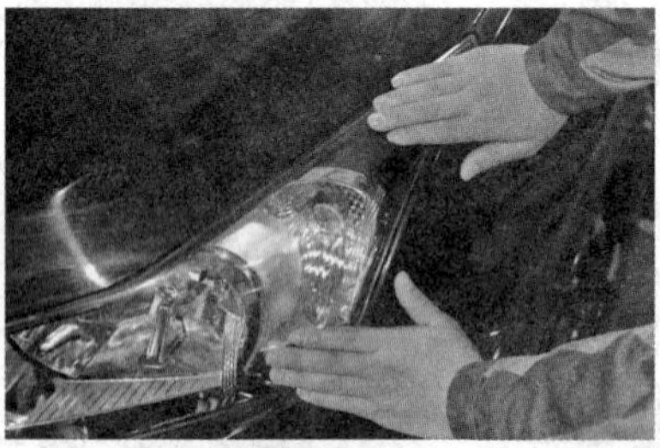
图 8-1-28　检查左前大灯

图 8-1-29　检测并记录发动机系统故障码

27) 拆下机油加注口盖

要求：

拆下机油加注口盖如图 8-1-30 所示。

（1）拆下机油加注口盖。

（2）拆卸前应清洁加注口盖外的污物。

（3）拆下机油加注口盖 。

28) 记录燃油量

要求：

记录燃油量如图 8-1-31 所示。

在维修工作单内标记燃油量。

图 8-1-30　拆下机油加注口盖

图 8-1-31　记录燃油量

29) 安放支撑垫块

要求：

安放支撑垫块如图 8-1-32 所示。

安放支撑垫块。

注意：

放置垫块后，要确认安放位置是否正确。

技师 B 操作步骤

1) 安装车轮挡块

要求：

安装车轮挡块如图 8-1-33 所示。

注意：

安装时要将车轮挡块用力推紧。

图 8-1-32　安放支撑垫块

图 8-1-33　安装车轮挡块

2) 安装排气抽气管

要求：

安装排气抽气管如图 8-1-34 所示。

注意：

排气抽气管安装牢固，不可脱落。

3) 检查发动机舱罩和铰链

要求：

检查发动机舱罩和铰链如图 8-1-35 所示。

（1）双手向上将发动机舱罩掀到较高位置，一只手支撑住发动机舱罩，另一只手拉起发动机舱罩支撑杆。

（2）检查发动机舱罩和铰链有无松动 。

注意：

发动机舱罩支撑杆支撑稳固。

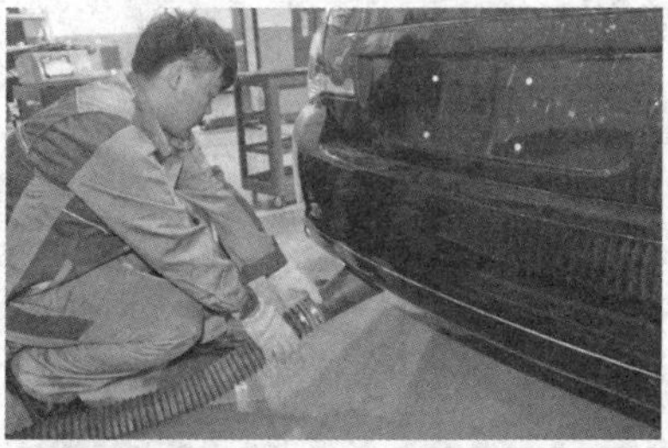

图 8-1-34　安装排气抽气管

图 8-1-35　检查发动机舱罩和铰链

4) 安装翼子板布和前格栅布

要求：

安装翼子板布和前格栅布如图 8-1-36 所示。

（1）翼子板布和前格栅布要有效遮挡车身部位，上边缘与翼子板和前格栅上部边缘平齐。

（2）用内部的磁铁牢牢吸住金属部分。

图 8-1-36　安装翼子板布和前格栅布

（3）放置时禁止在车身上面滑动，以防擦伤涂层。

（4）有标记或文字的一面朝外且朝上。

5) 检查蓄电池

要求：

检查蓄电池如图 8-1-37 所示。

（1）检查蓄电池有无污染，安装及连接是否牢固 。

（2）测量蓄电池静态电压，注意测量前校准万用表。

（3）测量时注意正确放置表笔，测量完毕记录测量数据。

注意：

要准确记录数据并填写单位。正常静态电压不要低于 11.61 V，如果过低则需要先充电。

图 8-1-37　检查蓄电池

6) 检查风窗玻璃清洗液液位

图 8-1-38　检查前挡风玻璃清洗液液位

要求：

检查风窗玻璃清洗液液位如图 8-1-38 所示。

检查风窗玻璃清洗液液位，不够要添加。

7) 检查冷却系统

要求：

检查冷却系统如图 8-1-39 所示。

（1）检查发动机冷却液液位，应在上下限之间（冷却液液面上限位于排气喷嘴的底线处；冷却液液面下限位于储水壶焊接区域 ）。

图 8-1-39　检查冷却系统

（2）检查冷却水管及接口有无泄漏，检查冷却水管的安装情况，捏一捏观察有无裂纹、凸起、硬化、磨损或其他损坏，拧一拧，拉一拉，观察水管有无松动，发动机室有 8 根水管，要全部检查。

8) 检查制动液

要求：

检查制动液如图 8-1-40 所示。

（1）检查制动液液位，检查制动储液罐、制动管及接头有无泄漏，检查制动管的安装情况及有无扭结、磨损、腐蚀或其他损坏。

（2）检查制动液含水率。

9) 检查发动机传动皮带

要求：

检查发动机传动皮带图 8-1-41 所示。

（1）按压发动机传动皮带，检查发动机传动皮带的安装情况及皮带张力 。

（2）检查发动机传动皮带有无变形、裂纹、脱层、过度磨损或其他损坏。

图 8-1-40 检查制动液

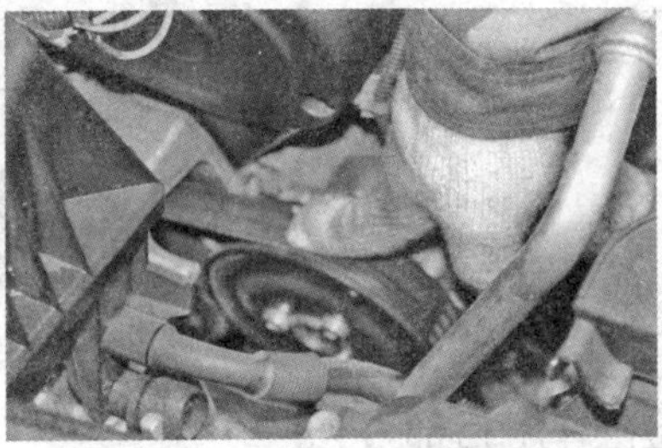

图 8-1-41 检查发动机传动皮带

10) 检查燃油管

要求：

检查燃油管如图 8-1-42 所示。

检查燃油管及接头有无泄漏，油管的安装是否牢固，有无裂纹、凸起、硬化、磨损或其他损坏。

11) 检查发动机机油

要求：

检查发动机机油如图 8-1-43 所示。

检查发动机机油液位是否在上下限之间。

图 8-1-42 检查燃油管

图 8-1-43 检查发动机机油

12) **检查车辆前部灯光**

要求：

检查车辆前部灯光如图 8-1-44 所示。

A、B 两位技师合作检查前部示宽灯、近光灯、远光灯、前部转向灯、前部危险警告灯的工作情况。

图 8-1-44　检查车辆前部灯光

13) **检查车辆后部灯光**

要求：

检查车辆后部灯光如图 8-1-45 所示。

A、B 两位技师合作检查后部示宽灯、牌照灯、制动灯、后部转向灯、后部危险警告灯、倒车灯的工作情况。

14) **检查行李箱照明灯是否点亮**

要求：

检查行李箱照明灯是否点亮如图 8-1-46 所示。

检查行李箱照明灯是否点亮，灯座安装是否牢固。

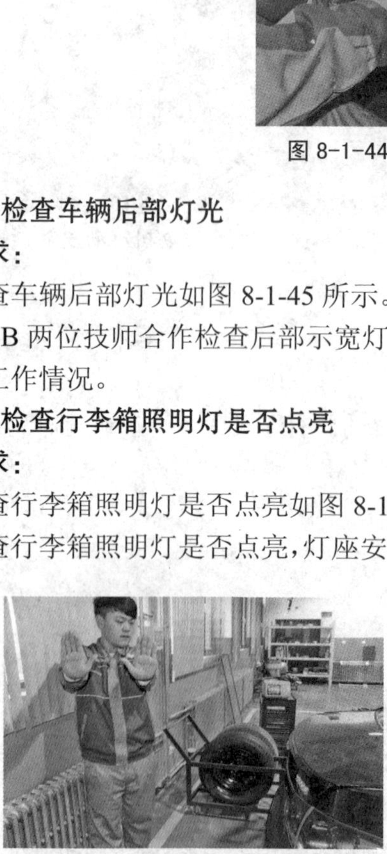

图 8-1-45　检查车辆后部灯光

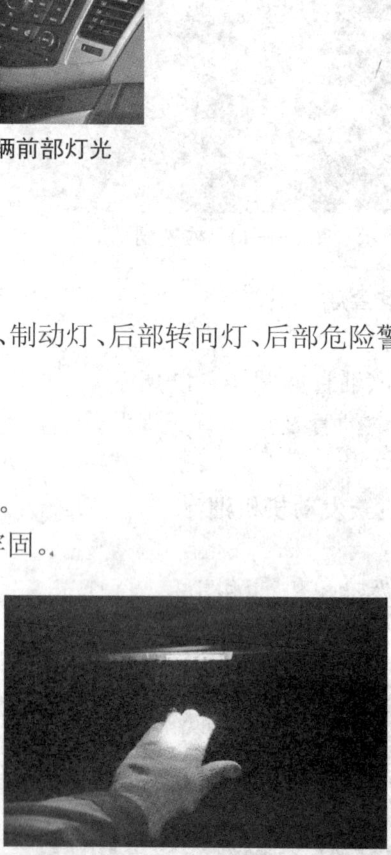

图 8-1-46　检查行李箱照明灯是否点亮

15) **检查轮胎**

要求：

检查轮胎如图 8-1-47 所示。

（1）检查轮胎有无裂纹、割伤、起鼓、异物嵌入和异常磨损，钢圈有无损坏或腐蚀 。

（2）检查并记录胎面沟槽的深度，将轮胎侧壁按照 90° 进行四等分，用校准花纹深度尺，测量每一点处靠近胎冠中心线的花纹沟深度，取测量值中的最小值作为沟槽深度，单位为 mm，保留到小数点后一位（注意轮胎花纹的磨损极限是 1.6 mm）。

（3）检测轮胎是否漏气，气压是否正常，必要时调整气压，在工作单上记录测量值。

注意：

数值和单位要对应。标准气压 240 kPa。

图 8-1-47　检查轮胎

16) **检查行李厢盖铰链**

要求：

检查行李厢盖铰链如图 8-1-48 所示。

（1）检查行李厢盖铰链有无松动。

（2）检查行李箱盖锁和微开开关的工作情况。

17) **检查左侧尾灯**

要求：

检查左侧尾灯如图 8-1-49 所示。

检查左侧尾灯总成的安装、污染和损坏情况 。

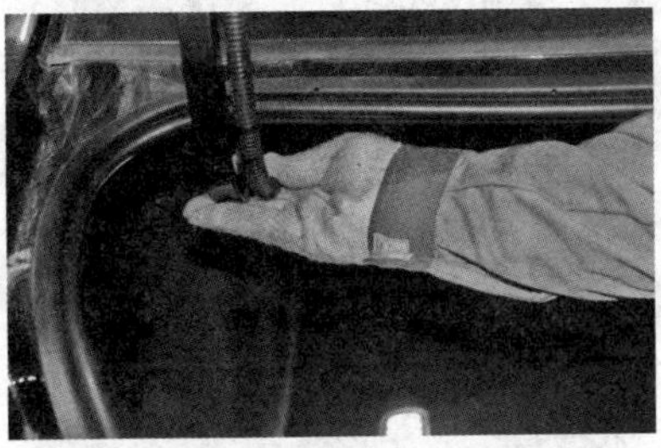

图 8-1-48　检查行李厢盖铰链

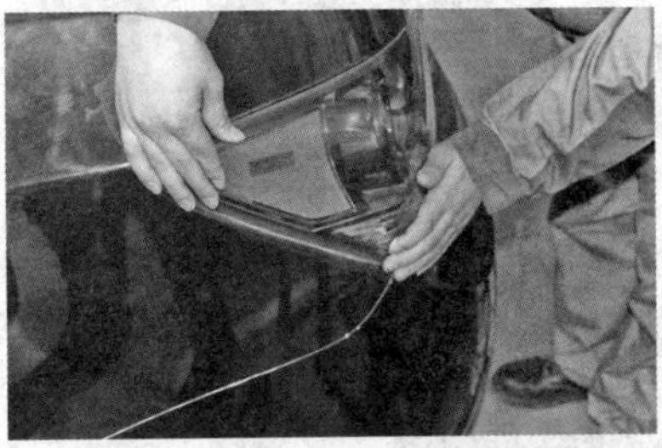

图 8-1-49　检查左侧尾灯

18) **检查左后减震器**

要求：

检查左后减震器如图 8-1-50 所示。

检查左后减震器的阻尼状态，双手按压左后侧车身处 3 次，用力下压，使减震器反弹到最高处后，再向下压，按动时要慢慢均匀用力，不要用冲击力。

19) 检查右侧尾灯

要求：

检查右侧尾灯如图 8-1-51 所示。

检查右侧尾灯总成的安装、污染及损坏情况。

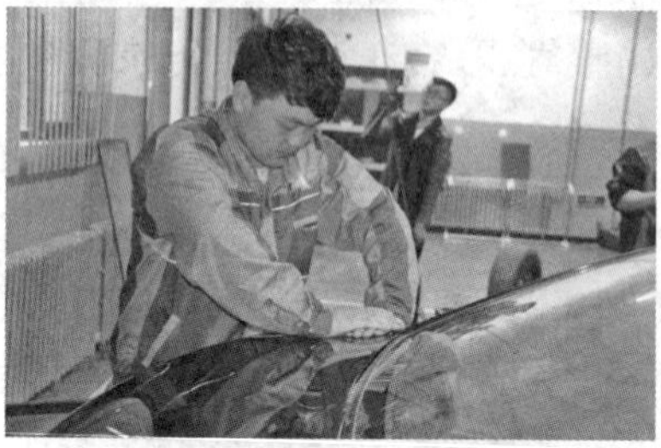

图 8-1-50 检查左后减震器

图 8-1-51 检查右侧尾灯

20) 检查右后减震器

要求：

检查右后减震器如图 8-1-52 所示。

检查右后减震器的阻尼状态，双手按压左后侧车身处 3 次，用力下压，使减震器反弹到最高处后，再向下压，按动时要慢慢均匀用力，不要用冲击力。

21) 检查右前车门

要求：

检查右前车门如图 8-1-53 所示。

检查右前车门锁和微开开关的工作情况。

图 8-1-52 检查右后减震器

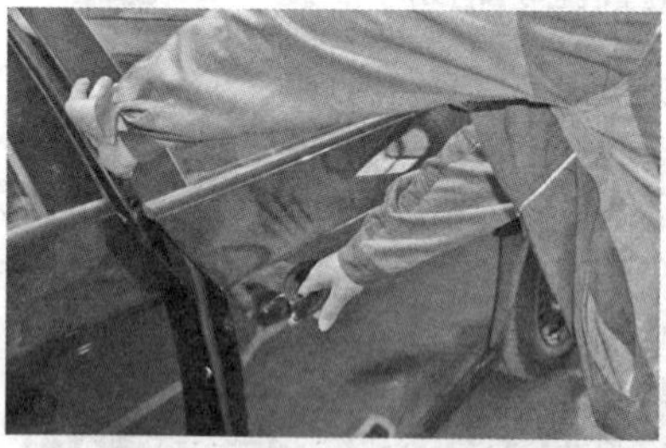

图 8-1-53 检查右前车门

图 8-1-54 记录车辆信息

22) 启动尾气分析仪

要求：

启动尾气分析仪。

23) 记录车辆信息

要求：

记录车辆信息如图 8-1-54 所示。

在维修工作单内记录发动机型号和车辆 VIN 码。

24) 测量并记录发动机冷却液冰点

要求：

测量并记录发动机冷却液冰点如图 8-1-55 所示。

（1）测量发动机冷却液冰点前要清洁并校准测试仪。

（2）打开储水壶盖，注意打开储水壶盖前，要慢慢拧松，排放储水壶内的气压，防止烫伤。

（3）测量发动机冷却液冰点后要用清洁布清洁测试仪并放好。

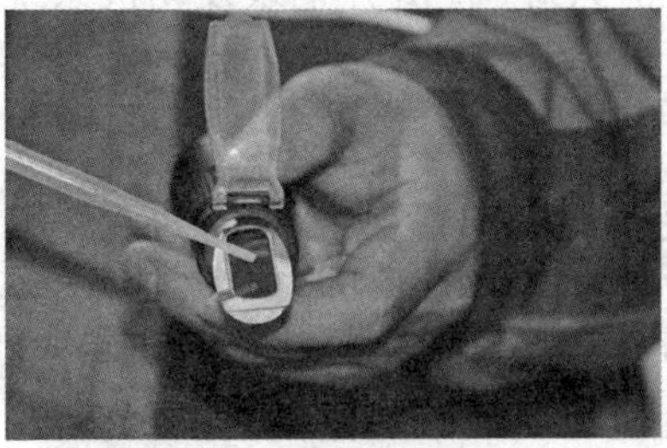

图 8-1-55　测量并记录发动机冷却液冰点

25) 标记车辆检查结果

要求：

标记车辆检查结果如图 8-1-56 所示。

A、B 两位技师合作在维修工作单内标记车辆损毁位置及损毁类型。

26) 准备后续工作

要求：

准备后续工作如图 8-1-57 所示。

将后续工作需要的工具取出并摆放好。

图 8-1-56　标记车辆检查结果

图 8-1-57　准备后续工作

二、学习小结

1. 汽车维护的目的。降低汽车各系统零部件的磨损速度，保持汽车技术状况良好，延长汽车的使用寿命，防止事故发生，减少燃油的消耗，需要及时对车辆进行定期预防性保养，通过调整和更换零部件来保持其性能。通过实施定期维护，可以确保车辆的长期、有效、正常运转，以及增加顾客的满意度。

2. 双人快保主要目的是为了提高效率和客户满意度。

3. 技师 A、B 在举升位置一的操作步骤。

技师 A

安装三件套；换挡杆置于“P”挡（自动挡）或空挡（手动挡），拉紧驻车制动杆；拉起发动机舱罩释放杆；检查中部阅读灯；检查安全带；检查车门门锁；检查驻车制动器指示灯；检查行车制动器；检查发动机舱罩锁和微开开关的工作情况；检查仪表指示灯；检查车辆前部灯光；检查转向灯开关回位；检查组合仪表背景灯的亮度调节功能；检查车辆后部灯光；检查行车制动助力器的密封性；检查喇叭按钮及喇叭和转向柱的工作情况；检查刮水器；检查转向柱；检查换挡杆及挡位指示灯；检查并记录行车制动踏板的行程；检查汽油加注口门；组装故障诊断仪；检查左前大灯；检查左前减震器；检查右前大灯；检测并记录发动机系统故障码；拆下机油加注口盖；记录燃油量；安放支撑垫块。

技师 B

安装车轮挡块；安装排气抽气管；检查发动机舱罩和铰链；安装翼子板布和前格栅布；检查蓄电池；检查风窗玻璃清洗液液位；检查冷却系统；检查制动液；检查发动机传动皮带；检查燃油管；检查发动机机油；检查车辆前部灯光；检查车辆后部灯光；检查行李箱照明灯是否点亮；检查轮胎；检查行李厢盖铰链；检查左侧尾灯；检查左后减震器；检查右侧尾灯；检查右后减震器；检查右前车门；启动尾气分析仪；记录车辆信息；测量并记录发动机冷却液冰点；标记车辆检查结果；准备后续工作。

三、自我评估

1. 填空题

（1）通过实施定期维护，可以确保车辆的长期、有效、正常运转以及增加顾客的___________，效率提高了。

（2）实行双人快保后检查项目_______，检查_______，用户_______，相对_______也提高了。

（3）检查轮胎面沟槽的深度，要将轮胎侧壁按照_______°进行四等分。

（4）轮胎花纹磨损极限是_______mm。

（5）防冻液测试使用_______工具。

（6）蓄电池正常静态电压不要低于_______V，如果过低则需要先充电。

（7）制动踏板自由行程标准值应为_______~_______mm。

（8）读取车辆故障码由_______技师完成。

2. 判断题

（1）防冻液检查需使用冰点测试仪。（　）

（2）外部灯光检查必须使用手势进行。（　）

（3）发动机舱罩打开时仪表显示上的 CODE 指示灯将点亮。（　）

（4）检查大灯只需技师 A 即可完成。（　）

（5）在举升位置一的维护中不需要接上尾气抽排系统。（　）

3. 选择题

（1）关于外部灯光的检查的说法正确的是（　）。

A. 由技师 A 完成　B. 由技师 B 完成　C. 必须由两名技师配合才能完成

（2）关于行车制动助力检查的说法不正确的是（　）。

A. 发动机启动前需踩下行车制动踏板数次并踩住

B. 打开点火开关，可以听到助力泵的工作响声

C. 启动车辆，行车制动踏板应向下沉

D. 一直踩住行车制动踏板，发动机启动时的转速比正常时要高

（3）关于检查右后车门锁的说法正确的是（　　）。

A. 由技师 A 完成　B. 由技师 B 完成　C. 由技师 A、B 共同完成

D. 在举升位置一不需要检查

学习单元 2　顶起位置二维护

情境导入

情境：一辆科鲁兹进店保养，你的主管分配你和组员必须按照双人快保的标准步骤来操作，你能完成吗？

提示：双人快保是目前各个 4S 店都在推行的一种快保模式，如严格按照这个标准操作将非常快捷、全面。双人快保一共分为 6 个步骤完成，本学习单元只介绍步骤二。步骤二主要是能够对发动机冷却、润滑、燃油供给和燃油蒸发的泄漏、损坏、安装进行检查，排放机油，对制动管路、转向横拉杆、稳定杆、驱动轴、前悬架、后悬架、排气系统进行检查，对副车架、后减震器进行紧固。

任务目标

一、知识目标

（1）能描述发动机机油的作用。

（2）能描述更换发动机机油的重要性。

（3）能描述车辆底盘维护检查的内容。

二、技能目标

（1）能够对发动机冷却、润滑、燃油供给和燃油蒸发的泄漏、损坏、安装进行检查 。

（2）能够排放机油，对制动管路进行检查。

（3）能够对转向横拉杆、稳定杆进行检查 。

（4）能够对驱动轴、前悬架、后悬架进行检查 。

（5）能够对排气系统、副车架、后减震器进行检查。

知识准备

一、基本知识

1. 汽车底盘维护的概述

在汽车行驶过程中，必然会出现底盘受损的情况，这主要是由于汽车在行驶过程中，难免要“跋山涉水”，难免要受到地面砂石的冲击，而底盘又是最为接近地面的重要结构，这就决定了汽车底盘的存在环境非常恶劣，再加上汽车底盘的材质大部分为镀锌钢板，由于无法长期保持干燥状态，许多具有侵蚀性的物质通常会吸附于底盘之上，并且汽车在行驶过程中，底盘又难免会被利器所伤，最终导致底盘生锈、受腐和脱落，从而降低汽车底盘的使用寿命，甚至会影响到其他部件的正常运转，产生一些其他故障，如油箱漏油、大梁穿孔或控制板进水等，这些故障在一定程度上提升了汽车行驶风险。降低汽车的使用寿命。因此，汽车的日常维护和保养，特别是底盘的维护和保养就显得尤为重要。

2. 实施步骤

双人快保中，两个技师同时工作，因此对技师 A 和技师 B 的操作步骤分别进行介绍。

技师 A 操作步骤

1）收起车轮挡块

要求：

收起车轮挡块如图 8-2-1 所示。

（1）收起车轮挡块。

（2）如果地面有污物、油水等需要先清洁。

2）安装举升机支撑垫块

要求：

安装举升机支撑垫块如图 8-2-2 所示。

安装车轮挡块一侧的举升机支撑垫块。

图 8-2-1　收起车轮挡块

图 8-2-2　安装举升机支撑垫块

3）发出举升机可以举升的信号

要求：

发出举升机可以举升的信号如图 8-2-3 所示。

观察举升机支撑垫块无误后大声向 B 技师发出举升机可以举升的信号。

4）再次检查举升机支撑垫块

要求：

再次检查举升机支撑垫块如图 8-2-4 所示。

检查举升机支撑垫块确认无误后大声向 B 技师发出可继续举升的信号，并随时注意举升情况。

图 8-2-3　发出举升机可以举升的信号

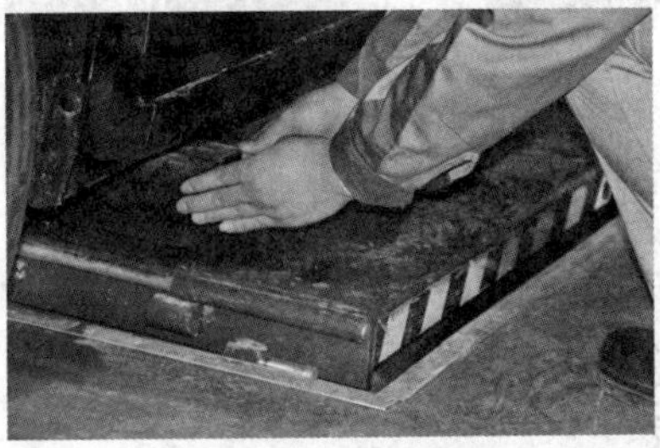

图 8-2-4　再次检查举升机支撑垫块

5)检查车辆支撑牢固情况

要求：

检查车辆支撑牢固情况如图 8-2-5 所示。

A、B 两位技师分别在车辆前后保险杆或翼子板处采用下压方式检查车辆支撑是否牢靠。

警告：

(1)不允许按压发动机舱罩等易变形处。

(2)按压时力量要适中。

6)排放发动机机油

要求：

排放发动机机油如图 8-2-6 所示。

(1)将机油回收装置放在放油螺栓处。

(2)使用 T45 花型旋具套筒旋松机油排放塞，排放发动机机油。

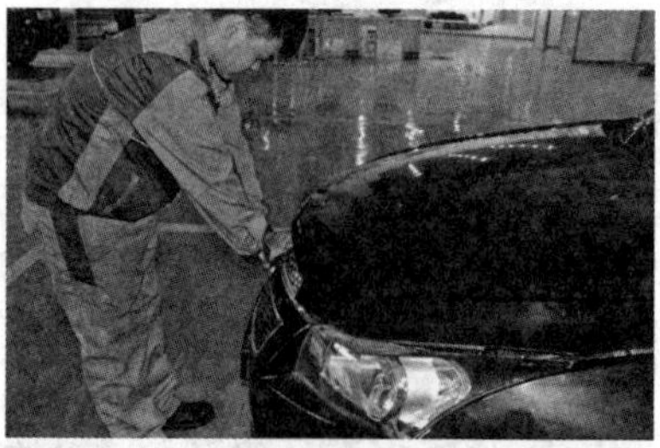

图 8-2-5　检查车辆支撑牢固情况

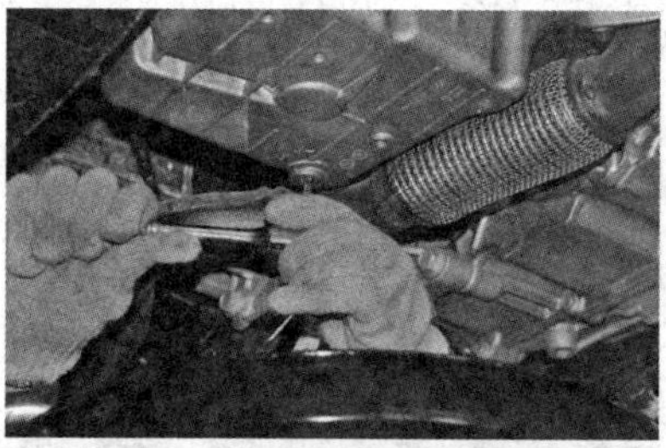

图 8-2-6　排放发动机机油

7)检查左侧驱动轴、制动管、连杆、拉杆

要求：

检查左侧驱动轴、制动管、连杆、拉杆如图 8-2-7 所示。

(1)检查左侧驱动轴外侧护套有无泄漏、裂纹或损坏。

(2)检查制动管及接头有无泄漏及有无扭结、磨损、腐蚀或其他损坏。

(3)检查稳定杆左侧连杆、左转向横拉杆防尘罩有无松动、变形、裂纹、漏油或其他损坏。

图 8-2-7　检查左侧驱动轴、制动管、连杆、拉杆

8)检查散热器

要求：

检查散热器如图 8-2-8 所示。

检查散热器有无泄漏、脏污、变形或损坏。

9)安装放油螺塞

要求:

安装放油螺塞如图 8-2-9 所示。

(1)更换放油螺塞新密封圈,注意安装新密封圈时要涂抹机油 。

(2)安装放油螺塞时,放油螺塞拧紧力矩为 14 N•m。

图 8-2-8　检查散热器

图 8-2-9　安装放油螺塞

技师 B 操作步骤

1)安装举升机支撑垫块

要求:

安装举升机支撑垫块如图 8-2-10 所示。

安装车轮挡块另一侧举升机支撑垫块。

2)发出举升机可以举升的信号

要求:

发出举升机可以举升的信号如图 8-2-11 所示。

大声向 A 技师发出举升机可以举升的信号,得到明确答复后开始举升。

图 8-2-10　安装举升机支撑垫块

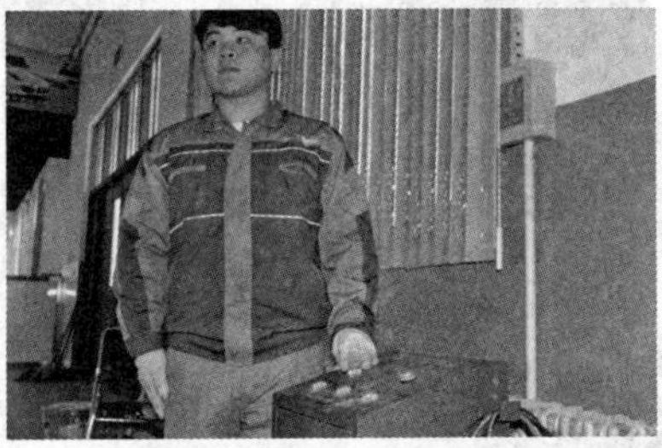

图 8-2-11　发出举升机可以举升的信号

3)举升车辆至支撑垫块接触车辆

要求:

举升车辆至支撑垫块接触车辆如图 8-2-12 所示。

(1)举升车辆至支撑垫块刚接触车辆。

(2)检查同侧举升机支撑垫块接触情况。

4)继续举升车辆至离地 10 cm

要求：

（1）得到 A 技师明确举升信号后举升车辆至离地 10 cm。

（2）与 A 技师一前一后按压车辆确认是否支撑可靠，如图 8-2-13 所示。

图 8-2-12 举升车辆至垫块接触车辆

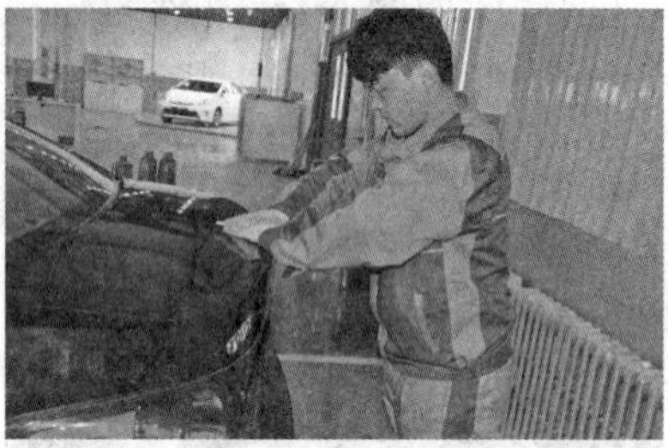

图 8-2-13 确认车辆是否支撑可靠

5)举升车辆至工作高度并锁止

要求：

举升车辆至工作高度并锁止如图 8-2-14 所示。

（1）得到 A 技师明确信号后，继续举升车辆至工作高度。

（2）锁止举升机。

6)检查机油滤清器及放油螺塞

要求：

检查机油滤清器及放油螺塞如图 8-2-15 所示。

检查机油滤清器及油底壳放油螺塞有无机油泄漏。

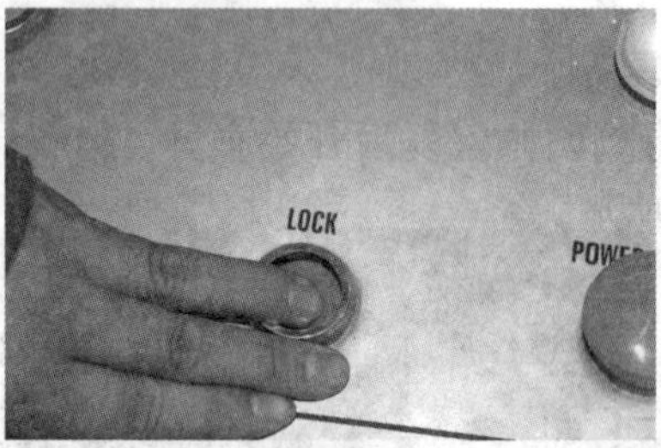

图 8-2-14 举升车辆至工作高度并锁止

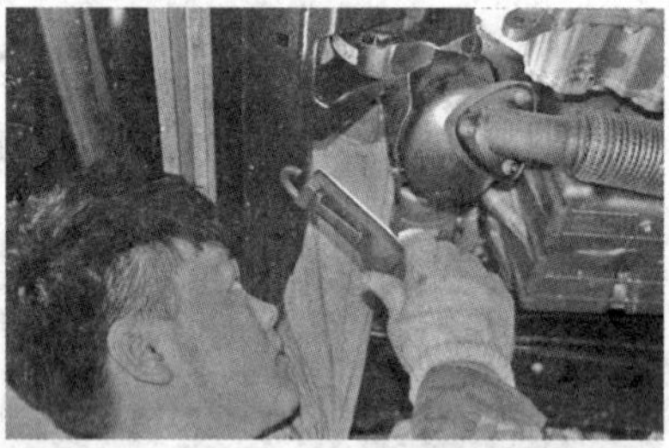

图 8-2-15 检查机油滤清器及放油螺塞

7)检查油封处有无泄漏

要求：

检查油封处有无泄漏如图 8-2-16 所示。

检查发动机各油封处有无漏油，即曲轴前后油封处、变速器油封处。

8)检查结合面处有无泄漏

要求：

检查结合面处有无泄漏如图 8-2-17 所示。

检查发动机各部件结合面有无漏油，即油底壳密封垫、缸盖密封垫。

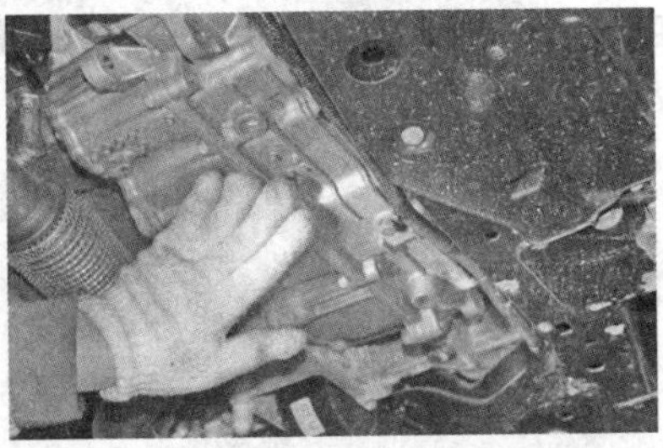

图 8-2-16　检查油封处有无泄漏

图 8-2-17　检查结合面处有无泄漏

9）检查排气系统

要求：

检查排气系统如图 8-2-18 所示。

（1）检查三元催化器、排气管、消声器有无凹陷、刮伤、腐蚀或其他损坏 。

（2）检查排气系统各密封垫片有无泄漏 。

（3）检查排气管、消声器的吊挂有无裂纹、损坏或脱落。

10）检查两后减震器

要求：

检查两后减震器如图 8-2-19 所示。

检查左后减震器与右后减震器有无漏油、变形、刮伤或其他损坏。

图 8-2-18　检查排气系统

图 8-2-19　检查两后减震器

11）检查后制动管路和燃油管路

要求：

检查后制动管路和燃油管路如图 8-2-20 所示。

检查制动管路及接头、燃油管路及接头有无泄漏，制动管路、燃油管路的安装情况有无扭结、磨损、腐蚀或其他损坏。

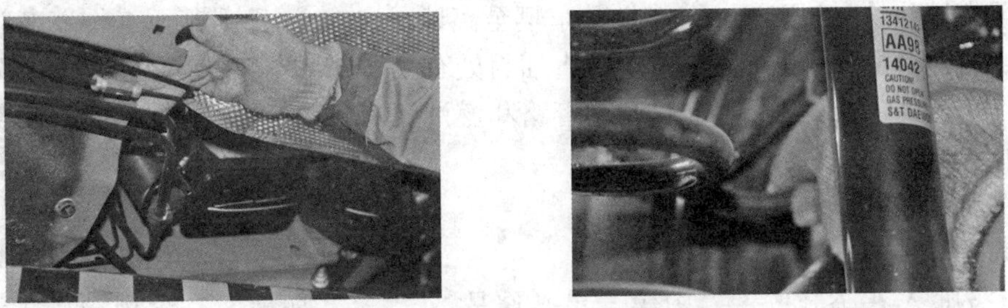

图 8-2-20　检查后制动管路和燃油管路

图 8-2-21　检查右驱动轴、制动管路、拉杆、连杆

12)检查右驱动轴、制动管路、拉杆、连杆

要求:

检查右驱动轴、制动管路、拉杆、连杆如图 8-2-21 所示。

(1)检查右驱动轴外侧护套有无泄漏、裂纹。

(2)检查右转向横拉杆防尘罩、稳定杆及右侧连杆有无松旷、裂纹或损坏。

(3)检查制动管路及接头有无泄漏、扭结、磨损、腐蚀或其他损坏。

13)紧固底盘螺栓

要求:

紧固底盘螺栓如图 8-2-22 所示。

(1)紧固后桥托架内侧与车身连接螺栓，拧紧力矩为 90 N•m,使用套筒为 19 mm。

(2)紧固左后减震器与右后减震器下螺栓,拧紧力矩为 150 N•m,使用套筒为 21 mm 。

(3)紧固前副车架与车身连接螺栓,拧紧力矩为 100 N•m,使用套筒为 21 mm。

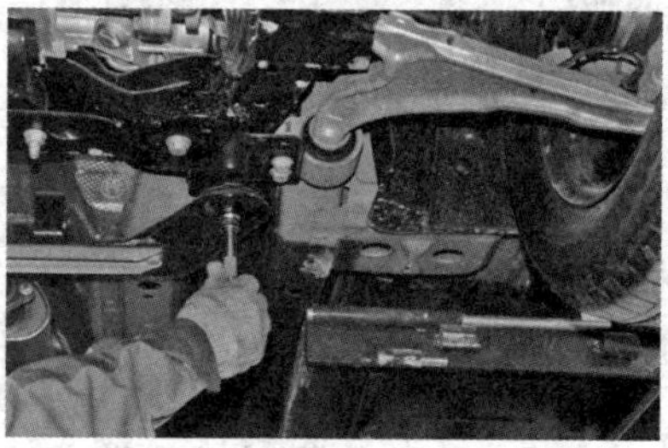

图 8-2-22　紧固底盘螺栓

二、学习小结

1. 举升位置二技师 A 维护内容：收起车轮挡块；安装举升机支撑垫块；发出举升机可以举升的信号；再次检查举升机支撑垫块；检查车辆支撑牢固情况；排放发动机机油；检查左侧驱动轴、制动管、连杆、拉杆；检查散热器；安装放油螺塞。

2. 举升位置二技师 B 维护内容：安装举升机支撑垫块；发出举升机可以举升的信号；举升车辆至支撑垫块接触车辆；继续举升车辆至离地 10 cm；举升车辆至工作高度并锁止；检查机油滤清器及放油螺塞有无机油；检查油封处有无泄漏；检查结合面处有无泄漏；检查排气系统；检查两后减震器；检查后制动管路和燃油管路；检查右驱动轴、制动管路、拉杆、连杆；紧固底盘螺栓。

三、自我评估

1. 填空题

(1)技师 A 在举升位置二中第一步操作是________。如地面有污物、油水等需要先清洁。

(2)紧固后桥托架内侧与车身连接螺栓，拧紧力矩为________N·m，使用套筒为________mm。

(3)紧固左后减震器与右后减震器下螺栓，拧紧力矩为________N·m，使用套筒为________mm。

(4)安装放油螺栓需更换________。

(5)安装放油螺塞时，放油螺塞拧紧力矩为________N·m。

2. 判断题

(1)注意安装新放油螺栓密封圈时不用涂抹机油。(　　)

(2)后桥底盘螺栓紧固由技师 B 完成，前桥底盘螺栓紧固由技师 A 完成。(　　)

(3)技师 A 使用 T45 花型旋具套筒旋松机油排放塞，排放发动机机油。(　　)

(4)在举升位置二没有技师 A、B 需配合完成项目。(　　)

3. 选择题

(1)关于车辆支撑情况说法正确的是(　　)。

A. 由技师 A 完成　B. 由技师 B 完成　C. 技师 A、B 共同完成　D. 不需要检查

(2)关于前副车架紧固说法错误的是(　　)。

A. 螺栓拧紧力矩为 120 N·m，使用套筒为 19 mm

B. 螺栓拧紧力矩为 150 N·m，使用套筒为 21 mm

C. 由技师 B 完成

D. 螺栓拧紧力矩为 100 N·m，使用套筒为 21 mm

学习单元3　顶起位置三维护

情境导入

情境：一辆科鲁兹进店保养，你的主管分配你和组员必须按照双人快保的标准步骤来操作，你能完成吗？

提示：双人快保是目前各个4S店都在推行的一种快保模式，如严格按照这个标准操作将非常快捷、全面。双人快保一共分为6个步骤完成，本学习单元只介绍步骤三。步骤三主要是能够对前减震器泄漏、车轮轴承松旷及旋转噪音进行检查；对左后制动鼓的拆装并测量制动鼓、制动蹄的直径以及制动蹄摩擦片的检查 。

任务目标

一、知识目标

（1）能描述汽车减震器、制动系统的结构和作用。

（2）能描述鼓式和盘式制动的区别。

（3）能描述制动系统的磨损极限数据。

二、技能目标

（1）能够进行前减震器泄漏的检查。

（2）能够进行车轮轴承松旷及旋转噪音的检查。

（3）能够进行左后制动鼓的拆装。

（4）能够测量制动鼓的直径。

（5）能够进行制动蹄摩擦片的检查。

（6）能够测量制动蹄的直径。

知识准备

一、基本知识

1. 鼓式制动的概述

典型的鼓式制动器主要由底板、制动鼓、制动蹄、轮缸（制动分泵）、回位弹簧、定位销等零部件组成。底板安装在车轴的固定位置上，它是固定不动的，上面装有制动蹄、轮缸、回位弹簧、定位销，承受制动时的旋转扭力。每一个鼓有一对制动蹄，制动蹄上有摩擦衬片。制动鼓则是安装在轮毂上，是随车轮一起旋转的部件，它是由一定分量的铸铁做成，形状似园鼓状。当制动时，轮缸活塞推动制动蹄压迫制动鼓，制动鼓受到摩擦减速，迫使车轮停止转动。在轿车制动鼓（汽车制动泵）上，一般只有一个轮缸，在制动时轮缸受到来自总泵液力后，轮缸两端活塞会同时顶向左右制动蹄的蹄端，作用力相等。但由于车轮是旋转的，制动鼓（汽车制动泵）作用于制动蹄的压力左右不对称，造成自行增力或自行减力。因此，业内将自行增力的一侧制动蹄称为领蹄，自行减力的一侧制动蹄称为从蹄，领蹄的摩擦力矩是从蹄的 2 ～ 2.5 倍，两制动蹄摩擦衬片的磨损程度也就不一样。

为了保持良好的制动效率，制动蹄与制动鼓（汽车制动泵）之间要有一个最佳间隙值。随着摩擦衬片磨损，制动蹄与制动鼓之间的间隙增大，需要有一个调整间隙的机构。过去的鼓式制动器间隙需要人工调整，用塞尺调整间隙。现在轿车鼓式制动器都是采用自动调整方式，摩擦衬片磨损后会自动调整与制动鼓间隙。当间隙增大时，制动蹄推出量超过一定范围时，整间隙机构会将调整杆（棘爪）拉到与调整齿下一个齿接合的位置，从而增加连杆的长度，使制动蹄位置位移，恢复正常间隙。

2. 实施步骤

双人快保中，两个技师同时工作，因此对技师 A 和技师 B 的操作步骤分别进行介绍。

技师 A 操作步骤

1）下降举升机

要求：

下降举升机如图 8-3-1 所示。

（1）大声发出可以下降举升机的信号。

（2）观察举升机下降过程。

（3）下降到便于拆卸轮胎高度时大声发出停止下降的信号。

图 8-3-1　下降举升机

2）检查右后轮胎

要求：

检查右后轮胎如图 8-3-2 所示。

检查右后轮胎轴承有无松动和异响。

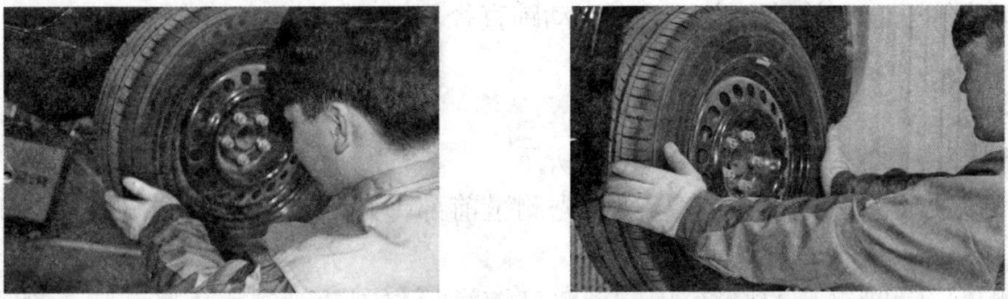

图 8-3-2　检查右后轮胎

3）拆卸左后轮胎

要求：

拆卸左后轮胎如图 8-3-3 所示。

（1）A、B 技师合作拆下左后车轮总成。

（2）检查气动扳手旋转方向和扭力大小。

（3）注意应对角分次旋下轮胎螺栓，轮胎放在轮胎架上。

图 8-3-3 拆卸左后轮胎

4)制动器检查

要求：

制动器检查如图 8-3-4 所示。

(1)检查制动分泵有无漏油、护套有无裂纹和损坏 。

(2)检查制动器调节弹簧及调节器总成有无缺失、弯曲、裂纹、严重锈蚀、损坏或缺齿。

(3)检查制动蹄有无严重锈蚀、拉伸、扭曲、卡滞、裂纹、缺损和油污。

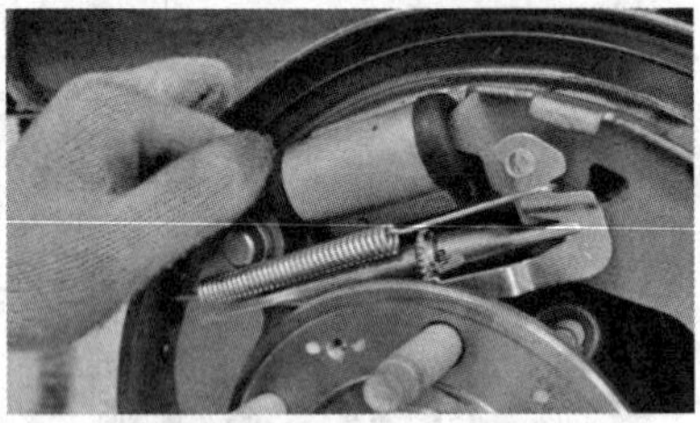

图 8-3-4 制动器检查

5)测量制动蹄

要求：

(1)使用卡尺测量制动蹄的直径，注意测量时卡尺要位于制动蹄的中间位置，多次测量取平均值 。

(2)在工作单上记录制动蹄的直径。

6)计算制动蹄与制动鼓的间隙

要求：

(1)计算制动蹄与制动鼓的间隙。

(2)间隙等于制动鼓最大直径减去制动蹄直径，其标准值为 0.4~0.9 mm。

7)测量制动蹄摩擦衬片厚度

要求：

测量制动蹄摩擦衬片厚度如图 8-3-5 所示。

(1)测量制动蹄摩擦衬片的厚度，首先测量前部蹄片的中部位置摩擦衬片与制动蹄钢片总厚度。

(2)测量制动蹄钢片的厚度，用制动蹄摩擦衬片与制动蹄钢片总厚度减去制动蹄钢片的厚度，即为制动蹄摩擦衬片厚度。

(3)制动蹄摩擦衬片的使用极限为 1.6 mm，记录制动蹄摩擦衬片厚度，记录时注意数值的准确性和精度。

8)安装左后轮轮毂和轮胎

要求：

安装左后轮轮毂和轮胎如图 8-3-6 所示。

(1)安装左后轮制动鼓使用 T30 花形旋具套筒。

（2）拧紧制动鼓安装螺栓，拧紧力矩为 7 N•m。

（3）安装左后轮胎并预紧固，注意应对角预紧轮胎螺栓。

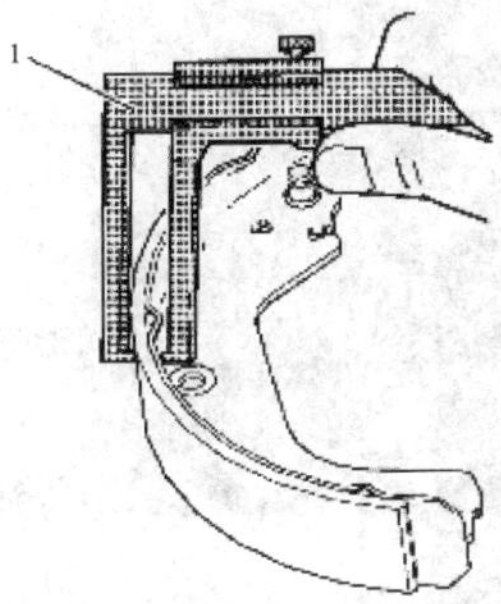

图 8-3-5　测量制动蹄

图 8-3-6　安装左后轮轮毂和轮胎

技师 B 操作步骤

1）下降举升机

要求：

下降举升机如图 8-3-7 所示。

（1）得到 A 技师的可以下降举升机的信号后开始按压举升机下降开关下降举升机。

（2）观察整个下降过程。

（3）得到 A 技师的下降停止信号后停止下降，并锁止举升机。

图 8-3-7　下降举升机

2）检查左前轮胎

要求：

检查左前轮胎如图 8-3-8 所示。

检查左前轮胎轴承有无松旷和异响。

图 8-3-8　检查左前轮胎

3)拆卸左后轮胎

要求：

拆卸左后轮胎如图 8-3-9 所示。

(1)A、B 技师合作拆下左后车轮总成。

(2)检查气动扳手旋转方向和扭力大小。

(3)注意应对角分次旋下轮胎螺栓，轮胎放在轮胎架上。

图 8-3-9 拆卸左后轮胎

4)检查两前减震器

要求：

如图 8-3-10 所示。

(1) 检查右前减震器有无漏油、变形或其他损坏。

(2)检查左前减震器有无漏油、变形或其他损坏。

5)检查测量左后制动鼓

要求：

检查测量左后制动鼓如图 8-3-11 所示。

(1)检查左后制动鼓表面状况 。

(2)测量左后制动鼓直径，首先在制动鼓上平均选取四个测量位置。

(3)用深度尺测量距制动鼓向下 24 mm 的位置，作为卡尺的测量点，用闸瓦卡尺测量 4 个测量点的制动鼓直径。

(4)记录每个位置制动鼓的直径，记录时注意数值的准确性和精度。

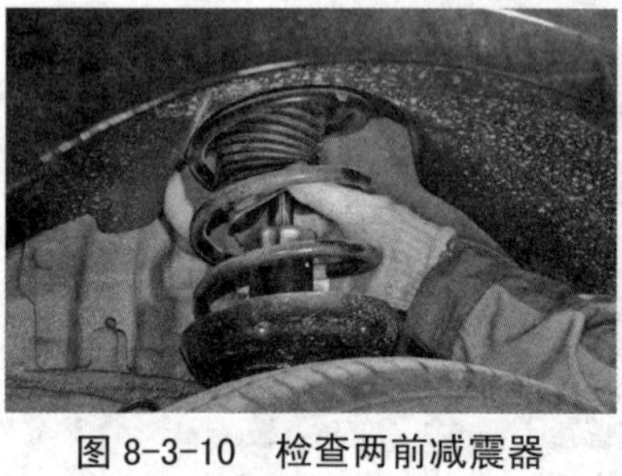

图 8-3-10 检查两前减震器

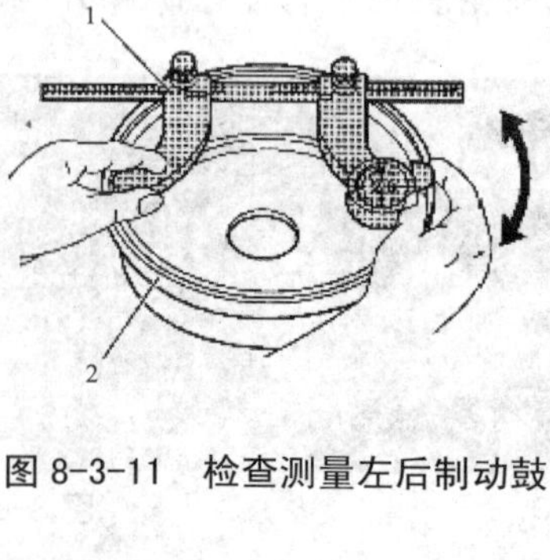

图 8-3-11 检查测量左后制动鼓

6）安装左后轮轮毂和轮胎

要求：

安装左后轮轮毂和轮胎如图 8-3-12 所示。

（1）安装左后轮制动鼓使用 T30 花形旋具套筒。

（2）拧紧制动鼓安装螺栓，拧紧力矩为 7 N•m。

（3）安装左后轮胎并预紧固，注意应对角预紧轮胎螺栓。

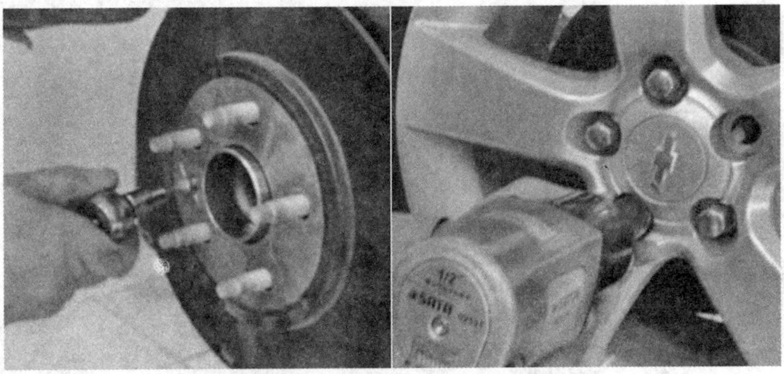

图 8-3-12　安装左后轮轮毂和轮胎

二、学习小结

1. 制动鼓的组成和工作原理：典型的鼓式制动器主要由底板、制动鼓、制动蹄、轮缸（制动分泵）、回位弹簧、定位销等零部件组成。当制动时，轮缸活塞推动制动蹄压迫制动鼓，制动鼓受到摩擦减速，迫使车轮停止转动。

2. 举升位置三技师 A 的维护内容：下降举升机；检查右后车轮；拆卸左后轮胎；制动器检查；测量制动蹄；计算制动蹄与制动鼓的间隙；测量制动蹄摩擦衬片厚度；安装左后轮轮毂和轮胎。

3. 举升位置三技师 B 的维护内容：下降举升机；检查左前轮胎；拆卸左后轮胎；检查两前减振器；检查测量左后制动鼓；安装左后轮轮毂和轮胎。

三、自我评估

1. 填空题

（1）鼓式制动器主要由底板、______、______、轮缸（制动分泵）、________、定位销等零部件组成。

（2）技师 A 检查_________车轮，技师 B 检查_________车轮。

（3）安装左后轮制动鼓使用_________花形旋具套筒。

（4）制动蹄摩擦衬片的使用极限为_________mm。

2. 判断题

（1）用深度尺测量距制动鼓向下 24 mm 的位置，作为卡尺的测量点，用闸瓦卡尺测量 4 个测量点的制动鼓直径。（　　）

（2）制动蹄与制动鼓的间隙必须小于 0.4 mm。（　　）

（3）拆卸的轮胎应放在工具车上。（　　）

（4）左后车轮检查是由 A、B 技师共同完成的。（　　）

3. 选择题

（1）测量制动鼓直径选用的工具是（　　）。

A. 闸瓦卡尺　B. 游标卡尺　C. 千分尺　D. 直尺

（2）制动蹄与制动鼓的间隙是（　　）。

A. 小于 0.4 mm　B.0.4~0.9 mm　C.0.3~0.5 mm　D. 越小越好

学习单元 4　顶起位置四维护

情境导入

情境：一辆科鲁兹进店保养，你的主管分配你和组员必须按照双人快保的标准步骤来操作，你能完成吗？

提示：双人快保是目前各个 4S 店都在推行的一种快保模式，如严格按照这个标准操作将非常快捷、全面。双人快保一共分为 6 个步骤完成，本学习单元只介绍步骤四。步骤四主要是对轮胎螺栓进行紧固，更换机油滤清器、空气滤清器，对玻璃升降器、后视镜、蓄电池充电电压进行检查，对尾气排放进行检测。

任务目标

一、知识目标

（1）能描述双人快保位置四的检查内容。

（2）如遇不明白的具体检查内容及步骤参照学习情境 1~7。

二、技能目标

（1）能紧固轮胎螺栓 。

（2）能更换机油滤清器、空气滤清器 。

（3）能对玻璃升降器进行检查 。

（4）能对后视镜进行检查 。

（5）能对蓄电池充电电压进行检查。

（6）能对尾气排放进行检测。

知识准备

一、基本知识

1. 参考学习情境 1~7

2. 实施步骤

双人快保中，两个技师同时工作，因此对技师 A 和技师 B 的操作步骤分别进行介绍。

技师 A 操作步骤

1）下降举升机

要求：

下降举升机如图 8-4-1 所示。

（1）向 B 技师大声发出可以下降举升机的信号。

(2)观察整个下降过程。

(3)当车轮接触地面后大声向B技师发出停止下降的信号。

2)车辆制动

要求：

车辆制动如图8-4-2所示。

(1)拉紧驻车制动杆，并将换挡杆置于“P”挡(自动挡)或空挡(手动挡)。

(2)安装车轮挡块。

图8-4-1 下降举升机

图8-4-2 车辆制动

3)尾气处理

要求：

尾气处理如图8-4-3所示。

插好排气抽气管。

4)更换空气滤清器

要求：

更换空气滤清器如图8-4-4所示。

(1)对角分次旋下空气滤清器外壳螺栓 。

(2)更换空气滤清器滤芯，检查空气滤清器的型号是否一致 。

(3)检查并清洁空气滤清器外壳。

(4)对角分两次旋上空气滤清器外壳螺栓。

图8-4-3 尾气处理

图8-4-4 更换空气滤清器

5)紧固左后轮胎螺栓

要求：

紧固左后轮胎螺栓如图8-4-5所示。

(1)紧固左后轮胎螺栓，《维修手册》规定四轮轮胎螺栓拧紧力矩都是140 N•m，为了防止比赛时出现零件损坏，所以 仅左后车轮紧固力矩规定为 80 N•m 。

（2）分次对角拧紧轮胎螺栓，最后拧紧前，扭力扳手不应出现响声。

6）驻车制动器调整

要求：

驻车制动器调整如图 8-4-6 所示。

A、B 技师合作进行驻车制动器调整，拉动驻车制动杆确认制动和释放都正常。

图 8-4-5　紧固左后车轮螺栓

图 8-4-6　驻车制动器调整

7）启动发动机

要求：

启动发动机如图 8-4-7 所示。

启动发动机并暖机。

8）检查左前门玻璃工作情况

要求：

检查左前门玻璃工作情况如图 8-4-8 所示。

检查左前门玻璃升降器的工作情况。

图 8-4-7　启动发动机

图 8-4-8　检查左前门玻璃工作情况

9）为测量充电电压做准备

要求：

为测量充电电压做准备如图 8-4-9 所示。

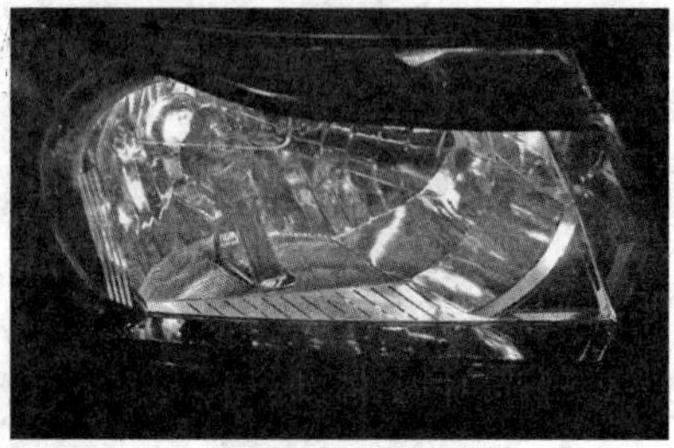

图 8-4-9　为测量充电电压做准备

测量蓄电池有负荷充电电压前，需打开三个大功率用电设备，如大灯、后窗加热、空调等。

10）检查空调功能

要求：

检查空调功能如图 8-4-10 所示。

（1）检查制冷系统能否工作。

（2）检查各挡位风速调节，每个挡位检查时，中间需有停顿，以使风量稳定。

（3）检查风向切换功能，注意各风道相互之间应不窜风。

11）检查后视镜

要求：

检查后视镜如图 8-4-11 所示。

（1）检查右后视镜的调整功能。

（2）检查左后视镜的调整功能。

图 8-4-10　检查空调功能

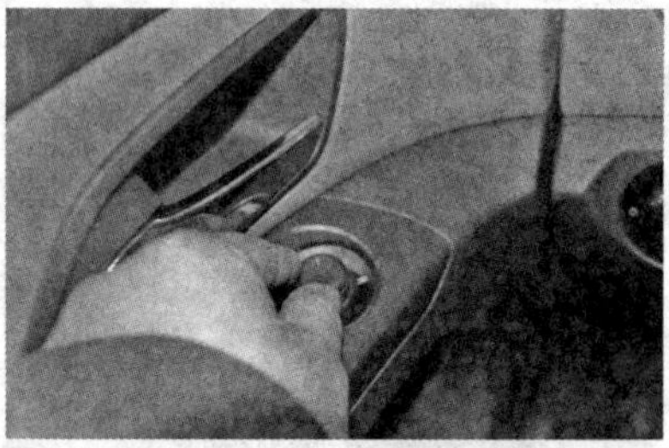

图 8-4-11　检查后视镜

12）释放驻车制动杆

要求：

释放驻车制动杆如图 8-4-12 所示。

将驻车制动杆放完全。

技师 B 操作步骤

1）下降举升机

要求：

下降举升机如图 8-4-13 所示。

（1）根据技师 A 的信号提示操作举升机。

（2）观察整个下降过程。

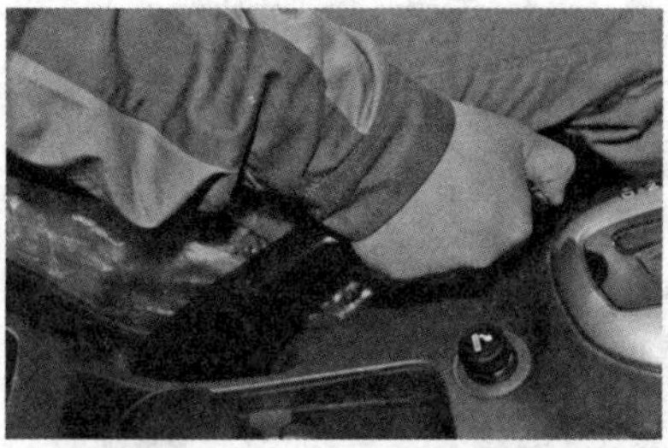

图 8-4-12 释放驻车制动杆

图 8-4-13 下降举升机

2)加注机油

要求：

更换滤清器、加注机油如图 8-4-14、图 8-4-15 所示。

(1)拆卸机油滤清器盖。

(2)用手挤密封圈并取下,注意如果使用螺丝刀取密封圈,螺丝刀头部要缠上胶布。

(3)更换新的机油滤清器盖密封圈,注意对比新旧密封圈是否合适,并在密封圈上涂抹机油 。

(4)更换机油滤清器滤芯。

(5)安装机油滤清器盖前,需要擦干净安装槽,先用手将机油滤清器盖拧到底,然后用扭力扳手拧紧机油滤清器盖,拧紧力矩为 25 N•m。

(6)加注发动机油,注意加注前确认机油的型号和规格是否符合要求。

(7)标准机油加注量为 4.5 L,由于排放机油时不能完全排放干净,实际加注量都少于 4.5 L。

注意机油的加注量应填写在发动机机油更换记录表中“本次更换里程”,下次更换里程增加 5 000km,机油型号与级别,标准加注量。

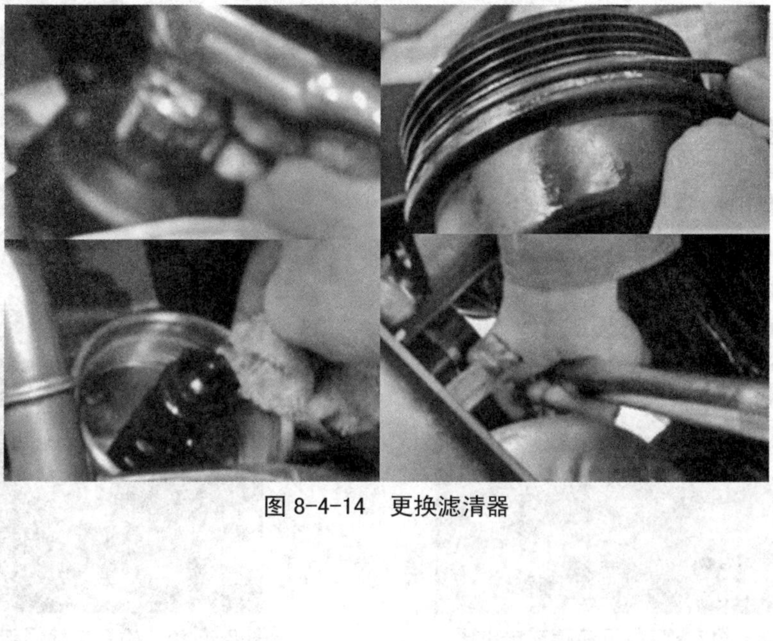

图 8-4-14 更换滤清器

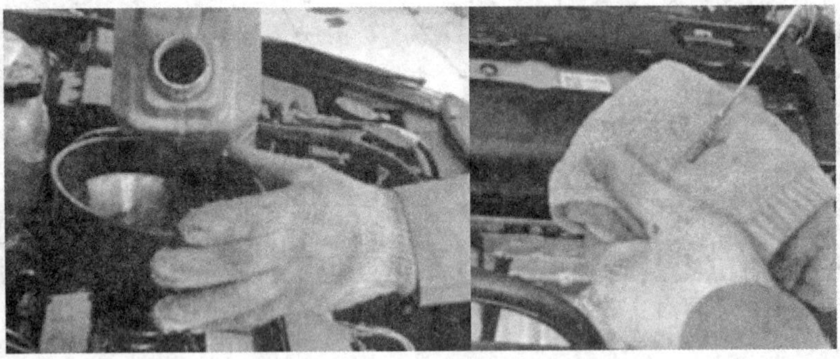

图 8-4-15 加注机油

3)驻车制动器调整

要求：

驻车制动器调整如图 8-4-16 所示。

A、B 技师合作进行驻车制动器调整，拉动驻车制动杆确认制动和释放都正常。

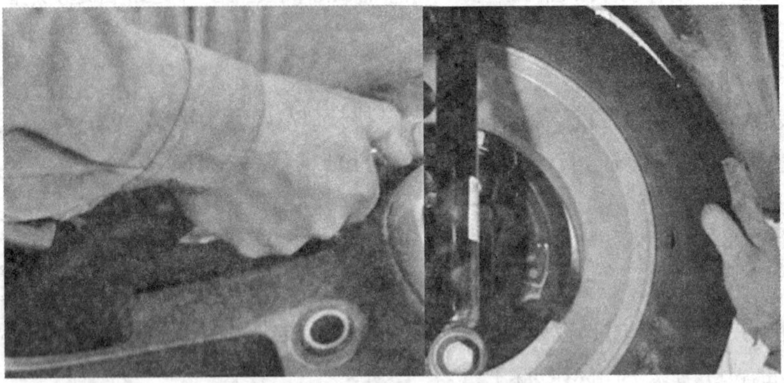

图 8-4-16 驻车制动器调整

4)测量无负荷充电电压

要求：

测量无负荷充电电压如图 8-4-17 所示。

测量蓄电池无负荷充电电压，注意测量前需要校准万用表，并在工作单上进行记录。

5)检查右前门玻璃工作情况

要求：

检查右前门玻璃工作情况如图 8-4-18 所示。

检查右前门玻璃升降器的工作情况。

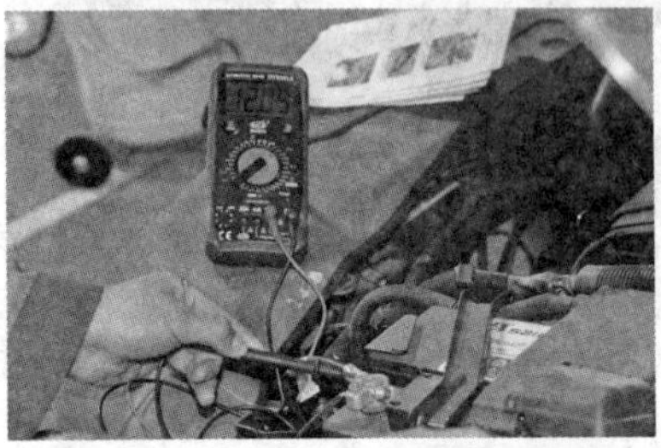

图 8-4-17 测量无负荷充电电压

图 8-4-18 检查右前门玻璃工作情况

6）测量有负荷充电电压

要求：

测量有负荷充电电压如图 8-4-19 所示。

测量蓄电池有负荷充电电压，注意测量前需打开至少三个大功率用电设备并工作一段时间。测量时需要保持发动机转速 2 000 转 / 分钟，并在工作单上进行记录。

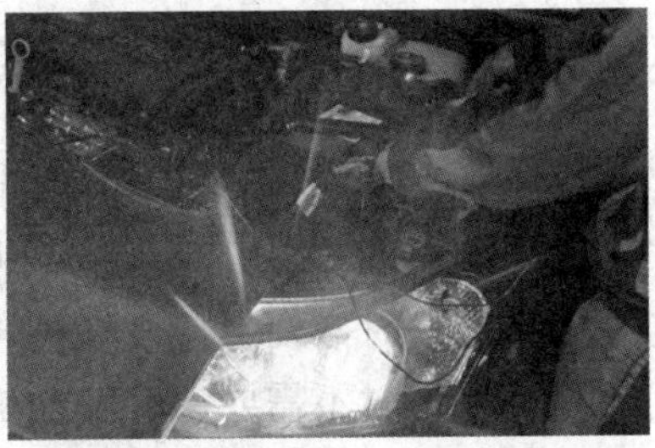

图 8-4-19　测量有负荷充电电压

7）检查尾气排放

要求：

（1）将排气抽气管套接在车辆的排气管上，如果将排气抽气管和尾气分析仪取样管全部插入到位，就认为符合取样管插入深度大于 400 mm 的要求。

（2）当计算机屏幕上的二氧化碳数值大于 6% 后，数值比较稳定时开始读取并记录一氧化碳、碳氢在 15 s 内的最大值与最小值。采用双怠速法测量的第一类轻型汽车，其排气污染物排放限值要求：怠速工况，一氧化碳≤ 0.5%、碳氢≤ 100×10^{-6} 为合格。

二、学习小结

1. 在举升位置四技师 A 操作内容：

下降举升机；车辆制动；尾气处理；更换空气滤清器；紧固左后轮胎螺丝；驻车制动器调整；启动发动机；检查左前门玻璃工作情况；为测量充电电压做准备；检查空调功能；检查后视镜；释放驻车制动杆。

2. 在举升位置四技师 B 操作内容：

下降举升机；加注机油；驻车制动器调整；测量无负荷充电电压；检查右前门玻璃工作情况；测量有负荷充电电压；检查尾气排放。

三、自我评估

1. 填空题

（1）轮胎螺栓紧固力矩是________N•m。

（2）在检查门窗升降功能时需要________发动机。

（3）检查风机各挡位风速调节，每个挡位检查时，中间需有__________，以使_________稳定。

（4）检查风向切换功能，注意各风道相互之间应不_________。

2. 判断题

（1）更换机油滤清器密封圈时如果使用螺丝刀取密封圈，螺丝刀头部要缠上胶布。（　　）

（2）测量蓄电池有负荷充电电压前，需打开三个大功率用电设备，如大灯、后窗加热、空调等。（　　）

（3）安装新机油滤清器密封圈不需要涂抹机油。（　　）

（4）安装机油滤清器盖前，不需要擦拭安装槽，有一点机油更利于密封。（　　）

3. 选择题

（1）关于机油滤清器盖安装的说法正确的是（　　）。

A. 拧紧力矩为 20 N•m　B. 不需使用工具直接用手拧紧即可

C. 需使用扭力扳手并扭紧力矩为 30 N•m　D. 需使用扭力扳手并扭紧力矩为 25 N•m

（2）科鲁兹实际机油加注量正确的是（　　）。

A.4.5 L　B. 少于 4.5 L　C. 大于 4.5 L　D.5 L

（3）关于有负荷充电电压测试的说法错误的是（　　）。

A. 测量前需打开至少三个大功率用电器并工作一段时间

B. 测量时需要保持发动机转速 2 000 转 / 分钟

C. 测量时不需要启动发动机

学习单元5　顶起位置五维护

情境导入

情境：一辆科鲁兹进店保养，你的主管分配你和组员必须按照双人快保的标准步骤来操作，你能完成吗？

提示：双人快保是目前各个4S店都在推行的一种快保模式，如严格按照这个标准操作将非常快捷、全面。双人快保一共分为6个步骤完成，本学习单元只介绍步骤五。步骤五主要是机油泄漏检查、制动液泄漏检查、冷却液泄漏检查。

任务目标

一、知识目标

参考学习情境1~7。

二、技能目标

（1）能进行机油泄漏检查 。

（2）能进行制动液泄漏检查 。

（3）能进行冷却液泄漏检查。

知识准备

一、基本知识

1. 参考学习情境1~7

2. 实施步骤

双人快保中，两个技师同时工作，因此对技师A和技师B的操作步骤分别进行介绍。

技师A操作步骤

1）检查举升机支撑垫块

要求：

检查举升机支撑垫块如图8-5-1所示。

检查车轮挡块一侧的举升机支撑垫块。

2）发出举升机可以举升信号

要求：

发出举升机可以举升信号如图8-5-2所示。

观察举升机支撑垫块无误后大声向B技师发出举升机可以举升的信号。

图 8-5-1　检查举升机垫块

图 8-5-2　发出可以举升信号

3)检查车辆支撑牢固情况

要求:

检查车辆支撑牢固情况如图 8-5-3 所示。

A、B 技师分别在车辆前后保险杠或翼子板处采用下压方式检查车辆支撑是否牢靠。

警告:

(1)不允许按压发动机舱罩等易变形处。

(2)按压时力量要适中。

4)检查制动

要求:

检查制动如图 8-5-4 所示。

(1)检查制动液有无泄漏。

(2)检查左后轮转动是否灵活。

图 8-5-3　检查车辆支撑牢固情况

图 8-5-4　检查制动

技师 B 操作步骤

1)检查举升机支撑垫块

要求:

检查举升机支撑垫块如图 8-5-5 所示。

检查车轮挡块另一侧举升机支撑垫块。

2)发出举升机可以举升的信号

要求:

发出举升机可以举升的信号如图 8-5-6 所示。

大声向 A 技师发出举升机可以举升的信号,得到明确答复后开始举升。

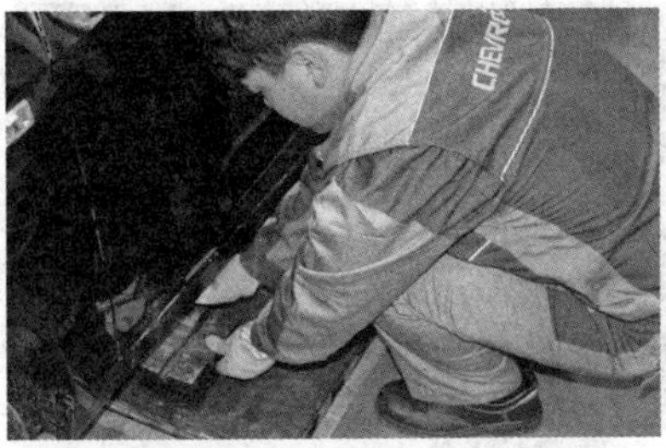

图 8-5-5　检查举升机支撑垫块

图 8-5-6　发出举升机举升信号

3）举升车辆至支撑垫块接触车辆

要求：

举升车辆至支撑垫块接触车辆如图 8-5-7 所示。

（1）举升车辆至支撑垫块刚接触车辆。

（2）检查同侧举升机支撑垫块接触情况。

4）继续举升车辆至离地 10 cm

要求：

（1）得到 A 技师明确举升信号后举升车辆至离地 10 cm。

（2）与 A 技师一前一后按压车辆确认是否支撑可靠，如图 8-5-8 所示。

图 8-5-7　举升车辆至支撑垫块接触车辆

图 8-5-8　确认车辆是否举升可靠

5）举升车辆至工作高度并锁止

要求：

举升车辆至工作高度并锁止如图 8-5-9 所示。

（1）得到 A 技师明确信号后，继续举升车辆至工作高度。

（2）锁止举升机。

6）检查有无油水泄漏

要求：

检查有无油水泄漏如图 8-5-10 所示。

（1）检查冷却液有无泄漏。

（2）检查发动机机油有无泄漏。

图 8-5-9　锁止举升机

图 8-5-10　检查有无油水泄漏

二、学习小结

1. 在举升位置五技师 A 操作内容：检查举升机支撑垫块；发出举升机可以举升的信号；检查车辆支撑牢固情况；检查制动。

2. 在举升位置五技师 B 操作内容：

检查举升机支撑垫块；发出举升机可以举升的信号；举升车辆至支撑垫块接触车辆；继续举升车辆至离地 10 cm；举升车辆至工作高度并锁止；检查有无油水泄漏。

三、自我评估

1. 填空题

（1）举升位置五维护的内容主要是______检查、______检查、______泄漏检查。

2. 判断题

（1）A、B 任一技师负责全面检查车辆支撑是否牢固。（　）

（2）在举升位置五技师 A 负责检查后轮转动是否灵活。（　）

3. 选择题

（1）在举升位置五，以下哪项不是技师 B 操作的内容（　）。

A. 检查所在侧车轮挡块　B. 检查冷却液有无泄漏

C. 检查发动机机油有无泄漏　D. 检查制动液有无泄漏

学习单元6　顶起位置六维护

情境导入

情境：一辆科鲁兹进店保养，你的主管分配你和组员必须按照双人快保的标准步骤来操作，你能完成吗？

提示：双人快保是目前各个4S店都在推行的一种快保模式，如严格按照这个标准操作将非常快捷、全面。双人快保一共分为6个步骤完成，本学习单元只介绍步骤六。步骤六主要是尾气分析仪、工具设备、车身防护用品归位，检查发动机机油、冷却液液位，车身内外清洁。

任务目标

一、知识目标

参考学习情境一。

二、技能目标

（1）能进行发动机机油液位、冷却液液位检查。

（2）能按5S规范进行工具设备、车身防护用品归位以及车身内外清洁。

知识准备

一、基本知识

1. 参考学习情境一

2. 实施步骤

双人快保中，两个技师同时工作，因此对技师A和技师B的操作步骤分别进行介绍。

技师A操作步骤

1）关闭尾气分析仪并清洁归位

具体内容略。

2）清洁车辆内部

要求：

清洁车辆内部如图8-6-1所示。

清洁车辆内部、烟灰缸等。

3）收起三件套

要求：

收起三件套如图8-6-2所示。

拆除转向盘套、座椅套、地板垫。

图 8-6-1 清洁车辆内部

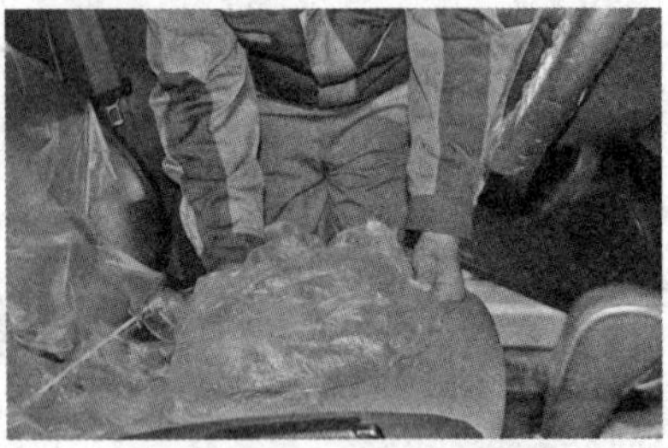

图 8-6-2 收起三件套

4)清洁工位

要求:

清洁工位如图 8-6-3 所示。

A、B 技师合作清洁工具并归位，清洁车辆外表,清洁地面。

技师 B 操作步骤

1)检查油水

要求:

检查油水如图 8-6-4 所示。

(1)检查冷却液液位,必要时对其进行调整 。

(2)检查发动机机油液位,液位要位于机油尺的上下限之间位置,必要时调整。

图 8-6-3 清洁工位

图 8-6-4 检查油水

2)收起翼子板布和前格栅布

要求:

收起翼子板布和前格栅布如图 8-6-5 所示。

收起翼子板布和前格栅布并归位。

3)清洁工位

要求:

清洁工位如图 8-6-6 所示。

A、B 技师合作清洁工具并归位,清洁车辆外表,清洁地面。

图 8-6-5　收起翼子板布和前格栅布

图 8-6-6　清洁工位

二、学习小结

1. 在举升位置六技师 A 操作内容：关闭尾气分析仪并清洁归位；清洁车辆内部；收起三件套；清洁工位。

2. 在举升位置六技师 B 操作内容：检查油水；收起翼子板布和前格栅布；清洁工位。

三、自我评估

1. 填空题

（1）车辆基本防护的目的是防止客户车内进入__________或__________，防止或________腐蚀车身涂层，以及防止操作中车辆移动，便于检查维护。

（2）车内基本防护________、________、________、________。

（3）车外基本防护________、________、________，用车轮挡块挡住车轮。

（4）5S 内容________、________、________、________、________。

（5）清扫是指使工作场地内所有物品保持干净的过程，永远使设备处于________的状态，以便随时可以使用。

2. 判断题

（1）三件套是指转向盘套、座椅套、排挡套。（　　）

（2）在保养车辆时，启动发动机前必须连接尾气抽排。（　　）

（3）检查机油时油尺需要插拔两次。（　　）

（6）安装三件套最先安装转向盘套。（　　）

（7）5S 是下班以后才做的。（　　）

3. 选择题

（1）关于三件套安装的说法正确的是（　　）。

A. 首先安装转向盘套　B. 首先安装座椅套　C. 首先安装排挡套

D. 都不正确

（2）整理车间的内容有（　　）。

A. 将工具、备件按规定位置摆放整齐

B. 将工具车、备件车等按规定位置摆放

C. 关闭用电设备电源

D. 清洁排气管滴漏水渍

（3）下列说法正确的是（　　）。

A. 清扫就是扫尽垃圾

B. 清扫就是常说的大扫除

C. 清扫是下班后的工作

D. 清扫是指工作场地内所有物品保持干净的过程，永远使设备处于完全正常的状态

(4)关于整理车间说法正确的是(　　)。

A. 区分物品哪些是必需的和不必需的

B. 不必需的废弃物品分类丢弃到垃圾桶

C. 不必需的设备、工具、零部件等交给设备管理员，按功能放到指定位置

D. 以上都正确

(5)关于清洁说法不正确的是(　　)。

A. 发现废弃物及时丢弃，用完的工具设备及时清洁归位

B. 地面有水渍、油污、尘土等及时清扫

C. 用完的工具设备及时清洁归位

D. 清扫和清洁是一样的

参 考 文 献

[1] 丰田汽车公司 . 汽车维修教程 [M]. 北京：高等教育出版社，2008.
[2] 于占明 . 汽车维修与保养 [M]. 北京：北京师范大学出版社，2012.
[3] 岳海斌 . 汽车维护与保养 [M]. 上海：同济大学出版社，2013.